The Frontier of Transportation System Theories and Approaches
交通系统工程前沿理论与方法

周雨阳 王 扬 陈艳艳 编

人民交通出版社股份有限公司
China Communications Press Co.,Ltd.

内 容 提 要

本书在介绍系统工程的基本概念和主要理论的基础上,结合在交通领域中的应用,全面系统地阐述了交通系统分析的基本理论和基本方法,重点介绍了近年来交通系统分析的新理论和新方法。主要内容包括:概论、交通系统分析、交通系统建模与分析、交通系统预测、系统评价、交通系统决策、交通系统优化和交通系统仿真。

本书可作为交通工程、交通运输、交通规划、交通管理等专业的研究生和高年级本科生教材,同时也可作为相关科研与工程技术人员的参考用书。

图书在版编目(CIP)数据

交通系统工程前沿理论与方法/周雨阳,王扬,陈艳艳编.—北京:人民交通出版社股份有限公司,2016.3
ISBN 978-7-114-12733-5

Ⅰ.①交… Ⅱ.①周…②王…③陈… Ⅲ.①交通工程—系统工程 Ⅳ.①U491

中国版本图书馆 CIP 数据核字(2016)第 007480 号

书　　名	交通系统工程前沿理论与方法
著　作　者	周雨阳　王　扬　陈艳艳
责任编辑	戴慧莉
出版发行	人民交通出版社股份有限公司
地　　址	(100011)北京市朝阳区安定门外外馆斜街 3 号
网　　址	http://www.ccpress.com.cn
销售电话	(010)59757973
总　经　销	人民交通出版社股份有限公司发行部
经　　销	各地新华书店
印　　刷	北京市密东印刷有限公司
开　　本	787×980　1/16
印　　张	12.5
字　　数	289 千
版　　次	2016 年 3 月　第 1 版
印　　次	2016 年 3 月　第 1 次印刷
书　　号	ISBN 978-7-114-12733-5
定　　价	40.00 元

(有印刷、装订质量问题的图书由本公司负责调换)

前　言

为了适应不断迅猛增长的出行需求，交通系统逐渐完善并呈现出高度复杂、多样、开放、非线性等特征。这种多模式共存的交通系统，已经模糊了各类交通系统的边界，且各模式之间的互动日趋复杂。因此，只有从系统的角度出发，采用系统分析的思想，将各子系统相互联系起来，才能更加有效地解决交通问题中的顽疾，为构建可持续交通系统奠定良好的基础。

本书在介绍系统工程的基本概念和主要理论的基础上，引入系统工程前沿理论、工业及工程应用的最新技术发展，结合工程案例进行系统分析，增加了理论方法的可读性及推广应用的可行性，对于交通运输工程及相关专业的读者、相关行业领域的实践者将起到积极的助推作用。

本书第一章、第八章由北京工业大学陈艳艳编写；第二章、第三章及第五章由北京工业大学周雨阳编写；第四章、第六章及第七章由北京工业大学王扬编写。本书的编写，结合了作者讲授的北京工业大学交通运输工程专业的博士生课程《交通系统分析》、学术型硕士生课程《交通系统工程》以及工程硕士课程《交通网络分析》近五年的教学素材，并综合学生的课堂与作业反馈而逐步修订完成。

本书得到国家自然科学基金青年科学基金项目(51208014)"城市路网连通可达性矩阵优化模型研究"、北京市自然科学基金重点项目(8131001)"多方式出行链协同机理及公交一体化关键技术研究"和北京市教育委员会科技计划面上项目(KM201310005026)"不确定交通状态下的行程时间估计模型"的资助，在此表示感谢。

本书的编写，建立在大量现有文献资料基础上，因篇幅所限未能在参考文献中一一体现，在此一并向书中涉及文献的作者、前辈及同行表示感谢；感谢人民交通出版社的戴慧莉编辑在本书出版过程中耐心细致的协助和支持工作；此外，还要感谢参与书稿部分案例计算、绘图、文字及公式录入及校订工作的研究生龚艺、陈冠男、侯亚美、冯国臣、宋程程、赵倩阳等。

由于编者经验及水平有限，书中难免不当之处，敬请读者不吝批评指正。

编　者

2015 年 12 月于北京

目 录

第一章 概论 ... 1
第一节 系统概述 ... 1
第二节 系统科学 ... 6
第三节 系统工程 ... 16
第四节 交通系统 ... 28

第二章 交通系统分析 ... 30
第一节 系统分析概述 ... 30
第二节 系统分析的要点 ... 32

第三章 交通系统建模与分析 ... 37
第一节 系统模型 ... 37
第二节 系统建模 ... 40
第三节 系统分析常用数学模型 ... 42

第四章 交通系统预测 ... 84
第一节 概述 ... 84
第二节 卡尔曼(Kalman)滤波预测法 ... 86
第三节 灰色预测法 ... 91
第四节 人工神经网络预测法 ... 97
第五节 支持向量机预测法 ... 102

第五章 系统评价 ... 107
第一节 系统评价概述 ... 107
第二节 关联矩阵分析法 ... 112
第三节 层次分析法 ... 118
第四节 收益成本分析 ... 126
第五节 模糊综合评判 ... 130

第六章 交通系统决策 ... 138
第一节 系统决策概述 ... 138
第二节 决策树及多目标决策 ... 142

第三节　博弈论 ……………………………………………………… 144
　　第四节　数据包络分析法 …………………………………………… 150
第七章　交通系统优化 ……………………………………………………… 155
　　第一节　系统优化 …………………………………………………… 155
　　第二节　模拟退火法 ………………………………………………… 157
　　第三节　遗传算法 …………………………………………………… 163
　　第四节　蚁群优化算法 ……………………………………………… 168
　　第五节　粒子群算法 ………………………………………………… 173
第八章　交通系统仿真 ……………………………………………………… 178
　　第一节　系统仿真概述 ……………………………………………… 178
　　第二节　交通仿真模型 ……………………………………………… 180
　　第三节　系统动力学仿真方法 ……………………………………… 185
参考文献 ……………………………………………………………………… 192

第一章 概 论

第一节 系统概述

一、系统概念的由来

"系统"一词,源自于古希腊语 σύστημα,后被译为拉丁语 systēma,又转变为英语 system,经日本汉译之后,成为中文名词。其涵义最早是"总体"、"群体"或"联盟"的意思。

第一个在自然科学中提出"系统"概念的,是19世纪的法国物理学家尼古拉·莱昂纳尔·萨迪·卡诺(Nicolas Léonard Sadi Carnot)。1824年,他在对热力学的研究中,用"系统"这一概念表示蒸汽发动机中有能力来利用蒸汽进行工作的"工作物质"(working substance),即通常说的在一个由锅炉、冷储(冷水流)、活塞组成的体系中,水蒸气可以做功。

1850年,德国物理学家鲁道夫·尤利乌斯·埃马努埃尔·克劳修斯(Rudolf Julius Emanuel Clausius)在工作物质(working substance)的基础上,引入了环境(surroundings)的概念,称之为工作体(working body),揭示了系统与环境的联系,扩展了系统的含义。

奥地利生物学家路德维希·冯·贝塔朗菲(Ludwig von Bertalanffy)是系统学的一位重要先驱,他不拘泥于系统的特定种类、性质、组成要素之间的关系或作用力等细节,阐述了系统及其子系统的模型、原理和定律,于20世纪40年代末创立了一般系统论。

美国麻省理工学院的诺伯特·维纳(Norbert Wiener)应用数学方法对系统研究做出了重要贡献,并创立了控制论学科。

我国著名科学家钱学森对系统科学的研究和发展做出了重要贡献。钱学森是世界著名空气动力学家,中国载人航天事业的奠基人,中国科学院及中国工程院院士,中国两弹一星功勋奖章获得者,他将系统理论与方法与航空航天及军事领域相结合,使中国导弹、原子弹的发射向前推进了至少20年,被誉为"中国航天之父","中国导弹之父"。

二、系统的定义

钱学森对"系统"的描述为"系统是由相互作用、相互依赖的若干组成部分结合成的具有特定功能的有机体,而且这个系统本身又是它从属的一个更大系统的组成部分"。这一定义被我国系统科学界普遍采用。

汉语词典中对"系统"的解释是"自成体系的组织,同类事物按一定的关系。组合成的整体"。在其实现实生活中,"系统"是一个被广泛使用的词。在自然界和人类社会中,可以说任何事物都是以系统的形式存在的,每个所要研究的对象都可以被看成是一个系统。

全球海洋是一个大的生态系统,具体又可按海区划分为沿岸生态系统、大洋生态系统、上升流生态系统等,也可按生物群落划分为红树林生态系统、珊瑚礁生态系统、藻类生态系统等。人体本身也是一个系统,由运动系统、神经系统、内分泌系统、循环系统、呼吸系统、消化系统、泌尿系统、生殖系统等构成。计算机系统也是一个系统,由计算机硬件和软件两个子系统组成,硬件包括中央处理机、存储器和外部设备等,软件包括计算机的运行程序和相应的文档。城市管理也可以看作是一个系统,由公检法系统、交通运输系统、资源系统、商业系统、市政系统、卫生系统、教育系统等相互作用着的各部门组合而成,通过各个部门相互协调的运转去完成城市生活和发展的特定目标。

各子系统可以进一步分解,一辆汽车是一个系统,包括动力系统、转向系统、制动系统、安全系统、操控系统、外部配置系统、内部配置系统、座椅系统、灯光系统、玻璃及视镜系统等,单就灯光系统这个子系统而言,又可分为外部灯光系统和内部灯光系统,外部灯光系统又包括近光灯、远光灯、转向灯、雾灯、制动灯等。但如果只拿出一个转向盘、一个远光灯、四个车轮等汽车的零部件,并不能构成一个汽车系统。

系统本身也从属于更大的系统。例如研制一种战略核导弹,就是研制由弹体、弹头、发动机、制导、遥测、外弹道测量和发射等分系统组成的一个复杂系统;它可能又是由核动力潜艇、战略轰炸机、战略核导弹组成的战略防御武器系统的组成部分。导弹的每一个分系统在更细致的基础上划分为若干装置,如弹头分系统是由引信装置、保险装置和热核装置等组成的,每一个装置还可更细致地分为若干电子和机械构件。

系统是普遍存在的。在宇宙间,从基本粒子到河外星系,从人类社会到人的思维,从无机界到有机界,从自然科学到社会科学,系统无所不在。人们在观察和认识客观事物、改造事物的过程中,用综合分析的思维方式看待事物,根据事物内在的、本质的、必然的联系,从整体的角度进行分析和研究,这类事物就被看成一个系统。自然界和人类社会中的很多事物并不是孤立存在的,而是相互制约和相互联系的,它们形成了各式各样的系统。系统间可以相互包含与被包含,可以互相交叉与融合。

通过对具体系统的分析,可以发现,撇开系统的形态和性质,我们可以从系统的以下四个共同点,来进一步理解系统的概念。

1. 系统具有一定的结构

系统由两个或两个以上的要素组成。要素是构成系统的基本单位,因而也是系统存在的基础和实际系统的共同特征载体。系统离开了要素就不称其为系统,单个要素也无法构成系统。系统与要素是相互伴随而产生、相互作用而变化的。系统通过整体作用支配和控制要素,要素通过相互作用决定系统的特性和功能。

2. 系统具有一定的行为

系统不仅是作为状态而存在的,有实现功能或任务的流程,具有时间性。

3. 系统具有内部有机联系

系统各要素需要完成系统所规定的任务,要素与要素之间存在着一定的有机联系,从而在系统的内部和外部形成一定的结构或秩序,任一系统又是它所从属的一个更大系统的组成部分(要素)。系统整体与要素、要素与要素、系统与环境之间,存在着相互作用和相互联系的机制。系统可以划分为不同层次,层次的划分具有相对性。所研究的任何系统是更高一级系统的组成要素,但所研究的系统的要素又是更低一级别的系统。

4. 系统具有一定的界限

系统具有一定的界限,使之能够从所属的环境中分离开来。系统通过界限可以与外界环境进行物质、能量和信息的交换,发生输入与输出等相互作用,体现系统的功能。系统的界限和功能是根据一定的目的和需要来规定的。

系统的上述四项共同性,也称为系统的完备条件。

三、系统的特征

1. 整体性

系统是由两个或两个以上可以相互区别的要素,按照作为系统所应具有的综合整体性而构成。系统各要素之间存在一定的组合方式,各要素之间是相互统一和协调的,系统整体的功能不是各组成要素功能的简单叠加,而是呈现出各组成要素所没有的新功能。一般来说,系统的整体功能大于各组成要素的功能总和。"三个臭皮匠,顶个诸葛亮",充分地说明了系统要素与整体功能间的关系。单独来看,每个臭皮匠的能力是有限的,但是,一旦这三个臭皮匠形成一个"系统",构成一个"整体",其整体的智慧大于各个皮匠的智慧之和。在一个系统整体中,即使每个要素并不都很完善,也可以协调综合成为功能良好的系统。是否多个要素凑在一起,其功能都一定大于部分功能之和呢?不一定!最典型的就是人们所说的"一个和尚挑水吃,两个和尚抬水吃,三个和尚没水吃"。按理说,和尚运水的效果是可以累加的,三个和尚运水,应该比一个和尚运的多,但为什么会出现"三个和尚没水吃"的局面呢?这是因为,这三个和尚没有形成一个"系统",这些"和尚要素"相互不协调、不统一,要使整体功能大于部分功能之和,组成该整体的要素必须协调统一,即使每个要素都是良好的,但作为整体却不具备某种良好的功能,也就不能称之为完善的系统。系统整体性要求使各要素形成整体,以获得更多、更大的功能。在认识和改造系统的时候,必须从整体出发,全局考虑,从系统、要素、环境的相互关系中探求系统整体的本质和规律。各要素的结合要保持合理,从提高整体功能的角度去提高和协调要素功能,并在提高要素质量的同时,注意各要素与系统的协调。

2. 相关性

组成系统的要素是相互联系、相互作用、相互依存又相互制约的。系统中每个要素的存在都依赖于其他要素的存在,系统中任一要素的变化都将引起其他要素的变化乃至整个系统的变化。系统中各要素之间有着一定的组合关系、联系方式,交通管制系统中的交通网、运输工具、信号控制等要素在系统中是相互关联的,通过它们之间的协调关系,使交通网上的运输工具有条不紊地运行。如果各个要素各自为政,那么它们就不能组成相互协调的系统,势必会造成交通的紊乱。系统的相关性要求努力建立起系统各要素之间的合理关系,以消除各要素相互间的盲目联系和无效行动,提高系统的有序性,尽量避免系统的"内耗",提高系统整体运行的效果。

3. 目的性

通常系统都有某种目的,要达到既定目的,系统都具有一定功能,而这正是区别这一系统和那一系统的标志。系统的目的一般用更具体的目标来体现,对于比较复杂的社会经济系统具有不止一个目标,因此,需要用一个指标体系来描述系统的目标。例如,衡量一个工业企业的经营实绩,不仅要考核它的产量、产量指标,而且要考核它的成本、利润和质量指标的完成情况。在指标体系中各个指标之间有时是相互矛盾的,有时是互为消长的。因此,要从整体出发,力求获得全局最优的经营效果,这就要求在矛盾的目标之间做好协调工作,寻求平衡或折中方案。系统目的性要求明确系统功能,从而进一步确定系统结构。

4. 环境适应性

任何一个系统都存在于一定的物质环境之中,必然要与外界环境产生物质的、能力的和信息的交换,外界环境的变化必然引起系统内部各要素之间的变化。系统必须适应外部环境的变化,不能适应环境变化的系统是没有持续生命力的,只有能够经常与外界环境保持最优适应状态的系统,才是经常保持不断发展势头的理想系统。例如,任何一个工业企业都必须经常了解市场动态和同类企业的经营动向、有关行业的发展动态、国内外市场的需求等环境的变化,在此基础上研究企业的经营策略,调整企业的内部结构,以适应环境的变化。系统的环境适应性要求明确系统存在的条件,想方设法创造有利条件,保证系统的生存发展。

四、系统的分类

1. 按生成属性划分

系统是以不同的形态存在的,根据系统生成原因可分为自然系统和人造系统。自然系统是自然界自发生成的一切物质和现象,与人类活动无关。人造系统是人类应用自然规律建造的,以自然系统为基础的一切满足人类生存和发展需要的人造物。人造系统以破坏自然系统为前提,同时改变自然系统的某些状态,与自然系统之间存在着制约关系,破坏或改变超出了一定界限,人类就将受到惩罚。

2. 按组成属性划分

根据系统的组成性质,系统又可分为实体系统和概念系统。实体系统是概念系统的形态化,又是实现概念系统要求的运行体。概念系统是实体系统的"灵魂",而实体系统是概念系统的"躯壳"。只有两者结合,系统才能得以建立和不断完善。在军事作战系统中,既需要武器装备实体系统,也需要战略战术概念系统。在三国演义中,诸葛亮被誉为军事家,不仅因为他发明制造了木牛流马,诸葛连弩等独特的装备设备,而且也以隆中对、赤壁连营、七擒七纵等军事策略传为佳话;在学校及科研机构中,一个实验室系统既需要仪器设备、实验材料、实验场地等组成的实体系统,也需要实验室管理规范、仪器设备操作守则等形成的概念系统,实体系统是实验室正常运转、实现系统功能的基本条件,而概念系统是对实验室系统实现其功能的过程中对安全性的重要保障,二者缺一不可。

3. 按状态属性划分

根据系统状态是否随时间变化,实体系统又可分为静态系统和动态系统。例如未开机的计算机、停工待料的生产线等是静态系统;生产系统、交通运输系统是动态系统。静态系统的状态不随时间变化而改变,动态系统的状态是时间的函数。静态系统是动态系统的基础,动态系统则是通过状态的改变实现静态系统的功能。静态是相对的,严格的静态系统是找不到的。系统的静态与动态属性也是相对的,在一些假设条件下可以将某些系统近似看作是静态系统。在一定时期内,城市的行政区域划分没有调整,可以认为各行政区域的规模布局是不变的,在道路交通规划时可以将行政区域看作是静态的系统,以行政区、社区、街道等行政单位划分交通小区。但是随着外部政策环境的影响,如随着都市群、区域经济的建设和发展,京津冀地区、长江三角地区、珠江三角地区等行政区域的格局是因时制宜的动态系统,在进行交通规划时应进行相应的分析和调整。

4. 按界限属性划分

根据有无环境交换关系,系统又可分为开系统和闭系统。开系统是与环境有物质、能量、信息交换的系统,其重要特性就是在进行物质能量信息交换的过程中,系统自身能保持有序性及自组织性。例如,生命系统就是通过自组织的新陈代谢活动来维持有机体在生存和发展的,因此建立有生命力的系统,必须是与环境有交换能力的开系统。真正的闭系统在客观世界并不存在,但是为了研究需求,可以将一个系统假设为与环境隔绝、没有物质、能量、信息交换,看作是闭系统。

5. 其他分类方式

系统还可以按逻辑关系分为因果系统(如信号系统);按工作属性分为作业系统和管理系统;按系统对象分为卫生系统、教育系统、交通系统等;按控制功能和手段划分为控制系统与行为系统;按确定性划分为确定性系统与随机系统等。可以将路径、垫层、基层和面层定义为路基——路面结构系统,将基础、墩台、上部结构和桥面系统定义为桥梁结构系统,分析不同组合的系统内各组成部分在荷载和环境因素作用下产生的应力或位移量,以寻求使各组成部分的承载能力或使用功能都得到充分利用的平衡设计方案;也可以将路面、桥梁或其他工程设施在计划和使用期内实施的规划、设计、施工、养护和监测等管理阶段,组合成一个工程设施项目的管理系统,为管理部门提供以最低的总费用实现要求的服务水平的最佳路面、桥梁或其他工程设施项目的对策方案。

系统的分类是从多个角度来描述系统的形态。系统在某些具体的系统建造时将有其特定的功用,对系统形态的分析能使我们明确各种系统的特点及它们之间的关系。系统形态千差万别,现实世界存在的各种系统中,大多数是实体系统和概念系统相结合的人造系统,对人类活动起到了重要作用。

第二节 系统科学

一、系统科学体系

人类在改造世界的活动中,思维方式不断发展变化,逐步认识并揭示出客观世界的本质联系和内部规律,形成系统思想。现代科学技术、计算机技术和信息技术的高度发展,对系统思想的产生与系统方法的应用产生了极为重大的影响,主要体现在两个方面:一是定量地处理系统各组成部分联系的科学方法,使系统思想、系统方法定量化、科学化;二是计算与信息技术的应用,为系统思想、系统方法的实际运用提供了强有力的工具。这两个特征使系统思想方法从哲学思维逐步形成了独特的系统理论,并在此基础上形成了一门专门的学科——系统科学。

系统科学是关于系统及其演化规律的科学,是多种理论交叉融合而成的大学科,包括一般系统论、控制论、信息论、系统工程学、大系统理论、系统动力学、运筹学、博弈论、耗散结构理论、协同学、超循环理论和一般生命系统论等分支。系统科学以系统及其机理为对象,研究系统的类型、性质和运动规律。其研究对象是一般系统所具有的概念、系统所具有的共同性质和系统演化的一般规律。当代科学技术的发展有两个显著的特点:一是向深度发展,科学研究的对象越来越专一,学科分类越来越精细,新领域、新学科、新专业不断产生;另一方面,各学科之间、各技术之间以及学科和技术之间相互渗透、相互交叉、相互移植,使得科学技术日趋整体化、综合化。系统科学就是现代科学技术整体化、综合化的产物。关于系统科学体系结构,也相应有多种角度的见解。

系统科学包括五个方面的内容,即系统概念、一般系统论、系统理论分论、系统方法论和系统方法的应用,如图1-1所示。

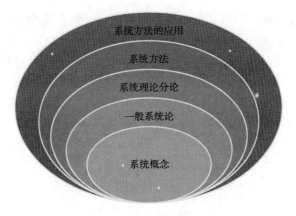

图1-1　系统科学的五个方面

（1）系统概念。系统概念即关于系统的一般思想和理论。

（2）一般系统理论。路德维希·冯·贝塔朗菲（Ludwig von Bertalanffy）在其著作《一般系统理论——基础发展与应用》中提出，用数学的形式描述和确定系统结构和行为。

（3）系统理论分论。系统理论分论指为了解决各种特点的系统结构和行为的一些专门学科，如图论、博弈论、排队论、控制论、信息论等。

（4）系统方法。系统方法即为了对系统对象进行分析、计划、设计和运用时采用的具体应用理论及技术的方法步骤，主要指系统分析和系统工程。

（5）系统方法的应用。系统方法的应用即系统科学的思想和方法在各个领域各类实际问题中的应用。

系统科学是研究系统的类型、一般性质和运动规律的科学，包括系统学、系统方法学和系统工程学三部分。我国著名科学家钱学森认为系统科学与自然科学和社会科学处于同等地位。他把系统科学的体系结构分为四个层次（图1-2）。

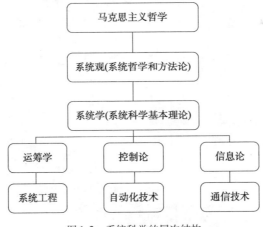

图1-2　系统科学的层次结构

第一层次是系统工程、自动化技术、通信技术等,这是直接改造自然界的工程技术层次;第二层有运筹学、控制论、信息论等,是系统工程的直接理论,属技术科学层次;第三层次是系统学,它是系统科学的基本理论;最高一层将是系统观,这是系统的哲学和方法论的观点,是系统科学通向马克思主义哲学的桥梁和中介。对系统科学与其他科学的关系、各学科之间的支撑和应用方向分析,如图1-3所示。

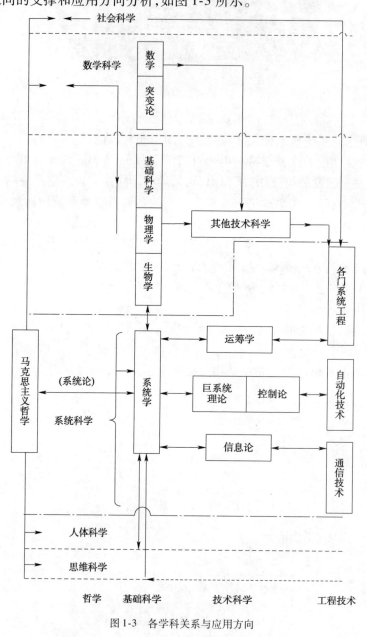

图1-3 各学科关系与应用方向

二、系统理论

系统理论从不同侧面揭示了客观物质世界的本质联系,为现代科学技术的发展开辟了广阔的新领域。系统理论作为崭新的科学方法论,显示了对复杂事物研究的有效性,为现代科学技术及人类思维科学的发展提供了新概念、新思路、新方法。系统科学的理论基础还处在一个形成阶段,系统的基本概念和基本定律还不完善,复杂系统难以进行实验,数学工具缺乏,有待人们不断探索。

1. 一般系统论

一般系统论的创始人是奥地利生物学家路德维希·冯·贝塔朗菲(Ludwig von Bertalanffy),在 20 世纪 40 年代以前,生命需要用神秘的"活力"或"生命的原理"来加以解释,贝塔朗菲凭着他在信息知识和兴趣上超乎常人的能力,广泛吸收多人的思想,于 1949 年出版了《生命问题》,对生命系统进行重点介绍,从对生物学基础甚至是本体论进行长期批判反思的结果出发,提出开放系统概念,并于 1950 年 4 月在《英国科学哲学杂志》上发表了系统思想的开创性论文《一般系统论概述》,标志着他的研究工作转向创建一般系统理论。他提出的系统一般性原则,主要包括以下内容。

(1) 系统观点。一切有机体都是一种自然整体——系统,这个整体是由部分结合而成,其特性和功能不只是各部分特性和功能的简单相加。系统是相互作用的诸要素的复合体,系统的特性取决于复合体内部特定的关系。要了解系统的特性,不仅要知道组成这个系统的要素,而且还要知道它们之间的关系。

(2) 动态观点。一切生命现象本身都处于积极的活动状态,并与环境不断地进行物质、能量的交换,以使有机体能够有组织地处于活动状态,并保持其活力的生命运动。能与环境交换物质、能量的系统称为开放系统,生命系统基本上都是开放系统。任何一个开放系统都能在一定条件下保持其自身的动态稳定性。

(3) 等级观点。各种有机体都按严格的等级组织起来,并通过各层次逐级组合,形成越来越高级、越来越庞大的系统。

(4) 最佳观点。最佳观点即最优化,这是系统论的出发点和最终目的。人们对系统进行研究和改造的最终目的,是为了系统能够发挥最优的功能。

一般系统论有着十分广泛的含义,贝塔朗菲在 1972 年发表的《一般系统理论——基础发展与应用》中指出:一般系统论是一门新科学,属于逻辑和数学的领域,任务是确立适用于各种系统的一般原则,但不能局限在某项技术的范围内,或当作一般的数学理论来对待,因为许多实际问题不能用纯数学的方法得出答案,而要从系统的观点来认识和分析客观事物。一般系统论不仅是系统科学的基础,而且建立了自然科学与社会科学、技术科学与人文科学之间的联系,为各门学科提供了新视角和新方法,使许多学科得到了创新发展。

交通系统工程前沿理论与方法

2. 控制论

1948年美国科学家诺伯特·维纳(Norbert Wiener)编写了《控制论,或关于在动物和机器中控制和通信的科学》一书,标志着控制论的诞生,维纳被誉为控制论的创始人。从控制的角度掌握系统运行的一般规律,控制系统的运行,是控制论的主旨所在。不论对于自然的、社会的或人工制造的系统,控制是系统建立、维持、提高自身有效性的手段,是施控者选择适当的控制手段作用于受控者,以期引起受控者行为姿态发生符合目的的变化。控制论是在运动和发展中考察系统,在通信和自动化技术、生物学和医学领域以及经济学和社会学中,都发挥了巨大的作用,其主要研究内容包括以下几个方面。

(1)最优控制理论。这是现代技术的核心。通过数学的方法,科学、有效地解决大系统的设计和控制问题,并强调通过采用动态的控制方式和方法,以满足各种输入和多种输出系统的控制要求,实现系统的最优化。

(2)自适应、自学习和自组织系统理论。自适应系统是能够按照外界条件变化,自动调整其自身结构和行为参数,以保持系统原有功能的系统。自学习系统是能够按照自己运行过程中的经验来改进控制系统能力的系统,是自适应系统的延伸和发展。自组织系统是能够根据环境的变化和运行经验来改变自身结构和行为参数的系统。这些理论对组织系统的控制研究带来了很大的影响和变革。

(3)模糊理论。模糊理论是在模糊数学基础上形成的一种理论,由于在现实问题中存在着大量的不够明确的信息和含糊不清的概念,很难用确定的数学模型来描述,因此,就必须借助于模糊数学来揭示这一类问题。

交叉口信号灯的控制分为定时控制与智能控制。前者是传统的路口控制模式,即路口交通信号灯的延时时间是固定不变的,不能根据车辆的流量自适应地动态调节时间,会使车辆延误时间长而造成不必要的拥塞等情况。智能控制的方法包括模糊控制、绿波带模式、夜间模式和急停模式等。

模糊控制模式根据随机的车辆流量智能完成模糊增减交通信号控制时间,通过检测交叉路口附近的车流量,并且可以在路边安装红外热释电传感器用于检测人流量,然后分别为人流量与车流量分配适当的权值生成一个总的流量,经过控制系统分析判断选择合适的控制模式来调节信号灯。当某个相位的车流量或人流量比其他相位大且该相位绿灯亮时,则适当地延长该相位的绿灯周期,保证车辆有充裕的时间通过该路口;如果该相位红灯亮,则适当地缩短红灯周期,尽可能减少车辆在交叉口的延误的时间;当检测到紧急车辆要通过时则采用急停控制模式。通过区域内多个交叉口信号灯的联动模糊控制,还可实现车辆路径诱导。

(4)大系统理论。大系统理论以规模庞大、结构复杂、目标多样、功能综合、因素繁多的各种大系统作为研究对象,研究的主要问题是大系统分析和大系统优化,是现代控制论的一个新的研究领域。

3. 信息论

美国贝尔电话研究所的数学家香农(Claude Elwood Shannon)为解决通信技术中的信息编码问题,将发射和接收信息作为一个整体的通信过程来研究,于1948年发表《通信的数学模型》,1949年发表《噪声中的通信》两篇重要文章,提出了通信系统的一般模型,同时建立了信息量的统计公式,奠定了信息论的理论基础,被公认为信息论诞生的标志。

客观世界是由物资、能量和信息三大要素组成的,信息是客观存在的,系统的反馈主要是信息反馈。系统要素与要素之间、要素与系统之间、系统与环境之间的相互联系和作用,都是通过交换、加工、利用信息来实现。信息论是关于信息的本质和传输规律的科学理论,研究信息的计量、发送、传递、交换、接收和存储。信息论的基本思想是撇开系统物质与能量的具体运动形态,把系统有目的的运动抽象为一个信息变换的过程,探求信息的一般特征、传送规律和原理。

信息论是控制论的基础。人类的任何活动中都包含着人员流动、物流、资金流、信息流等各种传输活动,其中信息流起着支配的作用,它调节着系统内部其他流的数量、方向、速度、目标,并控制着人和物有目的、有规律的活动。

4. 耗散结构理论

比利时物理学家普利高津(Ilya. Prigogine)在1967年的"理论物理与生物学"国际会议上,提出了耗散结构理论,并因此于1977年获得诺贝尔化学奖。普里高津从热力学第二定律出发,通过研究非平衡态热力学指出:一个远离平衡态的开放系统,可以通过不断地与外界交换物质、能力和信息,在外界条件达到一定阈值时,从原有的混沌无序状态,转变为一种在时间上、空间上或功能上的有序状态。普利高津认为,只有在非平衡系统中,在与外界有着物质与能量的交换的情况下,系统内各要素存在复杂的非线性相干效应时才可能产生自组织现象,并且把这种条件下生成的自组织有序态称之为耗散结构。耗散结构理论指出了在开放条件下系统如何在不违反热力学第二定律的情况下自发地从无序跃变为有序。耗散结构理论主要有以下几个观点。

(1)开放系统是产生耗散结构的必要前提,同时也是耗散结构得以维持和存在的基础。耗散结构实质上是远离平衡态的非线性系统,通过不断地与外界交换物质、能量和信息来维持动态的有序结构。一旦交换停止,系统的结构就会破坏瓦解。

(2)非平衡态是系统有序之源。普里高津认为开放系统是形成耗散结构的必要条件,但不是充分条件。耗散结构只有在系统保持远离平衡的条件下才有可能出现。平衡结构是一种"死"的结构,而耗散结构是一种非平衡结构,是一种动态而稳定的"活"的结构。

(3)系统的涨落导致系统走向有序。所谓涨落,是指系统的某个变量或某种行为对平均值的偏离,涨落是偶然的、随机的、杂乱无章的,在不同的状态下有不同的作用。对平衡态、近平衡态来说,涨落是一种破坏其稳定性的干扰,是一种消极作用;对远离平衡态的耗散结构而言,涨落是系统由不稳定状态到形成新的稳定状态的杠杆,是一种积极的因素。系统的结构通过涨落规定和主导系统的功能,而系统的功能又通过涨落来影响和改变着系统的结构,通过某种突变,使系统实现自我组织状态,从无序达到有序。

人、车、路是道路交通系统的三个子系统,它们互相联系、作用,构成一个总体。道路交通系统具有耗散结构特征。第一,开放性。道路交通系统的界限是由道路确定的,对于左右界限,在断面为一块板,未依山傍水、无护墙护栏的情况下往往是无界或界限模糊的;对下受路面路基限制,有清晰确定的下界;上方是露天高空,没有上界。道路交通系统是一个巨型的开放系统。正因如此,以致太阳光热、风沙雨雪、动物、人、车等都可经常、随机地进出道路交通系统,系统与其外部之间存在着物质能量信息的交换活动,同时这也增加了道路交通系统的复杂性。第二,远离平衡性。在道路交通系统内,道路是静态的,人与车是动态的,系统不是静止、均一的,而是远离平衡状态,系统的活动有涨有落,变化不已。第三,自组织走向有序。在不同等级的道路中,匝道的限制车速较低,快速路、主路的限制车速较高,车辆从匝道进入时必然需要提速,离开快速路和主路时必然要提前减速,然而从一定范围来看,快速路、主路中的车速是几乎均一的,通常情况下城市道路中一个事故点的拥堵不会造成全城道路交通瘫痪,这些都是道路交通系统耗散结构特征中自组织走向有序的过程。

利用系统科学理论研究道路交通系统,绝不仅在于揭示其耗散结构特征,更重要的是利用这些特征,研究系统从无序到有序的条件、机制和相关行为,分析探索怎样才能使道路交通系统在时间、空间和功能上,演变到有序状态,形成安全、通畅、低消耗、高效益的系统状态。这也正是交通系统分析要解决的问题,是本书介绍的各种交通系统分析理论与方法的用武之地。

5. 协同学理论

协同学是重要的自组织理论,德国理论物理学家哈肯(Hermann Haken)在激光研究时发现激光是一种典型的非平衡状态的物质状态转变(变相),而普里高津的耗散结构理论就是研究非平衡态的热力学现象的。哈肯在激光研究的基础上敏锐地意识到非平衡相变是一种自组织过程,其动力机制是系统内部大量的子系统之间协同作用。1969年哈肯在斯图加特大学的演讲中首次引入"协同"概念;1971年他与学生格拉哈姆正式发表了《协同学:一门合作的学说》一文;1975年在《现代物理评论》上发表了《远离平衡及非物理系统的合作效应》一文;1977年编写了《协同学导论》一书,建立了协同学;1983年又发表了《高等协同学》。协同学理论指出,系统的序参量及支配原理决定着系统的演化与发展。在协同学理论中,主要包括以下两个观点。

(1)协同导致有序。各子系统协同行为产生超越各要素自身的单独作用,形成复杂大系统的统一联合作用。协同作用是形成系统有序结构的内部作用力,使系统能够自动产生空间、时间和功能上的有序结构,出现新的稳定状态。

(2)自组织理论。自组织指系统在没有外部指令的条件下,内部子系统之间按照某种规则自动形成一定的结构和功能,具有内在性和自主性,是协同学的核心,反映了复杂大系统在演变过程内部要素达到宏观有序状态的客观规律。

协同学不仅对自然科学的发展做出了贡献,对现代经济管理、系统工程等方面的研究也显示出了重要作用,成为系统科学的重要理论基础之一。

6. 突变论

法国数学家托姆(René. Thom)1972年出版了《结构稳定性与形态发生学》一书,标志着突变论的创立。突变论用数学模型从量的角度研究自然界和社会领域各种事物的不连续变化,以结构稳定性为基础,通过对系统稳定性的研究,说明系统的稳态和非稳态、渐变与突变的特征和相互关系,揭示系统状态演变的内部因素与外界条件,对未来可能的突变进行预测,并控制突变的发生,如研究经济危机预警、市场行情及股市走向预测等。突变论对突变的类型作了分类,指出突变类型数目不取决于状态变量的数目而取决于控制参数的数目。当控制参数不多于4个时,只有7种不同类型的突变(表1-1),具有高度的概括性和普遍性。

基 本 突 变 类 型　　　　　　　　　　　表1-1

突变类型	状态变量个数	控制变量个数	能量函数
折叠型	1	1	$x^3 + \mu x$
尖角型	1	2	$x^4 + \mu x^2 + \nu x$
燕尾型	1	3	$x^5 + \mu x^3 + \nu x^2 + \omega x$
蝴蝶型	1	4	$x^6 + \mu x^4 + \nu x^3 + \nu x^2 + \omega x$
双曲型	2	3	$x^3 + y^3 + \mu x + \nu y + \omega x y$
椭圆型	2	3	$x^3 + xy^2 + \mu x + \nu y + \omega(x^2 + y^2)$
抛物型	2	4	$x^2 y + y^4 + \mu x + \mu y + \omega x^2 + \omega y^2$

7. 混沌学

混沌是由确定性的线性动力学系统产生的随机现象。美国数学家庞加莱(Jules Henri Poincare)1930年在《科学与方法》一书中提出庞加莱猜想,将动力学系统和拓扑学两大领域结合起来,提出了混沌存在的可能。美国气象学家洛伦兹(Edward Norton Lorenz)1963年发现了混沌现象,他为了预报天气将大气动力学方程组简化为12个方程,用计算机作数值模拟时发现在相同初始条件下,重复模拟结构随计算时间的增加而彼此分离,以至于后来变得毫无相似之处。这个结果表明短期天气预报是可行的,长期天气预报是不可能的。随后20世纪70年代生物学家发现人类心脏中存在着混沌现象。1977年第一次国际混沌会议在意大利召开,标志着混沌学科的诞生。我们周围的世界乃至整个宇宙,混沌现象无处不在,自来水龙头的滴水,油管内流动油的性质中都会出现混沌。混沌学是研究确定性非线性动力学系统所表现出来的复杂行为产生的机理、特征的表述,从有序到无序的演变及其反演变的规律及其控制的科学,应用领域广泛,可以用于图像数据的压缩、模式识别、系统故障诊断等方面。

8. 分形

美国数学家曼德布罗特(Benoit B. Mandelbrot)于1973年在法兰西学院授课时,最早提出了分形的思想,并于1977年和1982年分别出版了他的专著《分形——形、机遇与维数》及《自然界的分形几何》,创立了分形几何学。分形现象在自然界中比较普遍,水系的主流分布支流,支流上又有支流,在主流、支流分布形式上存在相似结构,又如雪花、松针叶、西兰花等,我们可以看到它们都是每一小簇是整个大簇的一个分支,而在不同尺度下它们具有自相似的外形,即较小的分支通过放大适当的比例后可以与整体几乎完全一致。特征尺度是指某一事物在空间或时间方面具有特定的数量级,分形的突出特点是无特征尺度,在于自相似性,即跨越不同尺度的对称性。如台风的特征尺度是数千公里量级,路边旋风特征尺度是数米量级,若不考虑它们的特殊性,把它们都看成旋涡,它们就没有特征尺度,大旋涡中有小旋涡,小旋涡中套着更小的旋涡,旋涡套旋涡的现象发生在许许多多不同的尺度上,可以从几千公里变化到几毫米。凡具有自相似结构的现象都没有特征尺度,而分数维才是度量它们不规则程度的特征量,反映了它们占领空间的能力。

自相似性是分形的本质,分数维是度量自相似性的特征量,可以获得大量的时间序列数据并推算出它的关联维,由关联维估算建立动力学模型所需要的实质性状态变量的数目。自相似现象可以把局部看作整体的缩影,分数维正是这种放大或缩小自相似变换的不变量。根据自相似性可由大尺度趋势来复原小尺度趋势,因为在无特征尺度它们具有相似性,也能以降低分辨率为代价外推现有资料的样本时段或空间范围,即由小尺度趋势复原大尺度趋势。

9. 非线性科学和复杂性研究

简单性科学包含许多非线性问题,但传统处理方法是把问题线性化,用线性模型近似地代表非线性原型,但线性化无疑把问题简化的同时也就把非线性产生的许多非平庸特性(如自激振荡、分岔、突变、混沌等)去除了。而有时系统研究真正关心的恰恰是这些非平庸特性,需采取全新的简化方法,在保留非线性前提下描述非线性的简化方法。20世纪80年代以来,非线性科学(nonlinear science)和复杂性研究(complexity study)的兴起对系统科学的发展起到了非常积极的推动作用。1984年在美国新墨西哥州首府圣菲成立了以研究复杂性为宗旨的圣菲研究所(Santa Fe Institute,简写SFI),这是由3位美国诺贝尔奖获得者——物理学奖盖尔曼(Murray Gell-Mann)、经济学家阿罗(K. J. Arrow)、物理学家安德森(P. W. Anderson)为首的一批不同学科领域的著名科学家组织和建立的,其宗旨是开展跨学科、跨领域的研究,他们称之为复杂性研究。SFI提出:适应性造就复杂性,他们注重于研究复杂适应系统(Complex Adaptive System,简写CAS),并研制出相应的系统软件平台 SWARM。

中国系统科学研究会理事长乌杰在 2012 年中国系统科学研究会第十五届年会的报告中提出,1900 年以前,世界是统计性的,1915 年的世界是相对论的,1930 年的世界是量子的,而 1980 年后的世界是非线性的,是系统科学的世界。

三、系统科学方法

系统科学对系统的研究抽取了系统的具体形态及其特定的结构和功能,着眼于一般形态的系统类型、性质及其运动规律,对具体系统研究具有方法论的意义。

1. 系统科学的一般方法

系统学从系统观点出发,探讨整体与要素、要素与要素、整体与外部环境之间的相互联系,并运用系统、信息、熵、控制、反馈、稳态、功能、结构、涨落等范畴,刻画系统的性质及其进化。研究一般系统的方法,包括结构方法、功能方法、历史方法等,可以应用于一切领域的系统研究。

2. 系统科学的特殊方法

系统科学的各个分析学科,如控制论、信息论、博弈论、决策论等,既研究具体的系统,又有横断学科的性质。其基本原理可以成为较普遍的科学方法,但普遍性又次于系统科学的一般方法,因而成为系统科学的特殊方法,可以从其中提炼出系统科学的一般方法。系统科学的特殊方法主要有信息方法、反馈控制方法等。

3. 系统工程方法

系统工程方法是运用系统观点和方法处理巨大规模的复杂工程、科研和生产任务而创造的方法。系统工程的基本思想是对组织和管理的对象进行分析,建立系统模型,运用最优化的方法,求得系统的最佳结果。系统工程方法主要有系统分析、网络分析、分解、协调方法等。

四、我国系统科学研究与系统学科

我国的系统科学的科学研究与人才培养历程,与数学、运筹学的研究工作密不可分。

1. 系统科学研究历程

从科学研究历程来看,1950 年 6 月,中国科学院在百废待兴的情形下着手筹建数学研究所,由著名数学家苏步青任筹备处主任,周培源、江泽函、华罗庚、许宝騄任筹备处副主任。1951 年 1 月,任命华罗庚为即将成立的数学研究所所长。1952 年 7 月 1 日数学研究所正式成立,所址设在清华园内,确立了纯粹数学与应用数学协同发展的方针。

1960 年,中科院数学所运筹学研究室与力学所运筹学研究小组合并,成立了数学所的运筹学研究室,这可以说是我国实力最强的运筹学研究机构。1962 年,数学所新建了控制理论研究室,同时,为了更好地开展与"两弹一星"有关的科研工作,建立了系统控制研究室,该室为我国发射东方红人造卫星的测量、跟踪、选址等工作起到非常重要的作用。

1977年,中国科学院成立了以计算数学为主要研究对象的计算中心(1995年更名为计算数学与科学工程计算研究所)。1978年9月27日,钱学森与许国志、王云寿在《文汇报》联名发表了非常著名的"组织管理的技术——系统工程"一文确定了系统工程的学科归属和相关的科学理论基础,正式采纳"系统科学"一词。这也标志着我国系统科学和系统工程的诞生。此文在当时国内学术界产生了非常大的影响和震动,不仅为系统科学、系统工程在中国的发展奠定了理论基础,同时在系统科学的学科发展、梯队建设、人才培养以及科普宣传方面,打下了坚实的基础。

1979年底,中国科学院系统科学研究所成立,成员由控制理论研究室和系统控制研究室成员及一些著名的数学家组成。研究所立足于从事控制理论、运筹管理、统计学、系统工程以及相关数学边缘学科的研究。同年,应用数学研究所由数学研究所部分研究人员与原中国科学院应用数学推广办公室人员合并组建而成。数学研究所则以基础理论研究为主,兼顾应用数学和计算机科学等其他方向。数学所、应用数学所、计算所、系统所,四个研究所科研人员既有专业方向分工,又有密切科研合作。1998年12月,四所整合成立中国科学院数学与系统科学研究院,为全国一级学会中国数学会、中国运筹学会、中国系统工程学会挂靠单位。

2. 系统科学学科及人才培养

在人才培养方面,我国的系统科学学科一直注重科学研究与实践应用相结合,全方位培养研究型专业人才。1977年9月10日,经国务院批准,中国科学院筹建我国第一个研究生院——中国科技大学研究生院,于1978年招收了我国恢复研究生教育后的第一批研究生,设有数学、物理、化学、天文、地理、生物学、无线电技术、计算机工程、空间技术环境科学以及科学组织管理等专业。2000年12月,由于研究生培养体制改革,该院更名为中国科学院研究生院,2012年更名为中国科学院大学(简称国科大)并于2014年开始招收本科生。在中国科学院研究生院数学系的基础上,与中国科学院数学与系统科学研究院联合组建成立了中国科学院数学学院,招生专业包括数学、系统科学、管理科学与工程以及计算机科学与技术。

第三节 系统工程

一、系统工程

系统工程(Systems Engineering,简写SE)作为一门学科问世50多年,它从系统的观点出发,跨学科地考虑问题,运用现代科学和技术的方法研究和解决各种系统问题。

系统工程从辩证唯物主义中吸取了丰富的哲学思想,从运筹学、控制论、信息论和其他工程学科、社会科学中获得了定性与定量相结合的科学方法,并充实了丰富的实践内容,主要研究人类社会的复杂活动,包括大规模生产、重大科学技术和社会经济结构等,在系统理论、思想、观点指导下借助现代计算工具来分析、揭示和预演各种事务的发展演化过程,从而设计出一个或多个能够多、快、好、省地达到预期目标的系统的过程,然后精心组织这种过程的实施和实现,使人们在活动中尽量避免盲目性和失误,以获得最佳的社会效果和最大的经济效益。

系统工程不仅是技术,也是方法,而且其本身正在成为一种普遍适用的科学方法论,即用系统的观点考虑问题(尤其是复杂系统、复杂巨系统的问题),用工程的方法来研究解决问题。

系统工程的主要特点如下。

(1)一个系统,两个最优。

"一个系统"是指以系统为研究对象,要求综合、全面地考虑问题。"两个最优"是指系统目标是总体效果最优,同时实现这些目标的具体方法或途径也要求最优。"一个系统,两个最优"是系统工程的精华。

(2)以"软"为主。

传统的工程技术,如土木工程、机械工程、电子工程称为硬件技术,系统工程是以"软"技术为主的工程技术,它是一大类新的工程技术的总称。"软""硬"技术应当是相辅相成的关系。

(3)跨学科多,综合性强。

一方面是应用知识和技术的综合性,另一方面是开展系统工程项目,要由各有关专业和各方面的专家参加协同工作。

(4)从定性到定量的综合集成研究。

将专家群体(各种有关的专家)、数据和各种信息与计算机技术有机地结合起来,把各种学科的科学原理和人的经验知识结合起来,发挥系统的整体优势和综合优势。在解决问题的过程中,专家群体和专家的经验知识起着重要的作用。

(5)以宏观研究为主,兼顾微观研究。

系统工程认为,系统不论大小,皆有其宏观和微观。凡属系统的全局、总体和长远的发展问题,均为宏观;凡属系统内部低层次上的问题,则是微观。宏观调控、微观搞活是系统管理的一条基本原理,不论系统大小,都是普遍适用的。研究微观问题,必须重视它的宏观背景,不能就事论事、只顾局部、不顾全局,至少上升一个层次考虑问题。

(6)实践性与咨询性。

系统工程的应用研究是针对实际问题的,是要解决问题并且接受实践检验的,不是纸上谈兵或闭门造车,这是系统工程的实践性。系统工程的研究主要是给决策者当参谋,研究成果是为他们提供多种备选方案,由他们去进行决策。系统工程研究人员一般不参与决策,主要是给决策者提供和分析评价备选方案。

二、系统工程与传统工程

系统工程与其他工程技术一样,是以改造客观世界、使其符合人类需要为目的,从实际情况出发,运用基础科学和技术科学的基本原理、模型和方法,兼顾经济因素和经济效益。但是系统工程的对象、任务、方法以及从事系统工程活动所需要的知识结构,与传统工程技术相比有明显区别。

1. "工程"概念不同

传统工程的"工程",是指把自然科学的原理和方法应用于实践,设计和生产出诸如机械、汽车、建筑物等有形产品的技术过程,可将它看成是制造"硬件"工程。系统工程的"工程"概念,不仅包含"硬件"的设计与制造,而且包括"软件"的内涵,诸如规划、计划、方案、程序等活动过程,这些过程其实也是与设计制造"硬件"的任务紧密相关的。系统工程也被称为是"软件的工程"。系统工程扩展了传统的"工程"含义,给"工程"赋予了更多支撑的研究内容,所以也可以说,系统工程是关于工程的工程。

2. 研究对象不同

传统工程技术以各自特定领域内工程物质对象作为研究对象和目标,这个研究对象是具体的、确定的、物质的。系统工程则是以"系统"为研究对象,不仅把各种工程技术的物质对象包括在内,往往包含有工程的组织者和参与者——人,而且把社会系统、经济系统、管理系统等非物质对象也包括在内。

3. 执行任务不同

传统的工程技术是分析已实现的技术,并把它归纳成一般理论,用来推广解决某个特定专业领域中的具体技术问题,如车辆工程师用机械制造和电气工程等科学技术,对汽车技术状况进行管理。系统工程的任务是以创造或改造系统为目的,用于解决系统的全盘统筹问题,通过系统工程的活动,妥善解决系统内部各分系统、各要素之间的总体协调问题,同时涉及系统与自然环境、社会环境、经济环境等外界之间的相互联系、作用影响等问题。

4. 研究方法不同

传统工程技术所用方法一般是基于数学、物理学、化学等基础自然科学,在明确目标后,根据条件采用可能实现目标的方法,提出不同方案进行设计,试制出原型,经试验后最终达到生产和建设的目的。系统工程在解决各种系统问题的过程中,除运用基础自然科学外,同时运用其他工程学以及经济学、运筹学、控制论、计算机技术等各种科学,是交叉跨越各种科学技术的综合性方法体系。

5. 对研究者要求不同

从事系统工程活动的,不仅有工程技术人员,而且还吸收社会科学工作者和其他行业的人员。系统工程人员应具有强烈的系统观点,在任何时刻、任何环境下,都能坚持用系统观点和方法研究、处理问题;应是"T"型人才,即一方面知识面较广,另一方面要具备较深的专业知识;应有丰富的想象力和创造力,善于发现问题,并能及时提出较多的可行方案;应善于沟通,促进主管人员、设计人员以及各方面的有关人员相互协作;应熟悉环境动向,掌握部门之间的信息交流。

三、系统工程与组织管理

为了独立自主、自力更生地发展我国国防、航空航天、超级计算等尖端技术,农业、石油化工、金属冶炼、土木建设等掌握国家经济命脉的工程技术,也同样需要规模宏大的科学研究队伍。对队伍中的参与人员、研究及工程中需要的物资物料、资金、信息等,都需要科学的组织管理工作。华罗庚在20世纪在60年代初期对统筹方法进行了系统的研究,并在大庆油田、黑龙江省林业战线、山西省大同市口泉车站、太原铁路局以及一些省市的农业生产中推广应用,取得了良好效果,被钱学森赞为组织管理科学的先行者。

系统工程的发展源于组织管理的需求。自20世纪以来,现代科学技术的领域有了很大突破,现代工业工程活动的规模有了很大的扩展,工程技术装置复杂程度不断提高。20世纪40年代,美国研制原子弹的"曼哈顿计划"的参加者有15000人;60年代,美国"阿波罗载人登月计划"的巅峰时期有42万人参加,要指挥规模如此巨大的工程,只靠一个"总工程师"或"总设计师"是不可能实现的。问题是怎样在最短时间内,以最少的人力、物力和投资,最有效地利用科学技术最新成就,来完成一项大型的科研建设任务呢?

对于复杂工程系统而言,其所面临的重要问题是如何把比较笼统的初始研制要求逐步地变为成千上万个研制任务参加者的具体工作,以及如何将这些细微的工作最终综合成为一个技术上合理、经济上合算、研制周期短、能协调运转的实际系统,并使这个系统成为它所从属的更大系统的有效组成部分。这样复杂的总体协调任务不可能靠一个人来完成,没有人能够精通整个系统所涉及的全部专业知识,也没有人能够有足够的时间来完成数量惊人的技术协调工作。于是,代替先前的单个指挥者的组织应运而生,它以一个集体的方式对这大规模工程进行协调指挥。在我国国防尖端科研部门建立的这种组织就是"总体设计部"(或"总体设计所"),这类组织最初由钱学森先生倡导设立,延续至今,对我国国防及航空航天事业的飞速发展发挥了巨大的作用。

总体设计部由熟悉系统各方面专业知识的技术人员组成,并由知识面比较广的专家负责领导。总体设计部设计的是系统的"总体",是系统的"总体方案",是实现整个系统的"技术途径"。总体设计部一般不承担具体部件的设计,却是整个系统研制工作中必不可少的技术抓总单位。总体设计部把系统作为它所从属的更大系统的组成部分进行研制,对它的所有技术要求都首先从实现这个更大系统技术协调的观点来考虑;总体设计

交通系统工程前沿理论与方法

部对研制过程中分系统与分系统之间的矛盾、分系统与系统之间的矛盾,都首先从总体协调的需要来选择解决方案,然后留给分系统研制单位或总体设计部自身去实施。

总体设计部的实践,体现了一种科学思想和方法,这就是"系统工程"(Systems Engineering)。钱学森在1978年指出:"系统工程是组织管理系统的规划、研究、设计、制造、试验和使用的科学方法,是一种对所有系统都具有普遍意义的方法,即系统工程是一门组织管理的技术。"

系统工程是系统科学中直接或间接地改造世界的组织管理技术。系统工程的早期主要用在工程设计和武器运用,目前已在极为广泛的领域获得应用,诸如工程、社会、经济、军事、农业、企业、能源、运输、区域规划、人才开发、科研、信息、科学技术管理、环境生态等系统的总体规划、发展战略、预测、评价、综合设计、计划开发,并形成相应的系统工程,并且不断有新的应用领域在开辟和扩展。

运筹学是从体系组织管理的实践所总结出来的、具有普遍意义的科学理论;系统工程是组织管理的具体科学实践。从组织管理的实践到运筹学,再到系统工程的实践,完成了实践到理论,再用理论来指导实践的循环。

四、系统工程中的多学科科学技术

系统科学在工程实践运用中,综合了数学、工程学、社会学、计算机科学、管理与控制科学等多个学科,涉及多种技术方法,但不是将它们孤立运用、简单拼凑,而是综合组织运用这些学科的基础理论和方法,形成新的科学技术体系。

1. 运筹学

为达到一定目的,去做某件事情、执行某项任务、开展某种活动之前,人们总要进行一番筹划和安排,总想在一定的客观条件下,把事情办得更合理一些,以期得到最好的效果。这种合理安排、选优求好的朴素思想,是人类关于运筹学的基本思想。第二次世界大战时期,英国为解决空袭的早期预警问题,1938年7月,波得塞Bawdsey雷达站负责人罗伊A. P. Rowe提出英国防空作战系统运行的研究,首次提出Operational Research一词,这便是"运筹学"这一术语的起源。随后每个英军指挥部都成立了运筹学小组,美国、加拿大等国家也相继成立了运筹学小组,他们为取得反法西斯战争胜利及运筹学学科的奠基做出了重要贡献。Operational Research 的直译为"运作研究",我国于1957年借助"运筹帷幄之中,决胜千里之外"(出自《史记·高本祖纪》)的古语和思想,将之译为"运筹学",包含运用筹划,以策略得优取胜的意义,比较恰当地反映了这门学科的性质和内涵。由于运筹学的产生和早期发展与军事活动有关,相关内容处于保密状态,直到1951年美国学者莫尔斯(P. M. Morse)和金博尔(G. E. Kimball)编写了 The Methods of Operations Research(《运筹学方法》)一书,是第二次世界大战时期运筹学相关重要工作的总结,标志着运筹学的基本形成。

运筹学是为决策机构提供以数量化为基础的科学方法,以对其控制下运作活动进行决策。它重视数学方法,针对有关活动进行数量的分析,建立数学模型,寻求解决问题的最优方案。运筹学的对象是社会,目标是最优化,它是经验管理的科学、作战指挥的科学、规划计划的科学、治理国家的科学。运筹学正逐步深入应用于社会经济系统和军事系统。这些系统往往存在着大量的不确定因素和人理问题,所以仅仅依靠数学模型和定量分析很难处理好复杂系统优化问题,必须将定量分析、定性分析和计算机仿真结合起来,综合优化,实际上已经从运筹学过渡到了系统科学。

运筹学既是一门理论科学,又是一门应用科学。运筹学所要解决的问题是在既定条件下对系统进行全面规划、统筹兼顾,以期达到最优的目标。运筹学是系统科学的基础,系统科学则是运筹学的具体运用。

2. 概率论与数理统计学

概率论是研究大量偶然事件的基本规律的学科,广泛应用于概率型模型的描述。数理统计学是用来研究取得数据、分析数据和整理数据的方法。

3. 数量经济学

数量经济学是在马克思主义经济理论的指导下,在质的分析基础上,利用数学方法和计算技术,研究经济数量关系及其数量变化规律。数量经济学的方法主要是经济数学模型方法,包括经济系统分析、经济计量分析、投入产出分析、费用效益分析、计算机模拟等。

4. 技术经济学

技术经济学是一门跨自然科学和社会科学,同时研究技术与经济两个方面的交叉学科。它是用经济观点分析、评价系统技术上的问题,研究技术工作的经济效益,为制订系统的技术政策,确定系统的技术措施和选择系统的技术方案提供科学决策依据。

5. 计算机科学

系统工程要处理的系统往往非常庞大而且复杂,要对系统进行详尽的分析,获得好的系统方案,就要借助于电子计算机,以实现大量数据的整理、分析、计算及仿真模拟试验。

6. 现代化管理技术

系统工程师组织管理"系统"的规划、研究、设计、制造、试验和使用的科学方法。现代化管理技术既是技术问题,更是经济问题,它是一门符合科学的规律,运用先进的科学技术和经济思想,把整个生产管理组织起来的科学。

五、系统工程方法论

长期以来,在系统科学的工程运用及其研究中,逐步形成一套科学的工作方法和步骤,按照这样的方法和步骤,一般更容易、更清晰地了解一个系统。系统科学方法论是解决系统工程实践中的问题所应遵循的步骤、程序和方法,它是运用系统科学分析问题和处理问题的一般方法。当然,不同的工程对象有各自的特点,对于具体的问题,只能根据系统科学的基本思想灵活地运用系统科学方法论。

1. 硬系统方法论(Hard System Methodology,简写 HSM)

美国贝尔电话研究中心的系统科学专家霍尔(Hall)于 1962 年提出的一种霍尔三维结构空间方法论。霍尔三维结构是将系统工程整个活动过程分为前后紧密衔接的七个时间阶段和七个逻辑步骤,同时还考虑了为完成这些阶段和步骤所需要的各种专业知识和技能,这样就形成了由时间维、逻辑维和知识维共同所组成的一个跨学科体系的三维立体空间结构。霍尔三维结构体系为解决大型复杂系统的规划、组织、管理问题提供了一种普遍适用的系统工程思想方法,因而在各工程领域得到了广泛应用。霍尔三维结构空间如图 1-4 所示。

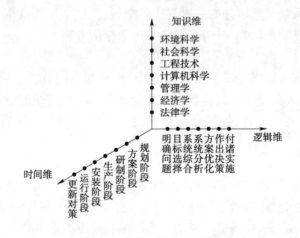

图 1-4 霍尔三维结构空间图

1)时间维

对一个具体的工程项目,从规划到更新可分为如下七个阶段。

(1)规划阶段。制订系统工程活动的规划和战略。

(2)方案阶段。提出具体计划方案。

(3)研制阶段。提出系统研制方案,并制订生产计划。

(4)生产阶段。生产出系统的构件和整个系统,提出安装计划。

(5)安装阶段。对系统进行安装和调试,提出系统运行计划。

(6)运行阶段。系统按照预期目标运作和服务。

(7)更新阶段。以新系统取代旧系统,或对原系统进行改进。

七个阶段是按时间先后次序排列的,故将之称为时间维。这七个阶段构成了系统的生命周期,即系统由孕育诞生到自我更新或被新系统代替的全过程。

2) 逻辑维

逻辑维通常分成七个逻辑步骤。

(1) 明确问题。收集资料、数据或情况，把问题的实质和要害搞清楚，使有关人员做到心中有数。

(2) 目标选择。在问题搞清楚后，应该选择具体的评价系统功能目标，以利于衡量所有备选的系统方案。

(3) 系统综合。按照问题、环境、目标、条件，初步拟定若干备选方案（假想方案或系统）。当然，这些方案的选择，首先应该是可行的，即技术上能达到，资源上有保证，设备能力可提供的方案。备选方案越多越好，应注意："什么也不干"也是一种方案，在确定别的方案比它优越以前，别轻率地否定。

(4) 系统分析。为了对众多备选方案进行分析比较，需要建立各种模型，把这些方案与系统评价目标联系起来。系统分析就是要利用模型来代替真实系统，利用演算或模拟来代替系统的实际运行。

(5) 方案优化。在一定限制条件下，我们总希望选择最优的系统。如果在评价指标中只有一个定量指标，而且备选方案不多时，容易从中找出最优者。当备选方案数很多，而评价指标有很多个，彼此间又有矛盾时，要选出一个对所有指标都最优的方案，一般是不可能的，必须在各个指标间有一定的妥协，这时就需要用多目标最优化方法进行评价，确定最优方案及诸方案的优劣次序，供决策者进行决策。

(6) 做出决策。由决策者选择一个或几个方案来试用，又是出于各方面考虑，决策者选择的方案不一定就是最优方案。根据系统工程的咨询性，决策并非系统工程师的工作，但是对于决策技术的研究，则是系统工程的课题之一。

(7) 付诸实施。将最后选定方案具体实施，在决策或实施中，有时会遇到原定方案都不令人满意的情况，这时就有必要回到前面所述逻辑步骤中认为需要的一步开始重新做起，然后再决策或实施。这种反复有时会出现多次，直到满意为止。

以上几个步骤是逻辑步骤，是运用系统科学处理问题时的逻辑原则，在实施的时间先后上并不一定很严格，步骤的划分也不是绝对的，可对逻辑步骤进行合并和拆分，可根据实际需要而定。

3) 知识维

系统科学方法可涉及许多专业领域，以二维结构为基础，增加专业维，即成为三维结构。把系统工程处于某阶段、某一思维过程中所涉及的专业知识按照定量化难易程度由下至上排列，其顺序是工程、医药、建筑、商业、法律、经济管理、社会和艺术等专业知识。

霍尔的三维结构空间比较清楚地说明了系统工程研究方法和步骤的模式。它的三维结构体现了系统科学的整体性，时间维强调了组织管理的科学性，逻辑维描述了系统工程工作中的问题导向性,知识维反映了工程问题应用上对系统科学要求的技术方法的综合性。在所有工作阶段都包含着不同的思维过程和专业知识,通过工作阶段、逻辑过程和专业知识构成的三维向量,可以明确表示出系统工程所处的任一位置状态,这是霍尔三维结构空间方法论的本质。因此,霍尔三维结构空间被后人称为"硬系统方法论"。

4)局限性

硬系统方法论也存在一定的局限性,主要集中在以下三个方面。

(1)没有为目标定义提供有效的方法。虽然在系统问题初期研究中定义系统问题比较容易,但对大多数系统工程管理来说,确定系统分析的目标——确定"系统是什么""问题是什么",其本身就是需要解决的首要问题。

(2)没有考虑系统中人的主观因素。硬系统方法论把系统中的人与其他物质因素等同起来,忽视人对现实的主观认识,认为系统的发展是由系统外的人为控制因素决定的。

(3)过度依赖数学模型。硬系统方法论认为数学才能科学地解决问题,但是对于复杂的社会系统来说,建立精确的数学模型往往是不现实的,即使建立了数学模型,也会因为建模者对问题认识上的不足而不能很好地反映其特性,因此通过明显求解得到的方案往往并不能解决实际问题。

2. 软系统方法论

早期的系统科学主要应用于军事和通信工程,系统与环境之间一般具有清晰的实体边界,分析优化的目标非常明确,系统实施的结果基本由决策者的控制决策而确定,比较容易根据已知的系统,针对已发现的问题,开展系统分析工作,进而得到预期的效果。进入20世纪70年代以后,系统科学逐渐在各行各业萌芽发展,然而在分析社会经济发展战略和组织管理问题的时候,涉及人、信息和社会等诸多因素,系统的组成结构变得相当复杂,有时候很难简单描述清楚系统的边界是什么,系统中的许多要素很难用数学方法来量化,甚至很难找出一条简要明确的系统目标,系统科学工作者面临的不是某一个工程问题,而是某一种问题情景,而这些情景是普遍存在于人类的经济社会活动中的。

为了解决霍尔方法论在问题情景分析中的不足之处,系统科学研究者开展了相对"软"一些的工作方法探讨,其中英国学者切克兰德(Checkland)在总结霍尔三维结构空间局限性的基础上,提出了"系统思考"并开展了10年的行动研究(Action Research)。通过于1981发表的论文《Systems Thinking》及1990发表的论著《Soft Systems in Action》等一系统研究成果,构建了不同于"硬系统方法论"的"软系统方法论"。

软系统方法论认为系统工程的首要任务是要解除这样的困惑:感觉有"问题"的"地方",到底是什么样的"问题情景",而产生问题情景的"地方"是个什么样的"系统"。然后在解决的行动中,核心原则不是理想中的"最优化"方案,而是通过从现状情景与模型的比较,进行不断地"比较"与"探寻",在讨论中充分考虑众多的可能性,分析可行性,最后付诸行动,改善问题情景。

问题情景是通过系统科学识别出问题所在,找到系统分析工作的目标;对问题情景所在的相关系统,需要了解它们具有哪些根本属性,其实是考察不同人对产生问题情景的这个系统的观点,声明它的根定义,以便确定工作对象和范围;概念模型正是根据前一步骤确定的这些根定义来建立的,所以还需要与现实世界进行反复比较;对于方案的搜寻和比较阶段,含有组织讨论、听取各方面有关人员意见的意思,不必拘泥于严格的定量分析,而是要充分考虑各种可能性,这样能更好地反映人的因素和社会经济系统的特点。

软系统方法论旨在提供一套系统方法,使得在系统内各成员间开展自由的、开放的讨论和辩论,从而使各种观念得到表现,同时在比较的过程中研究方案的可行性,在此基础上将兼备可能性与可行性的方案付诸行动。

按照切克兰德的软系统方法论,上述思想共分为七个阶段:进入可能存在问题的情境;描述问题情景;阐述目的性活动相关系统的根定义;根据上述根定义建立概念模型;比较概念模型与现实情景;寻找可能且可行的改善方案;付诸行动,改善问题情景。

软系统方法论是处理非结构化问题的程序化方法,与硬系统方法论有明显的不同。软系统方法论强调反复对话、比较、行动研究,整个过程是一个学习过程。硬系统方法论与软系统方法论的比较见表1-2。

硬系统方法论与软系统方法论比较 表1-2

项 目	硬系统方法论	软系统方法论
系统领域	工程,技术	社会经济,运营管理
系统结构与环境	有明确的边界,良好的结构	各人对系统的定义和属性观点不同,系统没有清晰的结构和界限
分析对象	明确的问题	问题情景
系统工程工作目标	优化,有明确的更好的结果	综合的令人满意的,有好的进展
核心思想	优化分析	比较
基本方法	定量分析,数学模型	定量与定性相结合,概念模型

3. 综合集成方法论

综合和集成似乎是一对近义词,但集成比较注重物理意义上的集中和小型化、微型化,主要反映量变;综合的含义更广、更深,反映质变。综合集成的重点是综合,目的是创造、创新。综合高于集成,综合集成则既高于集成,又高于综合,是各种集成(如观念的集成、人员的集成、技术的集成、管理方法的集成等)之上的高度综合,又是在各种综合(如符合、覆盖、组合、联合、合成、合并、兼并、包容、结合、融合等)之上的高度集成。综合集成考虑问题的视野是在系统之上的系统,包含本系统和比本系统更大的系统。

钱学森于20世纪90年代在社会系统、人体系统和地理系统的研究基础上，提出了开放复杂巨系统的概念，进而创新性摸索建立了综合集成方法论。这些系统的研究和应用中，通常是科学理论、经验知识和专家判断相结合，提出经验性假设（判断或猜想），这些经验性假设不能用严谨的科学方式加以证明，但可以用经验性的大数据及大量参数的模型借助现代计算机技术进行真实性检测。这些模型应建立在经验和对系统的理解上，通过人机交互，反复对比逐次逼近，定量计算，最后形成结论。

根据综合集成方法论，大系统的分析工作应包括以下步骤：对实际问题进行信息资料收集；专家群体通过对问题的分析研究，明确系统机制和目的；结合理论知识与经验假设，从定性到定量的建立模型；通过计算机对模型进行仿真模拟实验；专家群体根据仿真结果，对模型进行分析评价和有效性检验；根据前期结果反复调整参数，修改系统模型并进行仿真计算、分析，直到专家们认为模型及结论合理可靠，确定模型，给出结论和决策。其实质是将专家群体、大量数据资料和计算机技术三者有机结合起来，构成一个高度智能化的人机交互系统，它具有综合集成的各种知识，实现从定性到定量的功能。

综合集成方法论以逻辑思维和辩证思维为主，在分析过程中，要充分应用数学科学、系统科学、控制科学、人工智能、以计算机为主的各种信息技术所提供的各种有效方法和手段，如系统建模、仿真、分析、优化等，发挥了系统的综合优势、整体优势和智能优势。

4. 物理—事理—人理系统方法论

1995年，中国系统工程学会理事长、中国科学院系统科学研究所顾基发研究员和英国Hull大学的华裔学者朱志昌博士提出了物理—事理—人理系统方法论，简称为WSR系统方法论。

物是指独立于人的意志而存在的物质客体；事是指人们变革自然和社会的各种有目的的活动，包括自然物采集、加工、改造，人与人的交往、合作、竞争，对人的活动所做的组织、管理等。物理主要涉及物质运动的规律，通常要用到自然科学知识，回答有关的物是什么，能够做什么，它需要的是真实性。

事理是做事的道理，主要解决如何安排、运用这些物，通常用到管理科学方面的知识，回答可以怎样去做。

人理是做人的道理，主要回答应当如何做。处理任何事和物都离不开人去做，由人来判断这些事和物是否得当，并且协调各种各样的人际关系。通常要运用人文和社会科学的知识去处理各种社会问题，人理常常是主要内容。

WSR系统方法论认为，在处理复杂问题时，既要考虑对象系统的物的方面（物理），又要考虑如何更好使用这些物的方面，即事的方面（事理），还要考虑由于认识问题、处理问题、实施管理与决策都离不开人的方面（人理）。把这三方面结合起来，利用人的理性思维的逻辑性和形象思维的综合性和创造性，去组织实践活动，以产生最大的效益和效率。WSR 系统方法论的内容见表 1-3。

WSR 系统方法论的内容 表 1-3

要素	物理	事理	人理
对象与内容	客观物质世界法则,规则	组织、系统管理和做事的道理	人、群体、关系,为人处事的道理
焦点	是什么? 功能分析	怎样做? 逻辑分析	最好怎样做?可能是? 人文分析
原则	诚实,追求真理	协调,追求效率	和谐,追求成效
所需知识	自然科学	管理科学,系统科学	人文知识,行为科学,心理学

WSR 系统方法论工作过程大致是以下七步:理解意图;制订目标;调查分析;构造策略;选择方案;协调关系;实现构想。这些步骤有时需要反复进行,也可以将有些步骤提前进行,不一定严格按照上面的顺序。协调关系始终贯穿于整个过程,也不仅仅是协调人与人的关系,可以是协调每一步实践中的物理、事理和人理的关系;协调意图、目标、现实、策略、方案、构想间的关系;协调系统的投入、产出与成效。协调都是由人来完成的,协调的方法应根据协调的对象而因地制宜。

在 WSR 系统方法论的指导下,要有选择地使用一些具体的方法,甚至其他的方法论。WSR 常用的若干方法见表 1-4。

WSR 常用的若干方法 表 1-4

要素	物理	事理	人理	方法
理解意图	了解顾客最初意图,可通过谈话来收集	了解顾客对目标、模型、评价标准的偏好	了解谁来使用决策结果	头脑风暴法、讨论会、分析、认知图
调查分析	调查已有资源和约束条件,主要通过现场调查和文件检索	了解顾客的经验和知识背景	了解谁是真正的决策者,哪些知识是必需的,弄清顾客及上下各种关系	Delphi、各种调查表、文献调查、历史对比、交叉影响法
形成目标	列举所有可行的使用目标准则以及约束	在目标中弄清它们的优先次序和权重	弄清各种目标涉及的人物	头脑风暴法、目标数等
建立模型	目标和约束数据化和规范化	选择合适的模型、程序和知识	尽量把决策者的意图放入模型中	各种建模方法和工具
协调关系	使所有模型、软件、硬件、算法和数据之间加以协调,即技术协调	对模型和知识的合理性加以协调,即知识协调	避免各方面利益、观点、关系冲突,即利益协调	和谐理论、亚对策、超对策
提出建议	对各种设备和程序加以安装、调试、验证	将各种术语改为顾客能懂和喜欢的语言	尽量让各方面易于接受、易于执行,考虑今后能否合法运用	各种统计表、统筹图

第四节 交通系统

一、交通系统

交通系统是人类社会大系统的组成环节,是一个复杂、开放的大系统,由人、车辆、线路和环境组成。人是交通系统的主体,包括驾驶人、乘务员、管理人员、维修人员、行人、乘车人等;车辆是交通系统的主要部分,包括通用车辆、专用车辆等;线路包括公路、快速路、主干路、次干路、支路等;人、车辆、线路构成了交通系统的内部结构,交通系统的外部环境包括交通站场、社会环境、土地利用等。构成交通系统的基本要素既是独立的,又往往以组合的形式出现,各类要素中有一类是寻求得到系统服务的需求因素,另一类则是对系统的扩展和运行起制约作用的供给因素。

一般来说,交通系统可以分为载体子系统(包括各类交通网络、场站和交通工具)、运输子系统(包括运输方式的构成及运输组织管理等)以及交通管理子系统等,交通大系统的外部环境同样也可以划分成若干子系统(包括地理环境、城市形态与规模、土地利用及社会经济环境等)。子系统具备以下特征:一是子系统由各个要素组成;二是子系统有独立的内在构成方式和运行机制。此外,子系统之间存在相互依存与相互制约的关系,任何一个子系统同时作为另一个子系统的外部环境条件而存在。

交通系统具有一般系统所共有的特性,即整体性、相关性、目的性、环境适应性。整体性体现在人、车、道路、设施、管理组成的综合整体;相关性体现在交通系统内部各系统之间是有机联系、相互依存又相互作用的;目的性表现为人们从事各种活动提供必要的物质条件和空间活动条件;环境适应性表现为交通系统处于社会环境之中,受周围环境的影响和制约,并为周围环境相协调。

交通系统的另一个特点是它的开放性。它的服务时间、地点和路线不需要事先申请,也没有人事先掌握这些信息,因而它的管理难度比较大。以现代通信、电子计算机技术等为核心的智能交通系统的研究进展很快,可望在不久的将来为这个问题的解决提供新的契机。

正因为交通系统是高度开放的,带来的另一个特点就是高度随机性。交通系统与其他基础设施(如供水、供电、电信等)相比,都具有随机服务和资源共享的共同属性,但也有本质的区别。交通系统向社会提供服务的方式具有更高的开放性,用户无须事先申请提供专用的服务渠道(如供水管线、电话线),更加随意地介入这一服务系统。交通系统使用者在使用交通系统的时间上和方式上的高度随机,往往使得城市交通系统在供求关系的调节上难以摆脱被动和滞后的局面。

交通系统存在一定程度的可控性。无论是交通源、流的产生,还是交通的时空分布,与土地利用布局、交通网络布置、交通组织等有很直接的关系,因而可以通过调整土地利用布局、调整交通方式构成及交通组织来调节和控制交通设施负载量。此外,交通管理政策与相应手段也是调节城市交通设施负载量的强有力手段。

同时,交通系统还存在着复杂性。交通系统中出行者的决策博弈行为,使交通系统运行机理极其复杂。随着城市用地布局的调整、居民出行距离的增加和出行行为选择方式的转变,交通系统运行中的不确定因素越来越多,交通系统的结构与功能越来越复杂,新情况、新问题不断涌现,而其开放性又进一步加深了交通系统的复杂性。

二、交通系统工程

系统工程以系统为研究对象,交通系统工程的研究对象则是交通系统。交通系统工程是系统工程在交通领域中具体应用的分支学科,将人、车、路、环境作为一个有机整体,从系统观点出发,以数学和工程等科学方法为工具,综合运用汽车工程、运输工程、道路工程、交通工程、环境工程、管理工程、运输经济学和人类工效学等基本理论,为交通活动提供最优规划和计划,进行有效的协调和控制,并使之在一定期限内获得最合理、最经济、最有效的成果,做到人尽其才,物尽其用。

交通系统工程和交通工程是对同一问题的两个不同研究侧面,虽然二者在研究若干静态微观的交通问题上有着许多类似的地方,但它们之间存在着某些明显的原则区别。交通工程是从工程的观点出发,而交通系统工程是用系统工程的观点和方法来研究交通系统的。工程观点归纳起来即全局(整体)观点、层次(渐进)观点、动态(变化)观点、信息(反馈)观点、价值(数量)观点、策略(灵活)观点。系统工程方法则包括系统分析法、系统建模法、系统综合法和系统控制法等,传统交通工程较少触及这些方面。另外从学科方向来看,交通工程侧重于静态的、微观的、硬科学范畴的研究;交通系统工程则侧重于动态的、宏观的、软科学范畴的研究。前者更多地适应外延,后者更多地适应内涵,着重于调整和优化交通系统的内部结构。

第二章 交通系统分析

第一节 系统分析概述

一、系统分析的概念

系统工程的研究对象一般是规模庞大,结构复杂的系统,包含确定及不确定的多种因素,体现综合性的系统功能,具有多项系统目标。系统分析一般是针对实际问题,对系统目标进行重审,分析系统结构、功能及与环境的关系,为需要改进的既有系统及需要建立的新系统以系统规划设计、系统建模、系统评价及系统优化提供理论及实践依据。

系统分析是应用系统工程方法分析和解决实际问题的前期阶段,是系统设计及系统决策的基础,是系统方法的重要组成部分。它是在各种不确定条件下,从系统长远和总体最优出发,选定系统目标和评价准则,通过调查和搜集数据,分析系统各层级之前的功能和相互关系以及系统与环境的相互影响,探索各种可行的替代方案,对可能的效果进行比选,帮助系统决策者提供科学依据和信息。从发现实际问题到进行系统优化,整个流程可以用图 2-1 直观表示。

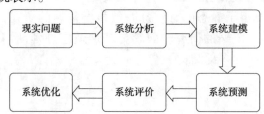

图 2-1 从发现问题到系统优化的流程

运筹学是研究战术的学科,而系统分析则是研究战略方法,两者虽然相似但不同。运筹学研究的问题以短时期为主,具有明确的优化目的,研究对象是既有的并可定量分析,分析的方法以数学算法为主,寻求优化模型的最优解。系统分析往往研究大规模、长时效的系统问题,需要在系统分析中根据实际问题挖掘选定若干目标,某些目标甚至可能是互相矛盾的;研究对象可以是既有系统,也可以是尚未创建的新系统;系统中包含的各因素可能是定量的,也可能无法定量分析。系统分析的方法中除了数学算法外,也包括分析评估和推理推断,一般不以求某项最优解为目的,而是在可行替代方案中进行方案比选,帮助决策者权衡利弊。

交通运输系统包含道路、桥梁、隧道、轨道、车站、港口、航道、航空港、货运场站、管道等各类基础设施,车辆、船舶、飞机等各种属性的运载工具设备,交通标志标线、信号控制机等引导及控制装置,乘客、物资等运输需求,以及各类专职从业人员等,由这些因素相互协调组织实现运输系统功能。交通运输系统的运转工作无法由上述某一项因素独立承担,因此,交通运输系统的设计、优化和组织实施也无法针对单一因素而进行,而是需要对系统进行全面的系统分析。另一方面,交通运输系统规模较大,层级复杂,需要调用的系统资源类型较多,投入资金巨大,建设周期较长,为避免返工造成重大经济损失,认真做好系统分析是建立及改进交通运输系统过程中必不可少的环节。

二、系统分析的特点

1. 以整体为目标

系统分析是面向系统总体的实际问题而进行的。系统中处于各个层次的分系统都分别具有特定的功能和目标,彼此分工合作,才能实现系统整体的共同目标。系统的总体性质,是其各个分系统或各组成要素所不具备的。因此,如果只研究改善系统中某些局部问题,而忽略其他要素或其他分系统,则系统整体的效益可能会受到不利的影响。从事系统分析,必须考虑发挥系统总体的最高效益,不能只局限于个别分系统,以免顾此失彼。

系统总体目标和局部目标分别与系统结构层次的高低相适应,低层次系统的局部目标从属于高层次系统的总体目标。在正常情况下,实现系统的局部目标是达到系统总体目标的手段,个别要素的局部目标只有与系统的总目标相适应时才能顺利实现。

2. 以特定问题为对象

系统分析是一种处理问题的方法,其目的在于辅助决策人对所面临的问题逐步提高认识的清晰度,寻求解决问题的最佳策略。许多问题都含有不确定因素,系统分析就是针对这种不确定情况,提出在相应的假设条件下解决问题的各种方案,比选其可能产生的结果。不同的系统分析所解决的问题不同,即使对相同的系统,也要根据所解决的特定问题进行不同的假设和分析,拟定不同的解决方案。

3. 运用定量分析和其他科学方法相结合

系统分析不能简单凭想象、臆断、经验或者直觉来进行,在许多复杂情况下,必须要有准确可靠的数据和资料作为科学决断的依据,运用数学方法及计算机技术来实现。在有些情况下,利用数学方法描述有困难时,还要借用实体模型推演,或者运用结构模型解析法。

4. 价值判断的最优与满意

一方面,从事系统分析时,需要考虑未来发展的趋势或倾向对系统方案的效果进行推断和预测。由于系统分析中包含一些不确定的变量,而客观环境也会发生很多变化,因此,在进行系统分析时,需要凭借各种价值准则进行判断和优选。

另一方面，系统目标的最优化是理想状态，在系统分析需要解决的现实问题中往往是不可能实现的，在考虑实现系统目标时，需要进行价值工程的科学分析，如果解决方案所需的人力、物力、财力、时间等代价太大，性价比不高，则无须力求系统最优。在系统分析过程中，不是寻求系统理想状态下的最优解，而是在可行的方案中比选出最满意的解决方案即可。

第二节　系统分析的要点

一、系统分析的逻辑及步骤

系统分析注意逻辑思维推理的方法，在分析时往往要循序渐进，通过追问一系列"为什么"而使问题得到圆满的解答。表 2-1 为常用的系统分析提问表，可作为系统分析的逻辑思维要点。

系统分析提问表　　　　表 2-1

系统分析问题内容	第一阶段提问(5W1H)	第二阶段提问(Why)	第三阶段提问(Whether)
对象	做什么(What)	为什么分析这个	分析对象是否已经清楚
目的	是什么(What)	为什么设此目的	分析目的是否已经明确
地点	在何处做(Where)	为什么在此处做	有无更合适的替代地点
时间	在何时做(When)	为什么在此时做	有无更合适的替代时间
人员	由谁做(Who)	为什么由此人做	有无更合适的替代人选
方法	怎样做(How)	为什么用此方法做	有无更合适的替代方法

这些提问可以归为三个阶段：第一阶段的 6 个问题(5W1H)提出分析的基本问题，确定研究对象；第二阶段探索这些问题(Why)，深入挖掘研究背景和意义；第三阶段通过是否问题(Whether)的寻答，确定具体分析的战略方法。只有圆满地回答了以上的问题，才能对系统的开发对象、开发目的、开发时间、开发人员、开发方法有一个完整、清晰、圆满的答案。

具体而言，系统分析的步骤一般包括以下五个阶段。

1. 明确问题，确定目的，挖掘目标

对某一系统进行分析，首先要明确所面临的实际问题，确定对系统分析的目的和当前具体的各项目标。明确问题，是要确定实际问题的性质、范围、所包含的因素及因素之间的关系、环境状况及其他约束条件。系统目的和目标两者既有联系又有区别。所谓目的，多侧重于原则性的理想；而目标则是在特定目的下，决策者的具体期望，是实际性的、可行的、可评估的。系统分析的目的一般要通过多个目标来体现和完成，在分析多个目标时，需求挖掘并分析它们之间的逻辑及协调关系。明确目的对系统分析非常重要，如果目的不明确,那无论怎样进行分析也不会得到正确结果。确定目的通常要考虑系统的持久性、全局的可行性、实践中的经济性等。

2. 调查整理数据及资料

数据及资料收集和整理是系统分析的基础工作,应调查影响目的的各种因素的现状及历史,收集国内外有关问题的各种案例及资料,确定影响目的的各个因素。收集资料可从四个角度来进行:相同系统的相同问题,相同系统的相似问题,相似系统的相同问题及相似系统的相似问题。在收集资料过程中要多借助于调查、实验、观察记录及国内外文献资料检阅。同时,在收集资料过程中应注重资料的完整性、准确性;在整理资料过程中应注意数据来源、标准化及精确度。

3. 探索可行方案,建立模型

在充分收集资料的基础上,制订解决问题、达到目标的可能的方案,找出系统各功能要素及其之间的互相关系,系统与环境之间的影响,即明确系统的输入、输出和转换关系,确定系统目标和约束条件。为便于分析,应建立相应的模型来对系统进行近似的描述,利用模型预测每一方案可能产生的运行结果,并根据其结果定量说明各方案实行的效果及价值,评估各替换方案的优劣。模型的功能在于及时有效地反映实际问题的指标,模型只是推演方案实现过程的近似描述,如果其能够反馈所分析系统的主要特征,就可以算是一个满意的模型。

4. 系统的最优化

在建模的基础上,运用最优化的理论和方法进行系统的最优化。对若干替换方案进行最优化,求出相应的替换解。进行系统最优化时,必须根据最优化问题的性质,探讨最优化方法的应用。对确定性问题,可采用线性优化、动态规划、非线性规划、整数规划、图论及网络流等理论;对于非确定性问题可用马尔科夫过程、排队论、决策论、随机图等方法进行最优化。

具体问题需要具体分析,灵活采用适用的模型和方法,制订费用代价最低而效益最高的最优化方案,如对于交通网络中的路径选择问题,可应用图论和网络流等方法进行最优化。例如世界著名的"中国邮路问题",是由我国管梅谷教授于 1962 年提出的:邮递员负责某一区域的信件投递,每天从固定的邮局出发,需要走遍该区域所有街道,再返回该邮局,应如何安排邮递员的路径,可以使其所走的总路程最短?这个问题可以用图论模型来描述:已知一个连通图 G(即邮递员工作区域),每条边 e 有非负权 $l(e)$(即每条街道的长度),实际问题即寻找一条回路(即邮递员所走的路径),使总权值最小,可以通过图论中的奇偶点图上作业法来求解最优路径。

5. 系统的评价

根据最优化所得到的替换解,考虑前提条件、假定条件和约束条件,在经验和知识的基础上确定最优解,从而为选择最优系统设计方案提供足够信息,或者以仿真、测验或试验方法来检验所选方案的结论。如果所选方案无法得到系统预期的满意解,可按上述步骤反复进行,直到选出满意的方案为止。

以上是系统分析的一般步骤,是从系统分析逻辑思维脉络展开而来,但并不是固定的,各步骤可简可扩,在进行实际问题的系统分析时,应根据需要灵活调整修订。

二、系统分析的准则

在开展系统分析时,应注意保持以下准则。

1. 外部环境与内部条件相结合

对系统的内部进行分析,主要是研究系统的组成要素、要素之间的关系以及系统的结构、功能等。系统的生存和发展都是以外部环境为条件的,环境的变化对系统有着很大的影响,对系统的外部条件进行分析和研究,在于弄清系统目前和将来所处环境的状况,把握系统发展的有利条件和不利因素,所以,在进行系统分析时,必须将系统内、外部各种有关因素结合起来综合分析,才能实现系统的最优化。

如在分析物流运输系统的时候,不仅要考虑系统的外部环境如物流运输收费政策、物流车辆限行政策、物流贸易中的信息流、资金流等,还要考虑物流运输系统内部的结构,航空运输、铁路运输、公路运输、水路运输、管道运输五大运输方式的组合,各类、各型号运载工具的调度,以及联合运输的协调、危险品运输的监管等。如果不考虑系统外部环境,仅仅从系统内部来考虑,是不可能兼顾系统费用与效益的约束条件,达到系统整体最优的。而在考虑系统内部结构时,比如在多模式运输方式的联运协调时,也应考虑收费政策、限行政策的外部环境影响。

2. 当前效益与长远效益相结合

进行系统分析的目的,是要最终实现系统的最优化。所谓系统的最优化,包含着两方面的含义:一是从空间结构上讲要求整体最优;二是从时间发展上要求全过程最优。因此,选择系统方案时,不仅要从当前利益出发,而且还要考虑将来的利益,兼顾可持续发展观。客观事实表明,一个系统在当前最优不等于在将来也最优;在全过程的某些局部阶段最优,不等于全过程最优。

交通基础设施建设是百年大计,是提高国民经济效益的重要因素之一,但交通建设项目本身的经济效益则需要经过一定的时间才能够反映出来。如果只看眼前利益,不考虑长远利益,重生产轻交通,不重视基础性投资和交通设施的建设,只会是欲速则不达。在交通系统设计上,应对未来交通需求进行预测,工程设计应具有前瞻性。例如地铁单线建设需要 4~5 年,地铁线网建设需要 30~50 年。21 世纪初,我国仅有 7 条地铁线路,总里程 146 公里。截至 2014 年年底,全国已有 22 个城市建成地铁线路 95 条,运营里程达到 2900 公里,目前有 16 个城市的地铁项目正在施工,仅北京市就有 6 条在建地铁线路。在进行地铁系统分析时,应基于既有人口分布及出行起讫点调查,做出中长期出行需求预测;同时,在交通运输系统分析时,应预估交通系统建立一定时间后对外部环境的影响,注意可持续发展,实行绿色交通的设计理念。

3. 局部效益与整体效益相结合

大规模的系统是由若干个子系统组成的,但是在各子系统的效益都较好的情况下,系统的整体效益未必最优,而系统整体达到最优状态时,可能存在某个或多个子系统效益损失较大。在进行系统分析、寻求系统总体最优时,必须全面考虑系统整体与局部以及局部与局部之间的关系。忽略这一点,就很难达到总体最优的效果。

4. 定量分析与定性分析相结合

系统分析不仅要进行定量分析,而且要进行定性分析,遵循"定性—定量—定性"这一循环往复的过程。定量分析可以借助数学工具较精确地描述系统特征,反映系统发展变化规律;定性分析适用于不宜用数量准确表示的客观事物指标,如政策、环境、福利、心理等。交通运输系统中即包括确定性的基础设施条件、运载工具属性,同时也包括行人、驾驶人、乘客等不确定人为因素,雷雨风雪等对交通运行影响较大的不确定天气因素,以及出行习惯、政策调控影响、宣传教育引导等难以量化的管理条件因素。定性与定量二者相结合的综合分析,才能达到交通运输系统分析及优化设计的目的。

三、系统分析的意义和作用

在科学技术高度发达的现代社会里,事物间的联系日趋复杂,出现了各种形式的大系统,如军事系统、教育系统、医疗系统、道路交通系统、城市交通管理系统、社交系统等。

首先,大系统通常都具有开放性、交互性,它们与所处环境之间普遍存在着物质、能量和信息的交换关系,从而构成了环境条件约束。系统同环境的任何不协调,即违反环境条件约束状态的行为,都将对系统的存在产生负向作用,形成不利影响。面向环境的系统分析,对系统的可持续性起着至关重要的作用。

第二,从系统内部看,大系统通常由多个层级的主系统及子系统组成。系统与子系统之间存在着复杂的组成关系,如纵向的上下关系、横向的平衡关系以及纵横交错的网络式双向交互关系等。在复杂的系统内部组成关系中,也存在着普适的基本原则:下层系统以达到上层系统的目标为任务,横向各个子系统必须以系统目标为原则协调行动,各附属子系统要为支撑系统整体目而存在。因此,任何子系统的不适应或是不健全,都将对系统整体的功能完备性和目标实现产生不利的影响;系统内各子系统的上下左右之间往往会出现各种矛盾因素和不确定因素,这些因素能否得到及时了解和处理,将影响到系统整体功能和目标的达成。因此,系统内部的结构分析对掌握系统特征规律、强化系统目标有重要作用。

第三,系统本身的功能和目标的合理性也有研究分析的必要。不明确、不恰当的系统目标和功能,往往会给系统生存带来严重伤害。系统的运行和管理,要求有明确指导方针。

上述情况表明,无论从系统的外部环境出发,还是立足于系统内部解析;无论是针对设计新系统,还是对既有系统的改进问题,系统分析都非常重要。

系统分析的重要意义,还可进一步体现在系统分析的最终目的是为系统决策提供服务。因此,系统分析应为决策提供各种分析的数据、各种可供选择方案的利弊分析和可行环境、约束条件等,通过系统分析的科学方法,使决策者做到"方法有谱,心中有数",对不同决策方案有权衡、比较优劣的可行方法,从而能提高决策的科学性和实用性。

这也表明,系统决策正确与否、实施效果与系统分析水平和质量的关系极为密切。如果说,决策正确与否关系到系统运转的成败,那么,系统分析则是构筑这些成败的基石,需要专业、细心、精心的搭建。

总之,运用系统分析可以收到以下效果:
(1)使决策者能充分考虑可能面临的各种不同选择。
(2)能更有效地利用各种稀缺而昂贵的资源。
(3)能以最少的消耗或支出达到预定目的。
(4)能在目标设定、政策制订和贯彻、资源合理分配等方面加强决策能力。
(5)能为决策者提供不同决策的后效分析。

因此,系统分析是决策者提高政策制订质量和实施有效领导的有效途径。

香港地铁的修建计划始于20世纪60年代。当时香港人口增长迅速,港英政府向伦敦运输委员会和道路研究实验室(London Transport Board and the Road Research Laboratory)就香港交通发展征求专业意见,并成立了公共运输调查小组(Passenger Transport Survey Unit,简写PTSU)。1967年9月,该小组在《香港乘客运输研究》中首次提出兴建轨道交通系统的建议,以解决人口增长带来的交通压力。经过顾问公司对人口增长预测、地铁线路规模、经济效益成本的反复调查与系统分析论证,历时逾5年,港英政府才于1972年决定兴建首期20公里长的观塘线"早期系统",并成立"集体运输临时管理局",负责地铁建设系统管理事宜,1973起启动商业运作,1974年底将项目细化拆分,形成15.6公里线路建设的"修订早期系统"(Modified Initial System),1975年正式成立香港地铁有限公司,"修订早期系统"已正式动工,并于1979年部分通车,1980年全线贯通,总工程造价5亿港币。香港首次修建地铁的系统分析工作包括系统需求、工程结构、财务的效益成本等多个方面,虽间接反映出当时当局对发展轨道交通策略缺乏信心,但对公共交通发展规划系统分析的这种谨慎风格,成为香港后续城市规划的重要思维方略,也成为香港地铁系统优势发展的根源。2015年7月,香港轨道出行平均日客流量达486.72万人次,2014年港铁公司全年客运业务利润达162.23亿港元,运行准点率长年保持在99.9%,成为全球运营效率最高、成本收益最好的地铁系统之一。

第三章 交通系统建模与分析

第一节 系统模型

一、系统建模目的

建立系统模型的过程,又称模型化。建模是进行系统分析的前提和重要手段,是进行系统综合优化的基础环节。系统建模既可以描述系统各要素之间的相互关系,也可以用于研究系统发展变化过程中的因果关系。因建模的目的、模型描述的关系各异,所以实现这一过程的手段和方法也是多种多样的。可以通过对系统本身运动规律的分析,根据系统自身的机制和事物的机理来建模;也可以通过对系统的实验或统计数据,并根据关于系统的已有的知识和经验来建模,也可以同时使用几种方法。

系统建模主要用于以下三个方面。

1. 根据系统功能分析和设计系统结构

工程界在分析设计一个新系统时,通常先进行数学仿真实验(一般还会有计算机仿真实验)、物理仿真实验,最后再到现场作实物实验,有时候还需要运用概念模型。数学仿真比物理仿真简单、易行,用数学仿真来分析和设计一个实际系统时,必须有一个描述系统特征的模型。对于许多复杂的工业控制过程,建模往往是最关键和最困难的任务。对社会和经济系统的定性或定量研究也是从建模着手的。在地铁站点设计中,需要对场站的防火设备、疏散通道等进行设施设计,通过数学建模和计算机仿真,评估各种设计的效果,以便选择最优设计方案,使得在火灾、暴雨、线路故障等突发情况下,能够进行预警信息发布、人流疏散等安全保障工作。在成本较高的交通、航空航天、军事国防系统分析中,一般都需要搭建物理模型进行实验及分析。铁路系统的研究实验中,需要对列车及其运行系统进行物理仿真,通过一定比例的物理模型制作、轨道铺设、场站设置及信号控制等,模拟列车出站、运行、换轨、并轨、候车调度等情况并进行后续系统分析及设计、优化。在车辆网系统的研究中,实车改装、测试的成本非常大,一般通过物理实验平台完成,通过模拟真实道路的线形曲率、坡度制作的试验场架,用具备实际通信系统的试验车在试验平台完成车路协同系统分析。在航空航天工程中,一般利用水下实验模拟太空失重环境。美国国家航空航天局(NASA)为模拟太空环境,2001 年在佛罗里达州 Key Largo

附近海域建立了一个名为"水瓶座"（Aquarius）的海底模拟实验室，开展"极端环境任务行动"（NEEMO）项目。"水瓶座"实验室位于水下19米，与珊瑚礁相邻，由佛罗里达国际大学负责运行。2015年7月20日，NASA开启为期两周的第二十次 NEEMO 训练，由4名航天员（其中 NASA 2名，欧洲航天局1名，日本航空航天探索局1名）组成的训练团队在水中进行相关实验，以对未来应用于小行星及火星的探测系统进行评估。

2. 根据系统运行的既有数据预测未来发展趋势

系统预测或预报基于事物发展过程的连贯性，需要对系统运行机制、影响系统状态变化的因素及其组成机理进行定量及定性分析，推算在一定环境条件下的系统未来状态。例如，根据以往的测量数据建立气象变化的数学模型，用于预报未来的气象；在人口控制论中，建立各种类型的人口模型，改变模型中的某些参量，可以分析研究人口政策对于人口发展的影响；居民通勤出行的出发地、目的地、出行时间、出行方式均具有一定的规律性，根据既有通勤出行数据，可以推算出每日不同时间段的公交出行时间，向出行者提供信息发布。

3. 对系统实行最优控制决策

运用控制理论设计控制器或最优控制律的关键或前提是有一个能表征系统特征的数学模型。在建模的基础上，再根据极大值原理、动态规划、反馈、解耦、极点配置、自组织、自适应和智能控制等方法，设计各种各样的控制器或控制律。

上述是系统建模应用的最主要三个方面，在实际中可能有更广泛的应用。对于同一个实际系统，人们可以根据不同的分析目的建立不同的模型。

系统模型的建立需要一定的约束条件。如果在模型中能保留系统原型的一些本质特征，那么就可认为模型与系统原型是相似的，是可以用来描述原系统的。建立的任何模型都只是实际系统原型的简化，既不可能也没必要把实际系统的所有细节都列举出来。而且，任何模型都是在数学、物理、化学等自然科学的基本公理、基本定律的框架下建立的，而这些定律其本身往往也是在以诸多假设为前提的理想条件下才成立的，在真实物理世界中不可能完全符合物理学中的理想状态。如果一个模型对现实世界的任何情景条件都满足，那么在另一个意义上其实是任何条件都不满足的。而不符合自然科学基本定律的模型，没有可以推导计算的逻辑和法则，无法求解，也没有建模的意义。

系统模型的建立应平衡精确性、鲁棒性与复杂性。系统具有一般性，系统建模也是为了通过模型来描述、分析系统中的一般规律，设计构建满足一定功能的新系统，或者对系统的运行状态进行预测，或者对结果进行评价，或者对系统进行优化更新。系统模型一方面是为了描述系统规律的一般性，一方面是为了求得一个具体系统、具体问题的解决方案。实际建模时，必须在模型的鲁棒性与准确性之间做出适当的折中，模型的对实际问题情景的约束条件越多，计算结果精确度越高，然而适应范围也越小，进而降低了模型的鲁棒性。另一方面，一个实际系统问题通过人们的某种观测而被分析认识的，各种观测通常都产生一个或一些数据序列,所以系统常常用一个或一些数据序列来代表。在复杂系统和大系统中,这些高维数据的计算可能是"灾难性"的。即使是一般系统,在对模型的求解过程中,有时候也无法在有限时间内求得最优解。这些情况,在模型设计时,需要考虑到求解算法的计算复杂性。在求解过程中,对模型结果的截取即要符合现实问题对计算精确性的要求,也要符合对计算复杂性、求解时间的需求。如一些在线查询系统、短时预测系统,都对计算复杂性有特殊要求。

二、系统模型形式分类

模型是客观世界、现实事物的一种表示、体现、概括与抽象。系统模型的种类很多,对模型进行分类,目的在于从不同的角度来认识模型的多样性,选择建立适当的模型,以研究系统。

从系统模型的形式来分,可以分为:物理模型、数学模型和概念模型三大类。

1. 物理模型

所谓"物理的",是广义的,具有物质的、具体的、形象的含义。物理模型又可分为:实体模型、比例模型、模拟模型三类。

(1)实体模型,即系统本身。对于实体模型可以近距离观察,可以"零距离接触",深入其中。例如,对社会系统、社会事件进行实地调查。

(2)比例模型,即对于系统按比例放大或缩小而建立的模型,使之适合放在桌面上,或者可以放置于室内进行研究。

(3)模拟模型,即根据相似系统原理,利用一种系统去代替另一种系统。这里说的"相似系统"是指物理形式不同而有相同的数学表达式,特别是有相同的微分方程的系统。在工程技术中,常常用电学系统代替机械系统、热学系统进行研究。

2. 数学模型

这是用数学语言对系统所做的描述与抽象。根据所用的数学语言不通,数学模型可以分为:解析模型、逻辑模型、网络模型和图像与表格。

(1)解析模型,即用数学解析式表示的模型。

(2)逻辑模型,即表示逻辑关系的模型,如方框图、计算机程序等。

(3)网络模型,即用网络图形来描述系统的组成元素以及元素之间的相互关系(包括逻辑关系与数量关系)。

(4)图像与表格。这里说的图像是坐标系中的曲线、曲面和点等几何图形,以及直方图、饼图等,它们通常伴有数据表格。

3. 概念模型

概念模型,即以文字表述来抽象概括出事物本质特征的模型。这种模型在工程技术中很难直接使用,但是在对系统初步探讨、问题尚不明确、物理模型和数学模型都很难建立的时候,则需要采用概念模型。如对生物系统中真核细胞结构共同特征的文字描述、光合作用过程中物质和能量的变化的解释、达尔文的自然选择学说的解释模型等,都是概念模型。工程系统中常用的任务书、明细表、说明书、技术报告、咨询报告以及表达概念的示意图和其他形式等,也属于概念模型的范畴。

物理模型显得形象生动,但是不易改变参数。数学模型容易改变参数,便于运算,但是很难看出其物理意义,往往需要做进一步的数据可视化处理。开展定量研究一般采用数学模型,实现从定性到定量的综合集成。但是对定性研究,概念模型是不可少的。而对于耗资巨大的工程项目及社会项目,一般需要构建物理模型来进行研究。

第二节 系统建模

一、建模理论

在系统分析中,通常将对系统内部完全不知的系统称为"黑箱",全知的系统称为"白箱",介于黑箱和白箱之间或部分可察黑箱称为"灰箱"。

1. 黑箱理论

对于系统结构、机制和行为无法观测的系统,依据可控要素的输入,引起可观测要素的变化,通过输入和输出数据来推断系统内部结构及运行规律。黑箱理论通常采用传递函数(输入输出方程)来描述系统。

2. 白箱理论

对于系统结构、机制和行为完全明了的系统,应用各种已知的科学知识进行描述,通过输入引起系统状态的变化,根据输出的变化来描述系统状态。白箱理论通常采用状态方程来描述系统。

3. 灰箱理论

对系统内部、机制和行为部分清楚,应用各种已知的科学知识建立模型,然后通过实验对所建立的模型进行补充和修正。灰箱理论是将黑箱理论与白箱理论相结合,有较广的应用领域。

一般来讲,一无所知的"黑箱"非常少,而完全了解的"白箱"也是很少,在社会生活中广泛存在着"灰箱"。而同一个系统,对不同的系统工作者来说又可能是不同的。比如,我们每天都看电视,可能通过遥控器(输入)选择观看不同电视频道的节目(输出),但我们并不了解电视机的内部构造和成像原理,对一般观众而言,电视机的内部构造和成像原理就是"黑箱"。然而对于电视机设计工程师来讲,它又是个白箱系统。可见,同一个系统,由于分析者的立场不同,思考角度不同,所采用的系统模型理论不同,建模和求解的方法自然也不同。

对于既属于黑箱,又无法通过数据实验建立明确的输入输出数据关系的系统,还可以应用数理统计的方法来研究系统的规律,这常用于系统预测模型,比如我们每天看到的天气预报就是如此。

二、建模原则

从系统工程方法论的角度看,建模是在选定目标、约束条件及研究环境等工作基础上进行的。因而建模的首要工作是针对已有的研究结论,分析和筛选模型应涉及的因素。一般来说,现实事物按其在模型中所起的作用可划分为三类因素:

可忽略其影响的因素;对模型起作用但不属于模型描述范围的因素;模型所需研究的因素。

第一类因素在模型中可以忽略不计;第二类属于环境外部因素,在模型中可视为外生变量(或者称为参数)和输入变量(或者称为自变量);第三类是描述模型行为的因素,称为内生变量(或者称为输出变量、因变量)。外生、内生变量的概念应用于计量经济等领域;输入、输出变量等术语用于处理"黑箱"系统的控制理论中;参数、自变量和因变量则是数学中常用的名词。输入变量按可控和不可控可分为控制变量(决策变量)和干扰变量。

如果将不该忽略的因素误判为第一类因素,模型将失真;如果将第二类因素误判为第三类,模型会过分复杂和烦琐。变量的选择以及它们之间的关系的设定构成了模型的基础。如果这些选择和设定是符合实际的,则利用这种模型推导出的结论也是真实的。

在建模的过程中应遵循以下原则。

(1)现实性,即模型须充分立足于现实问题的描述上,反映现实系统的本质规律,公式正确,图表准确。

(2)简洁性,即模型中变量的选择不能过于烦琐,模型的数学结构不宜过于复杂。复杂模型的构造和求解费用较大,而且模型难以调整参数和控制,失去了建模的意义。

(3)实用性,即模型应易于数学处理和计算,标准化、规范化,方便用户使用。如果对某个实际系统已有前人建立过标准模型,那么应尽量先试用现有的模型,这样可以节省时间和人力物力财力。

在设计模型时要综合把握以上原则。初始建立模型时,应以实用性与简洁性为原则,参数和变量不宜过多,但也应具备一定的灵敏度。当参数或变量改变时,模型有相应的响应,然后针对灵敏度比较高的部分增加细节,逐步增加参数和变量,提高模型的现实性,达到一定的精度。

三、建模步骤

建模是一项富于创造性的工作,这里从方法论的角度总结建模步骤如下。

1. 识别问题

在明确目标、约束条件及外界环境的基础上,规定模型描述哪些属性,预测何种后果。

什么是要探究的问题？这是最首先的一步，也是最首要的一步，但通常这也是最困难的一步。因为在现实生活中，我们可以观察、观测到的只是系统表现出来的现象，而不是简单明了的数学问题，甚至连现象中涉及的因素和变量都有待分析、选择确认。其实我们从小学数学的应用题就开始学习这样一种能力：把一个现实情景，转化为一个有待解决的数学问题。在系统分析中，通常必须从大量的数据中搜索，需要研究的是系统的哪个方面，什么问题，可以用什么数学语言来翻译，用什么数学符号来精确地表达这些问题包括的关系。

2. 做出假设

一般来说，不能指望在建立的模型中抓住影响问题识别的所有的因素。任务在于通过减少所考虑的因素的数目来进行简化。做出假设有两个主要的方面：一是变量分类，二是确定研究中所选择的变量之间的相互关系。

3. 求解或解释模型

若所建立的模型是一个不会求解或难于处理的模型，可能需要回到第二步并做出另外的假设，有时甚至要回到第一步去重新定义问题。

4. 验证模型

在能够利用该模型之前，必须检验该模型。在设计检验和收集数据（这可能是一个消耗很多人力物力财力的过程）之前先要问几个问题，进行常识检验。首先，该模型是否回答了第一步中识别的问题，或者是否偏离了构建该模型的关键问题？第二，该模型在实用意义下有用吗？即我们确实能收集必要的数据来运作该模型吗？最后，该模型有普通意义吗？具有一定的鲁棒性吗？在常识检验之后，就要利用由经验观察得到的实际数据来检验模型。检验过程中，注意不能从模型收集到的特殊的证据来推出广泛的一般结论。检验的实质是通过收集到的数据来证实模型的适用性，验证模型的合理性。

5. 实施模型

建立的模型，只有理解容易、使用方便，才便于实施。否则，有可能会被束之高阁，致使模型无用。

6. 维修模型

模型是从第一步识别的特定问题和第二步中所做的假设推导出来的，原先的问题会有任何的变化吗？某些先前忽略的因素会变得重要吗？子模型需要调整吗？这些问题需要通过模型维修来解决。

第三节　系统分析常用数学模型

一、线性优化模型

在系统分析中，可能会遇到各种不同的问题。例如，生产系统需要确定各种原材料的最优采购组合,金融领域寻求多种产品投资计划的最大收益、交通运输中不同货物发往不同地区的调运需要总体运输费用最小等。这些问题中,有些虽然有不同的实际背景,但是可以找到它们之间的一些相似性。

(1)针对系统的某一项绩效考核目标,可以通过若干个活动来完成,每项活动可以有多种级别,可以量化表示他们对这一目标的贡献。为了完成目标可以在多种方案中做出选择,这些方案的不同之处在于对这些活动做出的决策不同,可以用一组决策变量来表示某一方案。

(2)系统分析追求的目标(系统绩效考核)可以用关于决策变量(关于各项活动参与数量)的线性函数刻画。

(3)在系统中,每项活动的完成需要一定的资源,而各种资源在系统中都有其自身的约束限制。

(4)每个限制条件均可由关于决策变量的线性等式或不等式表示。

总的来说,这些问题可归结于对系统的结构、各项功能、系统运行等目标进行优化和决策,最常用的数学模型是线性优化模型。这类数学模型包含三个要素:变量,或称决策变量;目标函数,极大化 max 或极小化 min;约束条件,包含决策变量的等式或不等式。决策变量取值是连续的,目标函数是决策变量的线性函数,约束条件是含决策变量的线性等式或不等式,便可以用线性优化规划模型来求解。对于分析目标 Z 的线性优化模型标准形式为:

$$\max Z = c_1 x_1 + c_2 x_2 + \cdots + c_n x_n$$

$$\text{s.t.} \begin{cases} a_{11}x_1 + a_{12}x_2 + \cdots a_{1n}x_n = b_1 \\ a_{21}x_1 + a_{22}x_2 + \cdots a_{2n}x_n = b_2 \\ \vdots \\ a_{m1}x_1 + a_{m2}x_2 + \cdots a_{mn}x_n = b_m \\ x_i \geq 0, \quad i = 1, 2, \cdots n \end{cases} \tag{3-1}$$

式(3-1)中:$x_1, x_2, \cdots, x_n$ 为系统决策变量,n 为正整数;$b_1, b_2, \cdots, b_m$ 为常量,且 $b_i \geq 0, i = 1, 2, \cdots, m, m$ 为正整数;$a_{ij}(i = 1, 2, \cdots, m; j = 1, 2, \cdots, n)$ 为常系数。函数 Z 称为目标函数,即总体绩效考核值。$c_1, c_2, \cdots, c_n$ 为常系数,优化模型中的 s.t. 符号是 subject to 的简写,表示"约束于",花括号里面的式子为目标函数中对决策变量的约束条件。上述模型可整理为:

$$\max Z = \sum_{j=1}^{n} c_j x_j$$

$$\text{s.t.} \begin{cases} \sum_{j=1}^{n} a_{ij} x_j = b_i & (i = 1 \cdots m) \\ x_j \geq 0 & (j = 1 \cdots n) \end{cases} \tag{3-2}$$

其中,$b_i \geq 0, i = 1, 2, \cdots, m$。也可以用矩阵形式表示这个模型:

$$\max Z = cx$$
$$\text{s. t. } Ax = b \tag{3-3}$$

其中 $c = (c_1, c_2, \cdots, c_n)$ 为系数向量,矩阵 $A_{m \times n} = (a_{ij})$ 被称为是系统(参数)矩阵,$b = (b_1, b_2, \cdots, b_m)^T$ 为常量向量。其他参数详见表 3-1。

线性优化模型参数说明 表 3-1

资源	每个单元的资源用量				可获得的资源
	活动				
	1	2	$\cdots$	n	
1	a_{11}	a_{12}	$\cdots$	a_{1n}	b_1
2	a_{21}	a_{22}	$\cdots$	a_{2n}	b_2
$\cdots$	$\cdots$	$\cdots$	$\cdots$	$\cdots$	$\cdots$
m	a_{m1}	a_{m2}	$\cdots$	a_{mn}	b_m
每个活动对 Z 的贡献	c_1	c_2		c_m	

对于线性优化模型标准形式,设 A 为标准形式约束方程的 $m \times n$ 阶系数矩阵 ($m < n$),秩为 m,B 是矩阵 A 中的一个 $m \times m$ 阶满秩矩阵,则称 B 是线性优化问题的一个基。设

$$B = \begin{bmatrix} a_{11} & \cdots & a_{1m} \\ \vdots & & \vdots \\ a_{m1} & \cdots & a_{mm} \end{bmatrix} = (p_1, \cdots, p_m) \tag{3-4}$$

B 中每一个列向量 p_j 称为一组基向量,与基向量对应的变量 x_j 称为基变量。基变量以外的其他变量称为非基变量。在由约束条件构成的方程组中,令所有的非基变量都为零,由 B 是满秩的可以知道,由 m 个方程可以解出 m 个基变量的唯一解 $x_B = (x_1, \cdots, x_m)^T$,将这个解加上取 0 值的非基变量,即可得到线性优化问题的一组基础解(基本解) $x = (x_1, \cdots, x_m, 0, \cdots, 0)^T$。如果一组解既是基本解,又满足约束条件(即可行),则称为基(本)可行解。

当不含冗余方程时,方程组中的变量个数 − 方程个数 = 自由度,例如若线性优化问题中含有 5 个变量,3 个约束方程,则 5 − 3 = 2,有 2 个自由度,这意味着可任选 2 个变量来赋予任意值,代入求解这几个约束方程,即可得出其余变量的值,这样即可构造出一组基本解。这种可以任选的变量即为非基变量,一般为计算简单,可以设为 0,其他变量为基变量。每个变量都可以作为非基变量或基变量,每个非基变量都可以赋为任何值。在满足约束方程的同时,当基变量同时满足非负约束时,基本解为基本可行解。

从几何意义讲,线性优化问题的约束条件刻画了决策方案(即决策变量的解)所在的可行区域边界,对于含有 n 个决策变量的线性优化问题,如果存在可行解,则其可行区域是具有 n 个约束边界的凸集。线性优化问题可行域中的任意一点对应一组可行解,可行

域的顶点对应于基可行解。位于 $n-1$ 条相同的约束边界上的两个顶点可行解称为是相邻的，它们之间的线段称为可行域的"边"。

线性优化问题的最优性条件，即单纯形法中对最优解的检验原则是，对于任意一个至少拥有一个最优解的线性优化问题，以目标函数（Z）的值来衡量，如果对于一个顶点可行解，没有比它更好的相邻的顶点可行解（即使 Z 的值更优），那么它就是最优解。

入口匝道控制是高速公路的一种流量控制策略，它可以通过求解最优的入口流量，使特定的高速公路系统性能指标最优。图 3-1 为高速公路某路段的入口匝道系统示意图（未画出高速路出口），调查数据见表 3-2 ~ 表 3-4。可以通过线性优化模型，进行匝道优化控制，以保证高速路内通行效率最优。

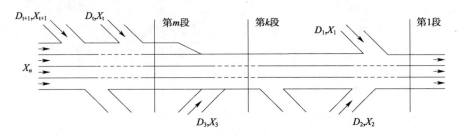

图 3-1　高速公路某路段的入口匝道系统示意图

X_j - 在入口 j 处的高速公路系统的输入流量（$j=1,2,\ldots,n$）；

A_{kj} - 在入口 j 进入高速路，并通过路段 k 的流量百分数（$k=1,2,\cdots,m;j=1,2,\cdots,n$）；

B_k - 路段 k 的容量（$k=1,2,\cdots,m$）；

D_j - 入口 j 处的交通需求（$j=1,2,\cdots,n$）。

流量调查表　　　　　　　　　　　　　　　表 3-2

A_{jk}		j					
		1	2	3	4	5	6
k	1	1.000	1.000	0.949	0.933	0.842	0.519
	2			1.000	1.000	0.922	0.619
	3				1.000	0.969	0.777

路段交通量容量调查　　　　　　　　　　　表 3-3

k	1	2	3
B_k	5900	6000	6450

交通需求调查　　　　　　　　　　　　　　表 3-4

j	1	2	3	4	5	6
D_j	600	475	450	500	825	6800

$$\max Z = x_1 + x_2 + x_3 + x_4 + x_5 + x_6$$

$$\begin{cases} x_1 + x_2 + 0.949x_3 + 0.933x_4 + 0.842x_5 + 0.519x_6 \leq 5900 \\ x_3 + x_4 + 0.922x_5 + 0.619x_6 \leq 6000 \\ x_4 + 0.969x_5 + 0.777x_{66} \leq 6450 \\ x_1 \leq 600 \\ x_2 \leq 475 \\ x_3 \leq 450 \\ x_4 \leq 500 \\ x_5 \leq 825 \\ x_6 \leq 6800 \end{cases} \quad (3-5)$$

由单纯形法可以求得其最优目标函数值为 $Z=9349$, 最优解为 $x_1=495$, $x_2=412$, $x_3=450$, $x_4=367$, $x_5=825$, $x_6=6800$。对比各入口的需求量可知, 对于 3 号入口、5 号入口和 6 号入口, 需求量即为最优解, 故不需要采取入口匝道控制。而对于 1 号入口、2 号入口和 4 号入口, 实际需求量均大于最优入口流量, 故需要通过信号灯等措施采取入口流量控制, 以达到满足高速路最优通行效率的最优入口流量。

二、网络计划模型

在进行系统工程尤其是大系统开发时, 很多工作之间有着时间上的次序性, 即只有当某一件或几件工作完成后, 后续工作才能够得以进行。利用各工作流程时序性特点, 可以将像蜘蛛网一样结构复杂的工程项目, 对具体任务的工序和系统总体工程进度进行统筹优化管理, 最常用的数学方法为网络计划技术(Network Planning Technology), 又称计划协调技术、统筹法。它起源于关键路径法(Critical Path Method, 简写 CPM)与计划评审技术(Program Evaluation Review Techinique, 简写 PERT)。

1956 年, 为了适应对系统复杂的化工厂进行科学管理的需要, 美国杜邦·耐莫斯公司的摩根·沃克与莱明顿公司的詹姆斯·E·凯利合作, 利用公司的 Univac 计算机, 开发了面向计算机描述工程项目的合理安排进度计划的方法——关键路线法(CPM), 并在 1958 年初将该方法用于一所价值一千万美元的新化工厂的建设, 使工期缩短了 4 个月。此后, CPM 法在设备维修计划中也发挥了重要作用, 通过 CPM 计算和分析, 使设备维修需停产 125 小时的工程缩短为 78 小时, 应用 CPM 的第一年便节约了近 100 万美元, 这相当于这个团队用于 CPM 研究发展的经费的 5 倍。从此, 网络计划技术的关键线路法得以广泛应用。

计划评审技术(PERT)最初由美国海军部特种计划局于 1958 年提出, 应用于北极星导弹核潜艇的系统工程管理。北极星计划规模庞大, 由 8 家总承包公司、250 家分包公司、3000 家三包公司、9000 多家厂商共同承担, 组织管理复杂, PERT 技术使原定 6 年的研制时间提前 2 年完成。美国阿波罗载人登月计划, 始于 1961 年 5 月, 至 1972 年 12 月第 6 次登月成功结束,历时约 11 年,耗资 255 亿美元,成立了一个 7000 人的中心试验室,在研究高峰时期有 120 所大学和 80 多个科研机构,2 万多个企业,超过 30 万人参与。在该计划组织管理中,需要将笼统的研究目的"使航天员成功登月并安全返回地球",逐层分散到各个参与单位与参加成员的具体工作任务,并且使这些非常明确又细致的工作组合协调,形成技术上合理、经济上合算、周期较短、责任追踪明确、管理协调方便的超级工程,通过 PERT 对阿波罗登月工程的系统分析,系统任务的进度得到了合理的控制及优化。1969 年人类的足迹第一次登上了月球,使 PERT 法声誉大振。为了适应各种大规模系统及项目计划管理的需要,在 CPM 和 PERT 的基础之上,又研制出了其他一些网络计划法,如搭接网络技术(DLN)、图形评审技术(GERT)、决策网络计划法(DN)、风险评审技术(VERT)、仿真网络计划法和流水网络计划法等。

我国从 20 世纪 60 年代开始了网络计划技术的研究和实践,华罗庚结合我国实际,将 CPM、PERT 等方法统一定名为统筹法,通过全国闻名的"喝茶烧水"的生活常例,及解决机件加工时序问题的应用推广,开启了网络计划技术在我国工业领域的应用。华罗庚的"统筹法"及"优选法"在农业、工业、军事等各领域得到了广泛推广应用,也点燃了系统科学、运筹学在我国的星星之火。目前,网络计划技术已在我国普遍应用到国民经济各个领域的生产计划管理中。

1. 网络计划图

网络计划模型从任务总进度着手,利用网络图来表示计划任务的进度安排,直观反映系统总体任务中各项活动之间的先后顺序及相互关系,以实现管理过程的模型化。在绘制网络图的基础上,计算时间参数,确定各项关键变量,充分利用时间差,进行网络分析,使计划实行的效率不断得到提高,系统任务的组织分工得以统筹安排,实现工作效率的最优化。

网络计划图是网络计划技术的基础和工具,是在网络图上标注时标和时间参数的进度计划图,实质上是有时序的有向赋权图,有其专用的术语和符号,可分为单代号网络图、双代号网络图、单代号时标网络图、双代号时标网络图和单代号搭接网络图五种。

网络计划图的基本组成元素是箭线和节点。箭线分为带箭头的实射线(用"→"表示)和带箭头的虚射线(用"--→"表示)两种;节点是箭线两端的连接点(用"○"或"□"表示)。整个项目按粗细程度分解成的若干个子项目或单元,称为工作。工作是一项具体活动的过程,有人员参加,需要消耗资源,经过一定的时间才能完成。一个项目中有若干个工作,在网络计划图中用箭线来表示,每个工作应有名称或代号(也称编号),每个箭线只能表示一个工作。具有时间关联的两个工作之前的衔接点称为事项,只表示某个工作开始或结束的状态,不需要人员参加,不消耗资源也不占用时间,在网络计划图中是箭线端点连接的位置,用"○"或"□"表示。事项既是前面工作的结束,也是后面工作的开始。每个工作只能用两个事项来连接,任意两个事项之间有且只能有一个工作。

交通系统工程前沿理论与方法

在双代号网络计划图中,用箭线表示工作,箭线的节点表示事项;箭尾的节点表示工作的开始点,箭头的节点表示工作的完成点。节点是相邻工作在时间上的分界点。节点必须有编号(代号),编号应顺着箭线方向,由小到大依次进行编号。可以用$(i-j)$两个代号及箭线表示一项工作,在箭线上标记必需的信息。箭线之间连接顺序表示工作之间先后开工的逻辑关系。从起始的箭尾节点开始,顺着箭头所指方向,连续不断经过节点与箭线,到达最终的箭头节点所形成的通道,即为线路。线路上经过的各个工作的时间总和,称为线路的路长。网络计划图就是通过计算、分析各条线路的路长,实现任务的时间优化控制。

2. 任务分解

网络计划图的目的是将系统或项目任务分解成具体的工作,进行时间控制和优化管理。在绘制网络计划图时,首先要对项目的任务进行分解,将一项笼统宏观的计划任务,根据实践情况分解成一定数目的工作。在任务分解时,需要明确各个工作之间的流程关系,一般分为以下四种。

(1)紧前工作。当某个工作开始之前,必须要前期完成的工作。比如洗开水壶就是烧水的紧前工作。没有紧前工作的工作,是网络的开始,即项目的起始工作。

(2)紧后工作。当某个工作完成之后,必须紧接着开始的工作。若工作 A 是工作 B 的紧前工作,在 B 是 A 的紧后工作。没有紧后工作的工作,是网络的结束,即项目完成。

(3)平行工作。与某个工作同时进行的工作。

(4)交叉工作。与某个工作交叉进行的工作。

确定工作之间的流程关系,是正确绘制网络计划图的基础,也是分析关键路线的基础,要通过认真的实际调研,确认系统中各个工作之间的次序关系。在绘制网络计划图时需要注意以下几个方面。

①网络计划图的方向、流程时序和节点编号。网络计划图是有向、有序的赋权图,按项目的工作流程自左向右地绘制。在时序上反映完成各项工作的先后顺序。节点编号必须按箭尾节点的编号小于箭头节点的编号来标记。在网络图中只能有一个起始节点,表示工程项目的开始;也只能有一个终点节点,表示工程项目的完成。

②紧前工作与紧后工作。在复杂项目的工程中,工作之间的关系有:结束后,才开始;开始后,才开始;结束后,才结束。从起始节点至本工作之前在同一线路的所有工作,都属于紧前工作;自本工作到终点节点在同一线路的所有工作,都属于紧后工作。

③虚工作。在双代号网络计划图中,对于只表示相邻工作之间的逻辑关系,实际不存在的虚设的工作,用虚箭线表示。虚工作不消耗人员、资源等,也不占用任务的时间,而是为了便于表示工作 A 和 B 之间的次序逻辑关系。

④相邻两节点之间只能有一条箭线连接。网络计划图中不允许出现两个或两个以

上的工作有同一箭尾节点和同一箭头节点。

⑤网络计划图中不能有缺口和回路。在网络计划图中箭线的起点表示工作的开始，箭线的末端节点表示工作的结束，不能出现从一个节点出发，顺箭线方向又回到原出发点，形成回路的情况。回路将表示这些工作完成后又重新回到起点开工，周而复始，这些工作永远不能完成。网络计划图中也不能出现没有箭线末端、没有终止事项的缺口，缺口意味这些工作永远达不到终点，项目无法完成。

⑥在一个网络计划图中往往包括多条线路，从网络计划图中可以计算出各线路的工作时间（即路长），每条线路的路长可能都不相同，其中有一条持续时间最长的线路，代表完成系统（或项目）总体任务所需工时最长的一组工作，是计划评审和分析优化的重点，故将路长最长的线路称为关键线路。关键线路的时间是完成带个系统总体任务所需的时间，其上面的各项工作称为关键工作，因为它的工作持续时间决定了整个项目的工期。网络分析的要点，就是通过网络计划图，找出系统的关键线路，对关键工作进行重点分析。

除了双代号网络计划图，还比较常用的是双代号时标网络计划图。它的特点是将计划图绘制在带有时间坐标的表格上，且节点中心必须对准时间坐标的刻度线。在绘制线形中，与无时标的双代号网络计划图一样，以实箭线表示工作，以虚箭线表示虚工作。对于各类时间参数，在无时标的计划图是以格子来填写的，在有时标背景的双代号时标网络计划图中，以水平波形线表示自由时差或与紧后工作之间的时间间隔。为了绘制图的美观及易读性，箭线宜采用水平箭线或水平段与垂直段组成的箭线形式，不宜用斜箭线。虚工作必须用垂直虚箭线表示，其自由时差应用水平波形线表示时标网络计划的初始时刻，宜按最早时间编制，以保证实施的可靠性。

3. 绘制方法

双代号时标网络计划的绘制方法分为两种：一是直接绘制法；二是先绘制出双代号网络计划，计算出时间参数并找出关键线路后，再绘制成时标网络计划。两种方法的绘制步骤分别如下。

（1）直接绘制法。

①绘制时标表。

②将起点节点定位于时标表的起始刻度线上。

③按工作的持续时间在时标表上绘制起点节点的外向箭线。

④工作的箭头节点必须在其所有的内向箭线绘出以后，定位在这些内向箭线中最晚完成的实箭线箭头处。

⑤某些内向实箭线长度不足以到达该箭头节点时，用波形线补足。虚箭线应垂直绘制，虚箭线的开始节点和结束节点之间有水平距离时，也以波形线补足。

⑥用上述方法自左至右依次确定其他节点的位置。

(2)按时间参数绘制法。

①绘制时标表。

②将每项工作的箭尾节点按最早开始时间定位在时标表上,其布局应与无时标网络计划基本相当,然后编号。

③用实箭线形式绘制出工作箭线,当某些工作箭线的长度不足以达到该工作的完成节点时,用波形线补足,箭头画在波形线与节点连接处。

④用垂直虚箭线绘制虚工作,虚工作的自由时差也用水平波形线补足。

设某装修工程有3个楼层,有吊顶、顶墙涂刷和铺木地板三个施工过程。其中每层吊顶确定为3周、顶墙涂制定为2周、铺木地板定为1周完成。绘制的双代号网络计划图及双代号时标网络计划图分别如图3-2、图3-3所示。

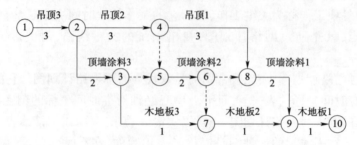

图3-2 双代号网络计划图示例

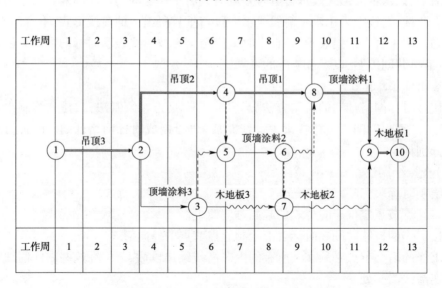

图3-3 双代号时标网络计划图示例

4.时间参数

网络计划图的时间参数包括:工作时间、节点时间、工作起止时间和工作时差等。

1)工作时间

为完成某一工作所需要的时间称为工作时间。工作 $i-j$ 的工作时间记作 t_{ij}。工作时间的计算是一项基础工作,关系到网络计划是否能得到正确实施。这里介绍确定工作时间的两种方法。

(1)单时估计法(定额法)。

单时估计法对各个工作的工作时间只估计或规定一个时间值。在具备工时定额或劳动量定额资料的条件下,根据这些定额资料确定工作时间。若不具备这些定额资料,但有各工序或同类工序的时间消耗的统计资料,可以根据这些统计资料,用对比分析的方法确定工作时间。

(2)三时估计法。

在不具备时间消耗的统计资料,且工作时间较长、不确定的因素较多的情况下(例如新开发的大型工程、科研项目等),可用三时估计法来确定工作时间。三时是"乐观时间、最可能时间、悲观时间"的简称。

①乐观时间。在一切都顺利时,完成工作需要的最少时间,记作 a。

②最可能时间。在通常条件下,完成工作最高可能性所需要的时间,记作 m。

③悲观时间。在不顺利条件下,完成工作需要最多的时间,记作 b。

显然,上述 3 个时间发生都具有一定的概率。根据经验,这些时间的概率分布可认为是正态分布。一般情况下,通过专家估计法,给出估计的三时数据。可以认为通常情况下出现最顺利和最不顺利的情况比较少,较多是出现正常的情况。按平均意义可用以下公式估算工作时间:

$$t_{ij} = \frac{a + 4m + b}{6} \tag{3-6}$$

t_{ij} 是一个平均值,其方差为:

$$\sigma^2 = \left(\frac{b-a}{6}\right)^2 \tag{3-7}$$

均方差为:

$$\sigma = \frac{b-a}{6} \tag{3-8}$$

2)节点时间

节点本身不占用时间,只表示某个工作应在某一时刻开始或令工作结束。所以,节点时间有两个,即节点的最早时刻和节点的最迟时刻。

(1)节点的最早时刻(Earliest Time,ET)。节点 j 的最早时刻 ET_j 是指,对于从该节点开始的各个工作,最早可能开始开工的时刻。一般取网络的起始点(第 1 个节点)的最早时刻为零(当然也可以定义某年某月某时刻为最早时刻),然后在网络图上自左向右,沿箭头向右,正向逐个计算各个节点的最早时刻,直到最后一个节点为止。节点的最早时刻的计算公式如下：

$$ET_j = \begin{cases} 0 & (j \neq 1) \\ \max_{i<j}\{ET_i + t_{ij}\} & (j \neq 1) \end{cases} \quad (3-9)$$

其中 ET_j 表示箭头节点 j 的最早时刻；ET_i 表示箭尾节点 i 的最早时刻。为便于记忆，此方法可简要记为"正推求大值"法。

(2) 节点的最迟时刻(Latest Time, LT)。节点 i 的最迟时刻 LT_i 是指无论有多少工作要到该节点，最迟应在什么时刻必须结束。最迟时刻的意义在于，若前面的工作在此时刻不能按时完成，就会影响后续工作了。计算节点的最迟时刻从网络的终止节点开始，自右向左，逆着箭头方向，反向逐个节点计算，直到项目的起始节点。但若有特别规定的工期要求，则应以规定的工期作为终点的最迟时刻。

$$LT_i = \begin{cases} ET_n & (i = n) \\ \min_{i<j}\{LT_j - t_{ij}\} & (i \neq n) \end{cases} \quad (3-10)$$

其中 n 为项目的终止节点。为方便记忆，此方法可简单记为"反向求小值"法。

节点时间中最早时刻与最迟时刻的计算方法，可简记为："正向最大求最早，反向最小求最迟"。

3) 工作起止时间

工作起止时间有：工作的最早开始时刻(Early Start time, ES)；工作的最早结束时刻(Early Finish time, EF)；工作的最迟结束时刻(Late Finish time, LF)；工作的最迟开始时刻(Late Start time, LS)。

(1) 工作 $i-j$ 的最早开始时刻 ES_{ij}，即箭尾节点 i 的最早时刻，即 $ES_{ij} = ET_i$。

(2) 工作 $i-j$ 的最早结束时刻 EF_{ij}，等于工作 $i-j$ 的最早开始时刻 ES_{ij} 加上 $i-j$ 的工作时间，即 $EF_{ij} = ES_{ij} + t_{ij}$ 或 $EF_{ij} = ET_i + t_{ij}$。

(3) 工作 $i-j$ 的最迟结束时刻 LF_{ij} 等于工作 $i-j$ 箭头节点 j 的最迟时刻 LT_j。

(4) 工作 $i-j$ 的最迟开始时刻 LS_{ij}，等于工作 $i-j$ 的最迟结束时刻 LF_{ij} 减去工作 $i-j$ 的工作时间 t_{ij}，即 $LS_{ij} = LF_{ij} - t_{ij}$ 或 $LS_{ij} = LT_j - t_{ij}$。

4) 工作时差

工作时差是指工作的机动时间。常用的工作时差分为：工作总时差和工作自由时差两种。一个项目的工作总时差往往为若干项工作共同拥有的机动时间，当某些工作已经用去一部分机动时间后，其他工作的机动时间将相应减少。工作自由时差是某项工作单独拥有的机动时间，它的大小不受其他工作机动时间占用情况的影响。

(1) 工作 $i-j$ 的总时差 R_{ij}，指在不影响工期的前提下，工作 $i-j$ 的完工期最多可以推迟的时间长度。R_{ij} 等于工作的最迟开始时刻 LS_{ij}，减去工作的最早开始时刻 ES_{ij}，即 $R_{ij} = LS_{ij} - ES_{ij} = LF_{ij} - EF_{ij} = LT_j - (ET_i + t_{ij})$。

(2)工作 $i-j$ 的自由时差 γ_{ij},指在进度不影响其紧后工作最早开始工作时刻的情况下,工作 $i-j$ 所具有的机动时间,也称为单时差,$\gamma_{ij} = ET_j - (ET_i + t_{ij})$。

设某交通工程项目,任务分解后的各项工作明细见表3-5。为进行网络计划分析及优化,需要求其各项时间参数。首先计算出网络各节点的最早时刻,填写在图3-4中长方块中左边的格子内,各节点的最早时刻分别依次为:0,5,10,7,12,16。然后计算网络各节点的最迟时刻,填写在图3-4长方块中右边的格子内,各节点的最迟时刻分别依次为:0,5,10,9,12,16。

某交通工程项目工作明细　　　　　　　　表3-5

工　作	紧前工作	工作时间(天)
A	无	5
B	A	5
C	A	2
D	B	2
E	C	3
F	D,E	4

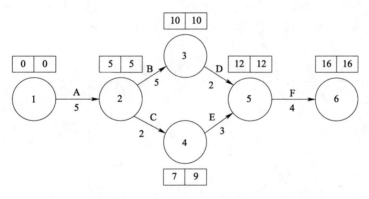

图3-4　某交通项目网络计划图

计算各工作的最早结束时刻 LF 如下:
$$EF_{12} = ET_1 + t_{12} = 0 + 5 = 5 \quad EF_{23} = ET_2 + t_{23} = 5 + 5 = 10$$
$$EF_{24} = ET_2 + t_{24} = 5 + 2 = 7 \quad EF_{35} = ET_3 + t_{35} = 10 + 2 = 12$$
$$EF_{45} = ET_4 + t_{45} = 7 + 3 = 10 \quad EF_{56} = ET_5 + t_{56} = 12 + 4 = 16$$

计算各工作的最迟结束时刻 LF 如下:
$$LF_{12} = LT_1 = 5, LF_{23} = LT_2 = 10, LF_{24} = LT_2 = 9$$
$$LF_{35} = LT_3 = 12, LF_{45} = LT_4 = 12, LF_{56} = LT_5 = 16$$

计算各工作的最迟结束时刻 LF 如下:
$$LS_{12} = LT_1 - t_{12} = 5 - 5 = 0, LS_{23} = LT_2 - t_{23} = 10 - 5 = 5$$

$$LS_{24} = LT_2 - t_{24} = 9 - 2 = 7, LS_{35} = LT_3 - t_{35} = 12 - 2 = 10$$
$$LS_{45} = LT_4 - t_{45} = 12 - 3 = 9, LS_{56} = LT_5 - t_{56} = 16 - 4 = 12$$

计算各工作的总时差如下:
$$R_{12} = LT_2 - (ET_1 + t_{12}) = 5 - (0 + 5) = 0$$
$$R_{23} = LT_3 - (ET_2 + t_{23}) = 10 - (5 + 5) = 0$$
$$R_{24} = LT_4 - (ET_2 + t_{24}) = 9 - (5 + 2) = 2$$
$$R_{35} = LT_5 - (ET_3 + t_{35}) = 12 - (10 + 2) = 0$$
$$R_{45} = LT_5 - (ET_4 + t_{45}) = 12 - (7 + 3) = 2$$
$$R_{56} = LT_6 - (ET_5 + t_{56}) = 16 - (12 + 4) = 0$$

计算各工作的自由时差如下:
$$\gamma_{12} = ET_2 - (ET_1 + t_{12}) = 5 - (0 + 5) = 0$$
$$\gamma_{23} = ET_3 - (ET_2 + t_{23}) = 10 - (5 + 5) = 0$$
$$\gamma_{24} = ET_4 - (ET_2 + t_{24}) = 7 - (5 + 2) = 0$$
$$\gamma_{35} = ET_5 - (ET_3 + t_{35}) = 12 - (10 + 2) = 0$$
$$\gamma_{45} = ET_5 - (ET_4 + t_{45}) = 12 - (7 + 3) = 2$$
$$\gamma_{56} = ET_6 - (ET_5 + t_{56}) = 16 - (12 + 4) = 0$$

综合以上计算结果,将时间参数汇总在表 3-6 中,并标记在图 3-5 中,各个格子数字的含义如图 3-5 中右下角标记图例所示。

某交通项目的时间参数　　　　　　　　　　表 3-6

工作编号	工作	工作时间(天)	ES_{ij}	EF_{ij}	LS_{ij}	LF_{ij}	R_{ij}	γ_{ij}
1−2	A	5	0	5	0	5	0	0
2−3	B	5	5	10	5	10	0	0
2−4	C	2	5	7	7	9	2	0
3−5	D	2	10	12	10	12	0	0
4−5	E	3	7	10	9	12	2	2
5−6	F	4	12	16	12	16	0	0

5. 关键工作和关键路线的确定

通过计算总时差来确定项目中的关键工作和关键路线,是运用网络计划技术进行系统工序优化的前提。时差反映了网络计划中各个工作及各条路线上工作时间的不平衡。时差较大的工作有较大的机动潜力,在流程进度上可以适当推迟开工。相反,对于时差较小的工作,机动的空间较小,如果调整将影响紧后工作的开展。而有一些工作的总时差甚至为零,表明这些工作的开工和结束时间都没有机动调整的余地,在项目的总流程中起到不可轻易调整的重要作用,是项目按时完成的必要条件。这类总时差为零的工作称为关键工作,由关键工作组成的路线称为关键路线。关键路线上各个工作的工作时间之和,表示项目理想情况下的最早完工期,用 TE 表示。

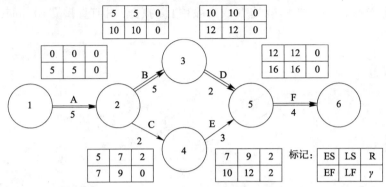

图 3-5 某交通项目网络计划图及时间参数

在上面的例子中,工作 A、B、D、F 是关键工作,它们组成了一条关键路线(如图 3-5 中双线所示)。最早完工期 TE = t_{12} + t_{23} + t_{35} + t_{56} = 5 + 5 + 2 + 4 = 16(天)。

在运用网络计划进行系统及项目分析时,一方面,要抓住关键路线上的各个工作,挖掘潜力,采取措施缩短工程完工时间;另一方面,根据各项工作时间参数的计算,对于那些总时差较大,即在时间进度上可以适当推迟的工序,在不影响工程完工时间的前提下,可以从人力、物力等有限资源的安排上进行必要的调配,确保各个关键工作尽早地完工,达到系统有限资源合理统筹利用、提高总体工作效率的目的。

6. 网络计划优化内容

结合不同的实际问题,网络计划优化的内容也各有不同,主要包括工程进度优化、成本优化、资源优化等。

(1)工程进度优化。

在工程需求的资源允许的情况下,应尽量缩短工程进度,减少时间成本,提高经济效益。在网络计划技术中,进行工程进度优化,即压缩关键路线路长,主要措施有以下几种。

①审查措施。检查项目流程,去除不必要的工作环节。

②技术措施。改进工艺、技术方案及装备设施,减少各项工作完成所需时间。

③组织措施。合理组织工序流程,在技术工艺和资源等条件允许的情况下,将串联的工作改为平行工作或交叉工作,缩短关键路线。

④配置措施。利用工作总时差,从非关键路线中,抽调部分人力、物力等资源,重点攻克关键路线上的各项关键工作,使关键工作完成时间缩短,减少关键路线的路长,即缩短任务工期。

(2)时间—费用优化。

完成项目的费用可以分为:直接费用和间接费用两大类。直接费用是指直接与项目的规模有关的费用,包括材料费用、直接生产工人工资等。为了缩短工作时间和工期,就要增加投入,即增加直接费用。间接费用包括管理费用等,一般按项目工期长度进行分摊,工期越短,分摊的间接费用就越少。一般项目的总费用与直接费用、间接费用、项目工期之间存在一定关系,可以用图3-6表示。

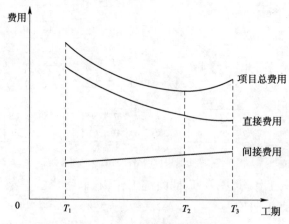

图 3-6 工期与总费用的关系曲线

T_1-最短工期,项目总费用最高;T_2-最低费用工期(最佳工期);T_3-正常的工期

缩短工期将引起直接费用的增加和间接费用的减少。如果工期缩短的时间使得直接费用的增加量小于间接费用的减少量,则工程费用就减少。这样,通过反复的试算,可以求得最低费用工期。

工程费用 = 正常完工进度的直接费用 + 赶进度费用 + 间接费用

设每赶一天进度所需增加的直接费用为赶工费用率,记为 Q,如果工期的缩短使得由此引起直接费用的增加量小于或等于间接费用的减少量,则这个缩短是可行的,否则停止。

$$Q = \frac{\text{赶进度完工时间的直接费用} - \text{正常完工的直接费用}}{\text{正常完工时间} - \text{赶进度完工时间}}$$

三、运输模型

运输模型是交通运输系统中常见的一类数学模型,它可用来描述、求解下面这个一般性问题。

设某种物资有 m 个产地 $A_1, A_2, \cdots, A_m$ 供应量分别为 $a_1, a_2, \cdots, a_m$ 个单位,联合供应 n 个销地 $B_1, B_2, \cdots, B_n$,需求量分别为 $b_1, b_2, \cdots, b_n$ 个单位. 又假设从产地 A_i 向销地 B_j 运输一个单位物资的费用,即单位运价 c_{ij} 是已知的,那么应如何制定物资调运方案,才能使总运输费用 s 最少?

运输问题实际上可以用线性优化模型来表示:

$$\min s = \sum_{i=1}^{m} \sum_{j=1}^{m} c_{ij} x_{ij}$$

$$\text{s.t.} \sum_{j=1}^{n} x_{ij} = a_i, i = 1, 2, \cdots, m$$

$$\sum_{i=1}^{m} x_{ij} = b_j, j = 1, 2, \cdots, n \tag{3-11}$$

$$x_{ij} \geq 0$$

运输模型中的系数矩阵 A 具有特别的形式,A 是一个 $m+n$ 行,mn 列的矩阵,列向量 P_{ij} 的第 i 行元素和第 $m+j$ 行元素为 1,其余元素为零。

$$A = \begin{bmatrix} P_{11} & P_{12} & \cdots & P_{1n} & P_{21} & P_{22} & \cdots & P_{2n} & \cdots & P_{m1} & P_{m2} & \cdots & P_{mn} \\ 1 & 1 & \cdots & 1 & & & & & & & & & \\ & & & & 1 & 1 & \cdots & 1 & & & & & \\ & & & & & & & & \ddots & & & & \\ & & & & & & & & & 1 & 1 & \cdots & 1 \\ 1 & & & & 1 & & & & & 1 & & & \\ & 1 & & & & 1 & & & & & 1 & & \\ & & \ddots & & & & \ddots & & & & & \ddots & \\ & & & 1 & & & & 1 & & & & & 1 \end{bmatrix} \tag{3-12}$$

具有上述形式的线性优化问题都称为运输问题。产地(供应地)称为发点(源 source),销地(需要地)统称为收点(汇,sink)。当 $\sum_{i=1}^{m} a_i = \sum_{j=1}^{n} b_j$ 时称该运输问题为平衡的,否则为不平衡的。

运输问题的求解思路与线性优化问题的单纯形法一样,都是先选取一个初始调运方案,然后判定是否为最优调运方案。如果不是,调整方案,直到得到最优的调运方案。运输模型可以利用其系数矩阵的特别之处来简化求解过程,通过表上作业法来求得最优方案。

1. 产销表格

运输问题可以通过产销表格来表示,其一般形式见表 3-7。

运输问题产销表   表 3-7

产地	销地				供应量
	B_1	B_2	$\cdots$	B_n	
A_1	c_{11}	c_{12}	$\cdots$	c_{1n}	a_1
A_2	c_{21}	c_{22}	$\cdots$	c_{2n}	a_2
$\cdots$	$\cdots$	$\cdots$	$\cdots$	$\cdots$	$\cdots$
A_m	c_{m1}	c_{m2}	$\cdots$	c_{mn}	a_m
需求量	b_1	b_2		b_n	

2. 确定初始方案

确定初始方案具体步骤及方法如下。

第一,做产销空格表,将空格对应的产销地运费填在空格的右上角。

第二,分配运输量:

(1)左上角法(西北角法)。

在表中从左上角开始进行分配,如果产大于销,则在这个方格填上销量,并在表中划去这一列;如果销大于产,则在这个方格填上产量,并在表中划去这一行;在剩下的表格中,反复进行上述过程。

(2)最小元素法。

在表中找出运价最小的一个开始进行分配,如果产量大于销量,则在这个方格填上销量;如果销量大于产量,则在这个方格填上产量;在剩下的表格中,反复进行上述过程。

(3)最小差额法。

在产销空格表上分别增加一行和一列作为差额行和差额列,填上对应行和列的最小元素和次小元素的差额。

选取在差额行和差额列中选取差额最大的一行或一列开始进行分配,对该行(列)的最小元素进行填数,填数规则与最小元素法相同。

重新计算差额,反复进行上述过程。

设某运输问题的产销情况见表3-8。

某运输问题的产销表　　　　　　　　　　　　　表3-8

产　地	销　地				供应量
	B_1	B_2	B_3	B_4	
A_1	2	9	10	7	9
A_2	1	3	4	2	5
A_3	8	4	2	5	7
需求量	3	8	4	6	21

左上角法求初始解:从左上角(西北角)处 A_1 到 B_1 的运输开始,可得初始方案(表3-9)。

左上角法的初始方案　　　　　　　　　　　　　表3-9

产　地	销　地				供应量
	B_1	B_2	B_3	B_4	
A_1	2	9	10	7	9
	3	6	×	×	
A_2	1	3	4	2	5
	×	2	3	×	
A_3	8	4	2	5	7
	×	×	1	6	
需求量	3	8	4	6	21

该初始方案的运输费用为：

$$3\times2+6\times9+2\times3+3\times4+1\times2+6\times5=110$$

最小元素法求初始解：从单价运费最小的 A_2 到 B_1 的运输开始,可得初始方案(表3-10)。

最小元素法的初始方案　　　　　　　　　　　表3-10

产地	销地				供应量
	B_1	B_2	B_3	B_4	
A_1	2	9	10	7	9
	×	5	×	4	
A_2	1	3	4	2	5
	3	×	×	2	
A_3	8	4	2	5	7
	×	3	4	×	
需求量	3	8	4	6	21

该初始方案的运输费用为：

$$5\times9+4\times7+3\times1+2\times2+3\times4+4\times2=100$$

最小差额法：列及差额行,比如第一行中最小元素是2,次小元素是7,将它们的差 $7-1=5$ 填入差额列中的第一行。以此类推填写其他差额格,得到表3-11。

最小差额法的差额行与差额列　　　　　　　表3-11

产地	销地				供应量	差额列
	B_1	B_2	B_3	B_4		
A_1	2	9	10	7	9	5
A_2	1	3	4	2	5	1
A_3	8	4	2	5	7	2
需求量	3	8	4	6	21	
差额行	1	1	2	3		

然后选取最大的差额数5,对其所在的行中最小元素2所在的格子(A_1 到 B_1 的运输)开始进行运输量分配,得到初始运输方案(表3-12)。

该初始方案的运输费用为：

$$2\times3+5\times9+7\times1+2\times5+4\times3+2\times4=88$$

3. 最优方案的判定

在运输问题中,初始方案中被划去、即运输量为0的空格,对应的是线性优化模型中的非基变量。最优方案的判定,是通过对空格处的检验数的判断来进行的。

最小差额法的初始方案 表 3-12

产地	销地				供应量
	B_1	B_2	B_3	B_4	
A_1	2 3	9 5	10 ×	7 1	9
A_2	1 ×	3 ×	4 ×	2 5	5
A_3	8 ×	4 3	2 4	5 ×	7
需求量	3	8	4	6	21

(1)闭回路法。

由某一个运输量为 0 的空格开始,沿水平方向或垂直方向前进。遇到一个有数字的格子时,则可以按前进方向的垂直方向转向(当然也可以不转向),经过若干次后,必然回到原出发点。这样就形成了一条由水平线段和垂直线段组成的封闭折线,称为闭回路。在此过程中,前进方向发生改变处的格子称为拐角。从某一空格开始,沿闭回路前进,空格处的单位运费取正值,第一个转角处的运费取负值,第二个取正,…,然后将这些运费加起来,作为该空格的检验数。如果一个运输方案中所有空格处的检验数都是非负,则为最优调运方案,如果存在某一空格处的检验数为负数,则此运输方案不是最优方案。

(2)对偶位势法。

在填好初始运输方案的表格中,增加位势行 v_j 和位势列 u_i,并填写位势数,使得表中填有运输量(基变量)的单位运价 c_{ij} 刚好是 v_j 和 u_i 的和。注意位势是通过凑数来填写的,可以有无数种方案,可以为正,可以为 0,也可以为负。为方便计算尽量填写方便计算的、绝对值较小的整数。在没有填写运费的空格(非基变量),用运费减去行、列位势之和的差,作为该空格的检验数。如果一个运输方案中所有空格处的检验数都是非负的,则为最优调运方案。

注意,对偶位势法与闭回路法计算出的检验数的值是一样的,只是计算方法的不同,不影响最优性判定结果。表 3-13 为某运输方案。

(3)闭回路法求检验数。

以 A_2 到 B_2 的空格为例,可做出如下图所示的一个闭回路,沿该闭回路可计算得到该空格处的检验数为:$9-4+5-10+3-2=1$,见表 3-14。

(4)对偶位势法求检验数。

通过简单凑数的方式,填写每行和每列的对偶位势数,使得它们的和刚好等于已有调运方案中运输量不为零的位置对应的格子的单位运价,见表 3-15。

第三章 交通系统建模与分析

某运输方案　　　　　　　　　　　　　　　　　　　　　表3-13

产地	销地				供应量
	B_1	B_2	B_3	B_4	
A_1	3	11	3 3	10 3	7
A_2	1 3	9 1	2	8	4
A_3	7	4 6	10	5 3	9
需求量	3	6	5	6	20

某运输方案的闭回路法检验　　　　　　　　　　　　　表3-14

产地	销地				供应量
	B_1	B_2	B_3	B_4	
A_1	3	11	3 ← 4　← 3	10	7
A_2	1 3	9 ← 1	2 ↓	8 ↑	4
A_3	7	4 ↓ 6	10 → 3	5 ↑	9
需求量	3	6	5	6	20

某运输方案的对偶位势法检验(位势)　　　　　　　　表3-15

产地	销地				供应量	位势
	B_1	B_2	B_3	B_4		
A_1	3	11 4	3 3	10	7	1
A_2	1 3	9 1	2	8	4	0
A_3	7	4 6	10 3	5	9	−4
需求量	3	6	5	6		
位势	1	8	2	9		

然后在运输量为零的格子中,将它们的和填入左下角,见表3-16。

交通系统工程前沿理论与方法

某运输方案的对偶位势法检验（位势和）　　　　　　　　　　　　　表 3-16

产地	B₁	B₂	B₃	B₄	供应量	位势
A_1	1　3 2	2　11 9	3 4	10 3	7	1
A_2	1 3	1　9 8	2　-1 1	8 9	4	0
A_3	10　7 -3	4 6	12　10 -2	5 3	9	-4
需求量	3	6	5	6		
位势	1	8	2	9		

再用单位运价减去这个位势和，填在格子的左上角，作为检验数，见表 3-17。

某运输方案的对偶位势法检验（检验数）　　　　　　　　　　　　　表 3-17

产地	B₁	B₂	B₃	B₄	供应量	位势
A_1	1　3 2	2　11 9	3 4	10 3	7	1
A_2	1 3	1　9 8	4 1	-1　2 9	4	0
A_3	10　8 -3	4 6	2 -2	5 3	9	-4
需求量	3	6	5	6		
位势	1	8	2	9		

4．优化运输方案

如果经过最优性检验判断出某运输方案不是最优方案，则通过闭回路法将其优化调整，得到新的方案，直到检验出最优运输方案。优化调整方法如下。

第一步，选出一个检验数为负的空格（一般选具有最小负值即绝对值最大的检验数的空格，如果两个空格的检验数一样，则任选一个），然后做选出空格的闭回路。

第二步，从空格处出发，沿闭回路前进，在各奇数次拐角点的调运量中选取一个最小的调运量。

第三步，在空格中填上所选的最小调运量，并使所有的奇数次拐角的调运量减去这个最小调运量，偶数次拐角的调运量加上最小调运量。得到一个新的运输方案。

第四步，重新计算该方案空格中的检验数，判断其最优性。不断重复此过程，直到得到最优运输方案。

四、图论模型

1. 基本概念

图(graph)是一个二元组(V,E),其中集合V称为顶点集,集合E是V中元素组成的某些无序对的集合,称为边集。图的顶点集中的元素称为顶点,边集中的元素称为边。边$e=(u,v)$也常写为$e=uv$,顶点u和v称为边e的端点,也可以说边e连接顶点u和v。图G的顶点数目$|V|$称为图G的阶,记为v;边的数目$|E|$称为图G的边数,记为ε。

通常,图的顶点可用平面上的一个点来表示,边可用平面上的线段来表示(可以是直线或曲线)。这样画出的平面图形称为图的图示。注意在图示中,点的位置具有任意性,边也只表示点与点之间的拓扑关系,没有长度的概念,同一个图可以画出形状迥异的多个图示。图的基本概念如下。

(1) 点与边的关联(incident)。如果在图G中点v是边e的一个端点,则称点v与边e在图G中相关联。

(2) 点与点的相邻(adjacent)。如果图上两点u,v被同一条边相连,则称u、v在图G中相邻。

(3) 边与边的相邻。如果图G中两条边有至少一个公共端点,则称这两条边在图G中相邻。

(4) 环边(loop)。图中两端点重合的边称为环边。

(5) 重边(multiedge)。设u和v是图G的顶点,图G中连接u和v的两条或两条以上的边称为图G中u、v间的重边。

(6) 简单图(simple graph)。既无环边也无重边的图称为简单图。

(7) 完全图(complete graph)。任意两点间都有一条边的简单图称为完全图,n阶完全图记为K_n。

(8) 平凡图(trivial graph)。只有一个顶点,没有边的图。

(9) 空图(empty graph)。边集为空的图。

(10) 零图(null graph)。顶点集为空的图。

(11) 顶点v的度(degree)。图G中顶点v所关联的边的数目(环边计两次)称为顶点v的度,记为$d_G(v)$或$d(v)$。图G的最大度:$\Delta(G)=\max\{d_G(v)|v\in V(G)\}$;图$G$的最小度:$\delta(G)=\min\{d_G(v)|v\in V(G)\}$。对任何图$G$,都有$\sum_{v\in V(G)}d(v)=2\varepsilon$。按每个顶点的度来计数边,每条边恰好数了两次。故图的度数必为偶数。任何图中,奇度顶点的个数总是偶数(包括0)。

(12) 子图(subgraph)。对图G和H,如果$V(H)\subseteq V(G)$且$E(H)\subseteq E(G)$,则称图H是图G的子图,记为$H\subseteq G$。

(13) 生成子图(spanning subgraph)。若H是G的子图且$V(H)=V(G)$,则称H是G

的生成子图,或支撑子图。

(14) 途径(walk)。图 G 中一个点边交替出现的序列 $w = v_{i0}e_{i1}v_{i1}e_{i2}\cdots e_{ik}v_{ik}$ 称为图 G 的一条途径,其中 v_{i0}、v_{ik} 分别称为途径 w 的起点和终点,w 上其余顶点称为中途点。

(15) 迹(trail)。图 G 中边不重复的途径称为迹。

(16) 路(path)。图 G 中顶点不重复的迹称为路。简单图中的路可以完全用顶点来表示,$P = v_{i0}v_{i1}\cdots v_{ik}$。

(17) 闭途径(closed walk)。图 G 中起点和终点相同的途径称为闭途径。

(18) 闭迹(closed trail)。图 G 中边不重复的闭途径称为闭迹,也称为回路(circuit)。

(19) 圈(cycle)。中途点不重复的闭迹称为圈。

(20) 长度。途径(闭途径)、迹(闭迹)、路(圈)上所含的边的数目。

(21) 简单图 G 中长度为奇数和偶数的圈分别称为奇圈(odd cycle)和偶圈(even cycle)。

(22) 对任意 $x, y \in V(G)$,从 x 到 y 的具有最小长度的路称为 x 到 y 的最短路(shortest path),其长度称为 x 到 y 的距离(distance),记为 $d_G(x, y)$。

(23) 简单图 G 中最短圈的长度称为图 G 的围长(girth),最长圈的长度称为图 G 的周长(circumference)。

(24) 图中两点的连通。如果在图 G 中 u、v 两点间有路相通,则称顶点 u、v 在图 G 中连通。

(25) 连通图(connected graph)。若图 G 中任二顶点都连通,则称图 G 是连通图。

(26) 图的连通分支(connected branch,component)。若图 G 的顶点集 V(G) 可划分为若干非空子集 $V_1, V_2, \cdots, V_w$,使得两顶点属于同一子集当且仅当它们在 G 中连通,则称每个子图 $G[V_i]$ 为图 G 的一个连通分支($i = 1, 2, \cdots, w$)。图 G 的连通分支是 G 的一个极大连通子图。G 连通当且仅当 $w = 1$。

(27) 对图 G 的每条边 e,赋以一个实数 $w(e)$,称为边 e 的权。每个边都赋有权的图称为赋权图。设 H 是赋权图 G 的一个子图,H 的权定义为 $W(H) = \sum_{e \in E(H)} w(e)$,特别地,对图 G 中一条路 P,其权为 $W(P) = \sum_{e \in E(P)} w(e)$。权在不同的问题中会有不同的含义。例如在交通网络中,权可以表示里程、道路的造价、运费、行程时间等。公交场站和物流园区选址问题、管道铺设时的线路设计问题、设备更新、金融投资以及某些整数规划和动态规划问题都可以归结为求最短路问题,求最短路问题在生产实际中有着广泛的应用。

2. 最短路问题

给定赋权图 G 及 G 中两点 u、v,求 u 到 v 的具有最小权的路(称为 u 到 v 的最短路)。赋权图中路的权也称为路的长,最短 (u,v) 路的长也称为 u、v 间的距离,记为 $d(u,v)$。

最短路问题是一个优化问题,属于网络优化和组合优化的范畴。对这种优化问题的解答一般通过算法来实现。最短路问题中最基本的是 Dijkstra 算法。

1) Dijkstra 算法的基本思想：

设赋权图 G 中所有边都具有非负权，Dijkstra 算法的目标是求出 G 中某个指定顶点 v_0 到其他所有点的最短路。它依据的基本原理是：若路 $P = v_0 v_1 \cdots v_{n-1} v_n$ 是从 v_0 到 v_n 的最短路，则 $P' = v_0 v_1 \cdots v_{n-1}$ 必是从 v_0 到 v_{n-1} 的最短路。基于这一原理，算法由近及远地逐次求出 v_0 到其他各点的最短路。

该算法流程的核心任务是标号。将始点设为 v_0，终点设为 v_n。对网络中每个点赋予一个标号，标号分为永久标号和临时标号两种。永久标号的含义是从始点 v_0 到该顶点的最短路的长度，一旦标记了永久标号就不再改变。临时标号可看做从是始点 v_0 到该顶点的最短路长度的上界。在算法的每一步迭代中，从临时标号的点里选取一个点，将其标号改为永久标号，直到所有的点都变成永久标号，即得到了从始点到任意点的最短路。

设 S 代表永久标号顶点集合，$\bar{S} = V \backslash S$ 代表临时标号顶点集合，对于集合 S 中的任意一点，其标号是从点 v_0 到该点的最短路的长度；对于集合 $\bar{S}$ 中任意一点，其标号是从点 v_0 出发，经过 S 中顶点到达该顶点的最短路的长度。算法可以分解为两个过程：①修改各点的标号；②从 $\bar{S}$ 的所有点中取标号最小的一个点，放入 S 中。某个点被放入 S 集合后，它的标号成为永久标号，不再被修改。算法反复执行上述过程，直至所有顶点获得永久标号(被放入 S 中)。

2) Dijkstra 算法步骤

第一步，令 $l(v_0) := 0, l(v) := \infty, (v \neq v_0), S := \{v_0\}, \bar{S} := V \backslash S, i := 0$。

第二步，对每个 $v \in \bar{S}$，令 $l(v) := \min\{l(v), l(v_i) + w(v_i v)\}$。取 $v^* \in \bar{S}$ 使得 $l(v^*) = \min_{v \in \bar{S}} \{l(v)\}$。记 $v_{i+1} = v^*$，令 $S := S \cup \{v_{i+1}\}, \bar{S} := V \backslash S$。

第三步，令 $i := i + 1$。如果 $i = v - 1$，即图中所有点的永久标号已标号完毕，则停止；否则，转第二步。

设某新建公路设计年限为 20 年，道路使用若干年后，需要重铺路面。把设计年限分成四个时期，每个时期为五年。假设每个时期内，各年的路面养护费及由于路面损坏而引起的附加行驶费用是不变的(表 3-18)。又设路面更新是在某个时期的期末进行的，而各个时期路面的损坏情况不同，路面更新费用也不一样(表 3-19)。

某新建公路的路面养护及附加费用　　　　　表 3-18

路面更新的年限	每年的养护费及附加费用 （千元/公里）	五年的总费用 （千元/公里）
第 1 个 5 年	4	20
第 2 个 5 年	6.4	32
第 3 个 5 年	9.6	48
第 4 个 5 年	14.4	72

各时期更新费   表3-19

更新时期	使用5年后	使用10年后	使用15年后
更新费用(千元/公里)	48	56	60

用 v_i 表示"第 i 个时期末路面更新一次"的状态($i=1,2,3$)。v_0 表示道路刚建成时的初始状态(这时路面是新的),v_4 表示道路到达设计年限的状态(这时路面停止更新)。节点间连线上的数字表示各状态之间的路面更新费用、养护费及附加费用的总数。如 v_0-v_1 连线上的数据为68,表示从道路建成到第5年末路面更新一次的总费用,它等于养护费及附加费用(20)加上路面更新费(48)。v_1-v_3 连线上的数据为108,表示路面在第5年末更新后,从第6年初到第15年末路面再更新1次这段时间内的总费用,它等于养护费(20+32)加上更新费(56)。

每一条从 v_0-v_4 的通路即表示一个路面更新方案。如通路 $v_0-v_2-v_3-v_4$ 表示在第10年末、第15年末各更新一次的方案。各条路的权的总和即表示相应方案的总费用。这个问题可转化成最短路问题,得到其最短路为:$v_0-v_2-v_4$,即在该道路的使用期限内,最优路面更新方案为只在第10年末更新一次路面,总费用最少,最优总费用为 108+52 =160千元/公里(图3-7)。

图论在交通运输系统中的另一个常见应用为选址问题。已知某地区的交通网络如图3-8所示,其中点代表居民区,边表示公路,l_{ij} 为小区之间公路距离,可通过图论模型进行区中心医院、救火站等应急救援单位的最优选址规划。

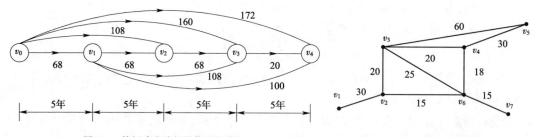

图3-7 某新建公路的最优更新计划   图3-8 某区域交通网络示意图

对于医院、消防站等应急救援单位,在选址问题中应采用最远最近原则,使距离医院最远的小区居民在就诊时所走的路程最近,即求出图的中心,这可以化为一系列求最短路问题。表3-20为经Dijkstral算法计算出的各小区之间的最短路,及每个小区到其余小区的最远距离 $\max D(v_i)$。

最小的最远距离在 v_6 点中取得,故医院应建在6号小区。

3. 最大流问题

许多实际系统都包含了流量问题。例如,公路系统有车辆流,控制系统有信息流,供水系统有水流,电力系统有电流,金融系统有现金流等。最大流问题,就是在一定条件下,求流过网络的物资、能量或信息流量最大值的问题。

该区域各小区之间的最短路　　　　　　　　　　　　表3-20

参数	v_1	v_2	v_3	v_4	v_5	v_6	v_7	$\max D(v_i)$
V_1	0	30	50	63	93	45	60	93
V_2	30	0	20	33	63	15	30	63
V_3	50	20	0	20	50	25	40	50
V_4	63	33	20	0	30	18	33	63
V_5	93	63	50	30	0	48	63	93
V_6	45	15	25	18	48	0	15	48
V_7	60	30	40	33	63	15	0	63

(1) 流量、流、流量图。

设有一个有向网络 $D=(V,A,C)$ 其中 c_{ij} 表示弧 $(v_i,v_j)\in A$ 的容量, $c_{ij}\in C$ 通过弧 (v_i,v_j) 的流的数量称为流量, 记作 x_{ij}, 所有弧上流量的集合 $\{x_{ij}\}$ 称为网络 D 的一个流, 记作 x。一般地, 为了在网络图中将 c_{ij} 和 x_{ij} 都表示出来, 在弧 (v_i,v_j) 旁标上 (c_{ij},x_{ij})。标上流量和容量的有向图称为流量图。

(2) 发点、收点。

在有向网络 D 中, 仅有出弧而没有入弧的顶点称为发点; 仅有入弧而没有出弧的顶点称为收点; 用 s 代表发点, t 代表收点。既非发点又非收点的其他点称为中间点。对于多个发点和多个收点的有向网络, 可以通过添加虚拟发点、收点, 转化为只有一个发点和一个收点的有向网络。

(3) 可行流。

有向网络安全运行的前提是通过它的任何流必须满足流量限制和流量守恒方程。

①流量限制。通过任意弧的流量不能超过该弧的容量, 即:
$$0 \leqslant x_{ij} \leqslant c_{ij}$$

②流量守恒方程。发点 s 发出的流量等于收点 t 流入的流量; 对于任何一个中间点, 该点流入的流量等于流出的流量, 即:

$$\sum_{v_j} x_{ij} - \sum_{v_j} x_{ji} = \begin{cases} +\infty, & v_i = s \\ 0, & v_i \neq s,t \\ -v, & v_i = t \end{cases} \tag{3-13}$$

③可行流。满足流量限制和流量守恒方程的流称为可行流, 也称为 (s,t) 流。

在系统工程中常见的求最大流问题就是要在满足流量限制和流量守恒方程的前提下, 求出网络中从发点到收点的最大流量。因此, 求最大可行流问题就是求一个可行流 $x^* = (x_{ij}^*)$, 使 $v = \sum_j x_{sj}^* = \sum_j x_{jt}^*$ 达到最大。

例如, 当网络是输电网时, 是求输电网络中从发电厂到用户间的最大输电能力; 当网络是通信网时, 一般是求网络中两个指定点间的最大通话量; 当网络是公路网时, 则求两地之间的最大交通流,即单位时间(如一天)允许通过的最多车辆数,等等。

(4)求有向网络最大流的数学模型。

由前面的分析可知,求网络最大流问题就是求流量最大的可行流。设网络的发点为s,收点为t,中间点为$v_1,v_2,\cdots,v_n$,则求有向网络最大流的数学模型为:

$$\max v$$
$$s.t. \begin{cases} \sum_{j=1}^{n} x_{sj} = v \\ \sum_{j=1}^{n} x_{jt} = -v \\ \sum_{v_i} x_{ij} - \sum_{v_i} x_{ij} = 0, v_i \neq s, t \\ 0 \leq x_{ij} \leq c_{ij}, (v_i, v_j) \in A \end{cases} \quad (3\text{-}14)$$

这是一个线性优化问题,可以用求解线性优化问题的单纯形法求解。类似于运输模型的特殊性及特别算法,我们也可以利用网络流模型的特殊性,设计相对于单纯形法更简便的算法。

(5)弧的分类。

设网络$D=(V,A,C)$的可行流为$x=(x_{ij})$,按每个弧上流量的大小或弧的方向将弧作如下分类。

①按流量大小分类。

对于弧$(v_i,v_j) \in A$,若$x_{ij}=c_{ij}$,则称(v_i,v_j)为饱和弧;若$x_{ij}<c_{ij}$,则称(v_i,v_j)为非饱和弧;若$x_{ij}=0$,则称(v_i,v_j)为零流弧;若$x_{ij}>0$,则称(v_i,v_j)为非零流弧。

②按弧的方向分类。

设μ是网络D中连接发点s与收点t的一条途径,定义μ的方向是从s到t,则μ中的弧被分为两类:一类是弧的方向与μ的方向一致,称为前向弧,前向弧的全体记作μ^+;另一类是弧的方向与μ的方向相反,称为反向弧,反向弧的全体记作μ^-。

(6)增广链。

设$x=(x_{ij})$是D上一个可行流,P是D中从s到t的一条途径,如果对P中的每个前向弧(v_i,v_j),有$x_{ij}<c_{ij}$;而每个反向弧(v_i,v_j),有$x_{ij}>0$,则称途径P是关于流$x=(x_{ij})$的增广链。

①增广链定理:一个可行流是最大流的充要条件是不存在增广链。

增广意味着还有增加容量的潜力,即可以提高流量,且在各节点仍满足平衡条件及容量限制条件,仍为可行流。增广链定理提供了一个寻找最大流的方法,即从一个可行流(初始可行解)开始,搜索关于这个可行流的增广链,若存在增广链,调整流量,得到新的可行流,且流量比原来的可行流大,重复迭代,直到找不到当前流的可增广链,搜索停止,得到最大流。

②网络最大流问题标号算法,算法思想是由一个流开始,系统地搜寻增广链,然后在

此链上增流,直至不存在增广链。

算法步骤如下:

第一步,找出一个可行流,例如所有弧的流量 $f_{ij}=0$。

第二步,用标号的方法找一条增广链。

a. 给发点 s 标号(∞),标号中的数字表示允许的最大调整量。

b. 选择一个点 v_i 已标号并且另一端未标号的弧,沿着某条链向收点检查:如果弧的起点为 v_i,并且有 $f_{ij}<c_{ij}$,则 v_j 标号为($c_{ij}-f_{ij}$);如果弧的方向指向 v_i,并且有 $f_{ji}>0$,则 v_j 标号(f_{ji})。

重复上述过程,可能出现两种结局:标号过程中断,t 无法标号,说明网络中不存在增广链,目前流量为最大流。同时可以确定最小割集,记已标号的点集为 V,未标号的点集合为 V',(V,V') 为网络的最小割;t 得到标号,反向追踪在网络中找到一条从 s 到 t 得由标号点及相应的弧连接而成的增广链,继续第三步。

第三步,修改流量。设原图可行流为 f,令

$$f' = \begin{cases} f+\varepsilon(t) & \text{对增广链上所有前向弧} \\ f-\varepsilon(t) & \text{对增广链上所有后向弧} \\ f & \text{所有非增广链上的弧} \end{cases} \quad (3-15)$$

得到网络上一个新的可行流 f'。

第四步,擦除图上所有标号,重复第一步至第三步,直到图中找不到任何增广链,计算结束,得到网络最大流。

交通运输系统中另一个常见的网络流问题是最小费用流问题。

求网络最小费用流的 Ford-Fulkerson 算法思想是:从零流的费用有向图 $D(x_0)$ 开始,用求最短有向路的方法求出从 v_s 到 v_t 的最短费用路 μ_0,并在其上按增广链方法调整流量,使新的可行流 x_1 为最小费用可行流。当 $v(x_1)=v$ 时计算结束。否则重新构造关于 x 的费用有向图 $D(x_1)$,重复上述过程,直到求出流量为 v 的可行流 x 为止。

如在图3-9所示的商品调运网络中 V_s 表示仓库,V_t 表示商店。现在要从仓库运10单位的物资到商店,下面分析应如何调运才能使运费最省。图中弧旁的数字(w_{ij},c_{ij}),w_{ij} 表示通过此弧单位物资运价,c_{ij} 表示此弧最大的运输能力。

首先作零流($x_0=0$)的费用有向图 $D(x_0)$,如图3-10a)所示。

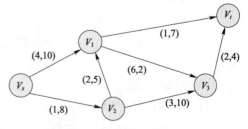

图3-9 某商店调运网络

第一步,求出 V_s 到 V_t 的最短费用路为 $\mu_0=\{v_s,v_2,v_1,v_t\}$,如图3-10a)中双线弧所示。在 μ_0 上按 $\theta=\min\{8,5,7\}=5$ 进行流量调整。由于 $(v_s,v_2)\in\mu_0^+$,所以有 $x_{s2}=x_{21}=x_{1t}=5$,其余不变,得可行流 x_1 如图3-10b)所示。

第二步,在 $\mu_0 = \{v_s, v_2, v_1, v_t\}$ 的基础上,构造可行流 x_1 的费用有向图。因为 $(v_s, v_2) \in \mu_0^+, x_{s2} = 5 < c_{s2}$,所以其方向与权不变;又 $(v_2, v_1) \in \mu_0^+, x_{21} = 5 = c_{21}$,所以将此弧的方向改为相反方向,且 $w_{12} = -2$;又由于 $(v_1, v_t) \in \mu_0^+, x_{1t} = 5 < c_{1t}$,所以其方向与权不变;其余弧的方向与权数不变,如图 3-10c) 所示。

第三步,求出图 3-10c) 中从 V_s 到 V_t 的最短费用路 $\mu_1 = \{v_s, v_1, v_t\}$,转第 4 步。

第四步,在 μ_1 上进行流量调整,得到可行流 x_2,如图 3-10d) 所示。由于 $v(x_2) = 7 < 10$,转第二步。

第五步,用同样的方法重新构造 V_s 到 V_t 的最短费用路 $\mu_2 = \{v_s, v_2, v_3, v_t\}$,并在 μ_2 上进行流量调整,得到新的可行流 x_3,如图 3-10f) 所示。

由于 $v(x_3) = 10$,所以得到了流量为 10 的最小费用流,计算结束。此时最小费用为:
$$w^*(x) = 2 \times 4 + 8 \times 1 + 5 \times 2 + 7 \times 1 + 3 \times 3 + 3 \times 2 = 48$$

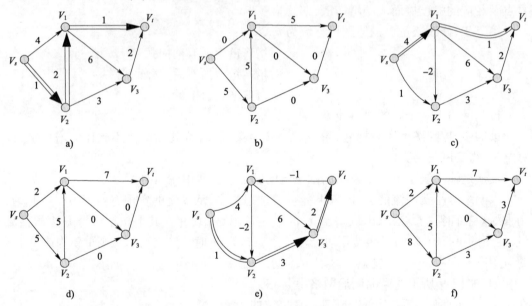

图 3-10 商店调运问题分析过程

a) $D(x_0)$; b) $x_1, v(x_1) = 5$; c) $D(x_1)$; d) $x_2, v(x_2) = 7$; e) $D(x_2)$; f) $x_3, v(x_3) = 10$

(7) 割集、截量。

将有向网络 $D = (V, A, C)$ 的顶点集 V 分为两个子集 V_1 和 V_2,并且满足
$$s \in V_1, t \in V_2, V_1 \cap V_2 = \phi, V_1 \cup V_2 = V$$

则把从 V_1 指向 V_2 的弧的全体称为分离 V_1 和 V_2 的一个割集,记为 (V_1, V_2),即
$$(V_1, V_2) = \{(v_i, v_j) : v_i \in V_1, v_j \in V_2, (v_i, v_j) \in A\}$$

割集 (V_1, V_2) 中所有弧的容量之和称为该割集的割量,记为 $C(V_1, V_2)$,即
$$C(V_1, V_2) = \sum_{(v_i, v_j) \in (V_1, V_2)} c_{ij}$$

图 3-11 所示的有向网络中,每条弧旁的第一个数字表示其容量 c_{ij},第二个数字表示该弧上的流量 x_{ij}。容易验证该流是一个可行流,流量为 3。

途径 (s, v_1, v_2, v_4, t)(图 3-11 中加粗的弧)中弧 (s, v_1)、(v_1, v_2)、(v_4, t) 是前向弧,而且每个前向弧的流量小于其容量;弧 (v_4, v_2) 为反向弧,且流量大于零,因此这是一条增广链。在此增广链的每个前向弧 (s, v_1)、(v_1, v_2)、(v_4, t) 上增加一个单位的流量,在反向弧 (v_4, v_2) 上减少一个单位的流量,则整个网络的流量增加一个单位,于是得到一个新的可行流,流量为 4,如图 3-12 所示。

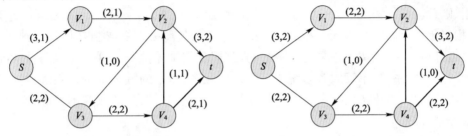

图 3-11　某流量网络　　　　　　　图 3-12　新的可行流

设 $V_1 = (s, v_1, v_2)$,则 $(V_1, V_2) = \{(s, v_3), (v_2, v_3), (v_2, t)\}$ 为该网络的一个割集,割量 $C(V_1, V_2)$ 为 $C(V_1, V_2) = c(s, v_3) + c(v_2, v_3) + c(v_2, t) = 2 + 1 + 3 = 6$。

网络中任意可行流的流量不超过任意割集的割量。

最大流最小割集定理:任何带发点 s 和收点 t 的有向网络中,最大流的流量等于割集的最小割量(习惯上称为"最小截集的截量"),为方便记忆可简略为"最大流等于最小割"。

五、排队模型

排队(queue)是在日常生活和生产中经常遇到的现象。例如,上下班搭乘公共汽车,顾客到商店购买物品,病人到医院看病等,常常出现排队和等待现象。除上述有形的排队之外,还有大量"无形"的排队现象。例如,水库的存储调节,车站、码头等交通枢纽的车船堵塞和疏导等。参与排队的不仅可以是人,也可以是物。例如,通信卫星与地面若干待传递的信息,生产线上的原料、半成品等待加工,要降落的飞机跑道被占用而在空中盘旋等。这些排队现象中都包含 3 个基本要素,即服务对象(顾客)、服务以及服务机构(或设施)。增加服务设施可以减少排队现象,但是一方面如果增加的太多,在不太繁忙的时期里服务设施又会出现空闲浪费,另一方面如果服务设施少,当系统比较繁忙、顾客排队太长时,部分顾客不愿排队而离开也会造成顾客流失。因此,决策者必须在服务对象和服务设施之间取得平衡,达到一种最优配置。

1. 基本概念

(1)输入。输入指顾客到达系统的情况。

按到达时间间隔分,顾客到达系统分为有确定的时间间隔及随机的时间间隔;从顾客到达人数的情况看,输入分为单个到达及成批到达;从顾客源总体看,输入又分为顾客源总数无限的情况及顾客源总数有限的情况。一般地,只要顾客源总数足够大,可以把顾客源总数有限的情况近似地当成顾客源总数无限情况来处理。

(2)输出。输出指客户从得到服务到离开服务机构的情况,分为定长的服务时间及随机的服务时间。

(3)排队规则

排队规则有损失制与等待制两种情况。损失制是指顾客到达时若所有服务设施都被占用,则顾客自动离去,永不再来。例如电话服务系统,当一个电话打不通时重新拨号,就相当于一个新顾客进入系统,而原来顾客已永久离去。等待制是指顾客到达时如服务设施已被占用,就留下来等待服务,一直到服务完毕才离开。这里又分两种情况:一种是无限等待的系统,不管服务系统中已有多少顾客,新来的顾客都进入系统;另一种是有限等待的系统,当排队系统中顾客数量超过一定限度时,新到的顾客不再等待,而自动离开服务系统。

对等待制的服务系统,在服务次序上一般又分以下三种情况:

①先到先服务(FCFS)。按到达先后次序排成队伍依次接受服务。当有多个服务设施时,一种是顾客分别在每个服务设施前排成一队(例如火车站的售票口);另一种是排成一个公共的队伍,当任何一个服务设施有空时,排在队首的顾客得到服务(例如到饭店排队用餐)。

②带优先服务权。到达的顾客按重要性进行分类,服务设施优先对重要级别的顾客服务,在级别相同的顾客中按到达先后次序排队(例如许多服务机构对 VIP 实行优先服务)。

③随机服务。到达服务系统的顾客不形成队伍,当服务设施有空时,随机选取一名服务,对每一等待的顾客来说,被选取的概率相等(例如电话查询服务机构)。

(4)服务机构设置,包括服务设施的数量、排列及服务方式,分类如下:

①服务设施的数量有一个或多个之分,即单站服务系统与多站服务系统。

②服务设施的排列方式分为多站服务系统的串联与并联。对 S 个服务站的并联系统,依次可以同时服务 S 个顾客;对 S 个服务站的串联系统,每个顾客要依次经过 S 个服务站,就像一个零件经过 S 道工序一样。

③服务设施的服务方式分为单个服务和成批服务。例如,公共汽车一次就承运大批乘客。

(5)记号方式,根据排队系统的特征,肯达尔(Kendall)于 1953 年提出了排队系统的分类记号:输入/输出/并联的服务站数。

设 M 表示泊松输入或负指数分布的服务时间;D 表示定长输入或定长服务时间;E_k 表示爱尔朗分布的输入与服务时间;GI 表示一般独立输入;G 表示一般服务时间分布,则按照分类记号"输入/输出/并联的服务站数"有以下几种。

①M/M/n:表示顾客输入为泊松分布,服务时间为负指数分布,有 n 个并联服务站的排队服务系统。

②D/G/1:表示定长输入,一般服务时间,单个服务站的随机服务系统。

③GI/E_k/1:表示一般独立输入,服务时间为爱尔朗分布,单个服务站的排队服务系统。

如果不附加特别的说明,这种记号都指顾客总体数量无限、系统中的队长可以无限、排列规则为先到先服务。1971 年国际排队符号标准会上将上述分类记号扩充到 6 项,记为(a/b/c):(d/e/f),其中 a、b、c 3 项同上,分别为输入、输出(或服务时间)的分布及关联的服务站数,d 为系统中最多可容纳的顾客数,e 为顾客源总数,f 为排队服务规则。

按照这种记号,前面假设的"顾客总体数量无限、系统中的队长可以无限、排列规则为先到先服务"就可以记为∞/∞/FCFS。

2. 排队系统主要指标

排队系统状态是指一个排队服务系统中的顾客数(包括正在接受服务的顾客)。系统中等待排队服务的顾客数称为队长(排队的长度),它等于系统状态减去正在被服务的顾客数。排队服务系统在某一时刻 t 的顾客数称为瞬时状态,用符号 $N(t)$ 表示。在时刻 t 恰好有 n 个顾客的概率称为瞬时状态概率,用 $P_n(t)$ 表示。当系统中有 n 个顾客时,单位时间内新顾客的到达数称为平均到达率,用 λ_n 表示。当对所有的 n,λ_n 是常数时,可用 λ 代替 λ_n。当系统中有 n 个顾客时,系统在单位时间内服务完毕离去的顾客数称为平均服务率,用符号 μ_n 表示。当 $n \geq 1$,μ_n 是常数时,可用 μ 代替 μ_n。当一个排队服务系统开始运转时,系统状态很大程度上取决于系统的初始状态和运转经历的时间。但过一段时间后,系统的状态将独立于初始状态及经历的时间,这时称系统处于稳定状态。由于对系统的瞬时状态研究分析起来很困难,所以排队论中主要研究系统处于稳定状态的工作情况。由于稳定状态时工作情况与时刻 t 无关,这时 $P_n(t)$ 可写成 P_n,$N(t)$ 可写成 N。

(1)平均消耗时间。顾客在排队服务系统中进入到服务完毕离去的平均消耗时间,用 W 表示,也可以用顾客排队等待服务的平均等待时间 W_q 表示。每个顾客都希望这段时间越短越好。

(2)系统的忙期。服务系统累计工作时间占全部时间的比例,这是衡量服务机构工作强度和利用效率的指标。对于服务机构来说,希望忙期越大越好。

(3)平均顾客数。系统中的平均顾客数,用 L 表示;或者系统的平均队长,用 L_q 表示。这是顾客和服务机构都关心的指标,它在设计排队服务系统时也很重要,因为涉及系统需要空间的大小以及服务站数量的多少。

(4)服务强度,也称话务强度,$\rho = \dfrac{\lambda_1}{\mu}$,这是因为爱尔朗在早期研究排队论时是从研究电话理论开始的。服务强度刻画服务效率和服务机构利用程度的重要标志。ρ 越小,表示单位时间内到达顾客的平均数比服务完的顾客平均数小得多,顾客到达后可及时得到服务,等待时间少,服务员空闲,服务设施利用率低。

设 λ 表示单位时间内顾客的平均到达数,则 $1/\lambda$ 为相邻两个顾客到达的平均间隔时间;又设 μ 表示单位时间内被服务完毕离去的平均顾客数,则 $1/\mu$ 为对每个顾客的平均服务时间。因此有:

$$L = \lambda W \quad 或 \quad W = L/\lambda \tag{3-16}$$

$$L_q = \lambda W_q \quad 或 \quad W_q = L_q/\lambda \tag{3-17}$$

$$W = W_q + 1/\mu \tag{3-18}$$

将式(3-16)、式(3-17)带入式(3-18),并整理得:

$$L = L_q + \lambda/\mu \tag{3-19}$$

由于:

$$L = \sum_{n=0}^{+\infty} n P_n, \quad L_q = \sum_{n=s+1}^{+\infty} (n-s) P_n \tag{3-20}$$

因此只要知道 P_n 的指,即可求得 L、L_q、W 和 W_q 的值。另外,当 $n=0$ 时,P_0 的值即为服务系统没有顾客的概率,因此 $(1-P_0)$ 即是服务系统的忙期。式(3-16)称为 Little 法则。

3. 输入与服务时间的分布

在排队服务过程中,单位时间内顾客到达数,顾客到达时间间隔,服务时间都是随机变量,下面介绍它们的概率分布。

(1)输入——泊松分布。

在 t 这段时间内有 k 个顾客来到服务系统的概率 $v_k(t)$ 服从泊松分布的,称为最简单流,即符合:

$$v_k(t) = e^{-\lambda t} \frac{(\lambda t)^k}{k!} \quad (k=0,1,2,\cdots) \tag{3-21}$$

这需要满足下面3个条件:

①无后效性。前面到达的顾客数并不影响后面到达的顾客数,即任意两个不相交时间区间内顾客到达情况相互独立。

②平稳性。顾客到达的多少只与时间间隔有关,而与统计时的时刻无关。

③普通性。在很短的时间间隔内,到达两个或两个以上顾客的概率极小,可以忽略不计。

相继到达时间间隔服从相互独立的参数为 λ 的负指数分布,与到达过程是参数为 λ 的泊松过程等价。

(2)服务时间——负指数分布。

虽然在真实的排队系统中,服务时间的概率分布可以有各种形式,但负指数分布的服务时间是最常用的。如果服务设施对每个顾客的服务时间服从负指数分布 $f(t) = \mu e^{-\mu t}(t \geq 0)$,则对每个顾客的平均服务时间为 $1/\mu$。如果 Δt 足够小,则有:

①在$[t, t+\Delta t]$内没有顾客离去的概率为$1-\mu\Delta t$。

②在$[t, t+\Delta t]$内恰好有一个顾客离去的概率为$\mu\Delta t$。

③在$[t, t+\Delta t]$内有多于两个以上顾客离去的概率为$\psi(\Delta t) = o(\Delta t)$。

如果服务设施对顾客的服务时间服从负指数分布,则不管对某一个顾客的服务已进行了多久,剩下来的服务时间的概率分布仍为同原先一样的负指数分布。即对任何$t>0, \Delta t>0$,有$P\{T>t+\Delta t | T>t\} = P\{T>\Delta t\}$。

若干个独立的负指数分布的最小值是负指数分布,即设$T_1, T_2, \cdots, T_n$分别表示参数为$\mu_1, \mu_2, \cdots, \mu_n$的独立的负指数分布的随机变量,设$U = \min(T_1, T_2, \cdots, T_n)$则$U$也是负指数分布的随机变量。如果来到服务机构的有$n$类不同类型的顾客,每类顾客来到服务站的间隔时间为具有参数μ_i的负指数分布,则作为总体来讲,到达服务机构的顾客的时间间隔仍为负指数分布。如果一个服务机构中有S个并联的服务设施,如各设施对顾客的服务时间为具有相同参数μ的负指数分布,于是整个服务机构的输出就是一个具有参数$S\mu$的负指数分布。这样,对于具有多个并联服务站的服务机构就可以同具有单个服务站的服务机构一样处理。

4. 生灭过程

在排队论中,如果$N(t)$表示时刻t系统中的顾客数,则$\{N(t), t \geq 0\}$就构成了一个随机过程。生灭过程是一类特殊的随机过程,生灭过程排除系统是重要且广泛存在的排队系统。如果用"生"表示顾客的到达,"灭"看成是一个服务完毕的顾客离去,则生灭过程恰好反映了一个排队服务系统的瞬时状态$N(t)$随时间t而变化的过程。生灭过程是用来处理输入为最简单流,服务时间为负指数分布这样一类最简单排队模型的方法。

细菌的分裂——死亡过程是典型的生灭过程。假如有一堆细菌,每个细菌在时间Δt内分裂成两个的概率为$\lambda \Delta t + o(\Delta t)$,在$\Delta t$时间内死亡的概率为$\mu \Delta t + o(\Delta t)$,各个细菌在任何时段内分裂和死亡都是独立的,并且把细菌的分裂和死亡都看成一个事件的话,则在Δt内发生两个或两个以上事件的概率为$o(\Delta t)$。假如已知初始时刻细菌的个数,那么需要确定经过时间t后细菌的数量。在生死过程中生与死的发生都是随机的,它们的平均发生率依赖于现有的细菌数,即系统现处的状态。假设:

①给定$N(t) = n$,到下一个生(顾客到达)的间隔时间是参数$\lambda_n N(t) = n$的负指数分布。

②给定$N(t) = n$,到下一个灭(顾客离去)的间隔时间是具有参数$\mu_n (n = 0, 1, 2, \cdots)$的负指数分布。

③在同一时刻只可能发生一个生或灭(即同时值可能有一个顾客到达或离去)。

由泊松分布同负指数分布的关系,λ_n是系统处于$N(t)$时单位时间内顾客的平均到达率,μ_n是单位时间内顾客的平均离去率。将上面几个假定合在一起,则可用生灭过程的发生率图来表示(图3-13)。

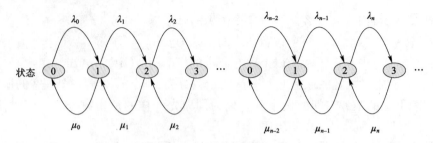

图 3-13 生灭过程示意图

箭头指明了各种系统状态发生转换的流向可能性。在每个箭头边上标出了当系统处于箭头起点状态时转换的平均率。一般来讲,求出系统的瞬时状态 $N(t)$ 的概率分布是很困难的,通常只考虑系统处于稳定状态时的情形。

输入率等于输出率原则,即考虑系统处于某一特定状态 $N(t)=n(n=0,1,2,\cdots)$。假定开始计算过程进入这个状态和离开这个状态的次数,因为在同一时刻这两件事都只可能发生一次,因此进入和离开这个状态的次数或者相等,或者刚好相差一次。

系统处于稳定状态时,在很长一段时间内,对每个状态而言进入和离开系统服务的顾客数保持平衡,即对系统的任何状态 $N(t)=n(n=0,1,2,\cdots)$,进入事件平均率(单位时间内平均到达的顾客数)等于离去事件平均率(单位时间内平均离开的顾客数),即"流入 = 流出"。用来表示这个原则的方程称为系统状态平衡方程,见表 3-21。

生死过程的平衡状态平衡方程　　　　　　　　　　　　　　　　　　表 3-21

状　态	输入率 = 输出率	状　态	输入率 = 输出率
0	$\mu_1 P_1 = \lambda_0 P_0$	$n-1$	$\lambda_{n-2}P_{n-2}+\mu_n P_n=(\lambda_{n-1}+\mu_{n-1})P_{n-1}$
1	$\lambda_0 P_0+\mu_2 P_2=(\lambda_1+\mu_1)P_1$	n	$\lambda_{n-1}P_{n-1}+\mu_{n+1}P_{n+1}=(\lambda_n+\mu_n)P_n$
2	$\lambda_1 P_1+\mu_3 P_3=(\lambda_2+\mu_2)P_1$	…	…
…	…		

求解可得:

$$P_1=\frac{\lambda_0}{\mu_1}P_0 \qquad (3-22)$$

$$P_2=\frac{\lambda_1}{\mu_2}P_1+\frac{1}{\mu_2}(\mu_1 P_1-\lambda_0 P_0)=\frac{\lambda_1}{\mu_2}P_1=\frac{\lambda_1\lambda_0}{\mu_2\mu_1}P_0 \qquad (3-23)$$

$$P_3=\frac{\lambda_2}{\mu_3}P_2+\frac{1}{\mu_3}(\mu_2 P_2-\lambda_1 P_1)=\frac{\lambda_2}{\mu_3}P_2=\frac{\lambda_2\lambda_1\lambda_0}{\mu_3\mu_2\mu_1}P_0 \qquad (3-24)$$

$$\cdots$$

$$P_n=\frac{\lambda_{n-1}}{\mu_n}P_{n-1}+\frac{1}{\mu_n}(\mu_{n-1}P_{n-1}-\lambda_{n-2}P_{n-2})=\frac{\lambda_{n-1}}{\mu_n}P_{n-1}=\frac{\lambda_{n-1}\lambda_{n-2}\cdots\lambda_0}{\mu_n\mu_{n-1}\cdots\mu_1}P_0 \qquad (3-25)$$

$$\cdots$$

令：
$$C_n = \frac{\lambda_{n-1}\lambda_{n-2}\cdots\lambda_0}{\mu_n\mu_{n-1}\cdots\mu_1} \quad (n=1,2,\cdots), C_0 = 1$$

则平稳状态的分布为：
$$P_n = C_n P_0 (n=1,2,\cdots) \tag{3-26}$$

由概率分布的要求 $\sum_{n=0}^{\infty} P_n = \sum_{n=0}^{+\infty} C_n P_0 = 1$，有：

$$P_0 = 1/\sum_{n=0}^{+\infty} C_n \tag{3-27}$$

由 P_0 可以推出 P_n，再根据式(3-13)~式(3-16)即可求出排队系统的其他指标 L、L_q、W、W_q。

5. 最简单的排队系统模型

交通运输系统中最简单的排队系统模型有：顾客来源无限，队长不受限制的排队模型；顾客来源无限，队长受限制的排队模型。

1) 顾客来源无限，队长不受限制的排队模型

排队系统中顾客的平均到达率为常数，即对所有 n 有，$\lambda_n = \lambda$；服务机构的平均服务率为常数，在 $M/M/1/\infty$ 单个服务站时，$\mu_n = \mu$。多个服务站时，

$$\mu_n = \begin{cases} n\mu & (n=1,2,\cdots,S-1) \\ S\mu & (n=S,S+1,\cdots) \end{cases} \quad (S\text{ 为并联的服务站个数}) \tag{3-28}$$

$\rho = \frac{\lambda}{S\mu} < 1$，即服务机构总的服务效率应高于顾客的平均到达率，以保证系统最终进入稳定状态。

由 $C_n = \left(\frac{\lambda}{\mu}\right)^n = \rho^n$，$P_n = \rho^n P_0 (n=1,2,\cdots)$ 以及 $P_0 = \frac{1}{\sum \rho^n} = \frac{1}{\frac{1}{1-\rho}} = 1-\rho$，有：

$$P_n = (1-\rho)\rho^n \tag{3-29}$$

$$L = \sum_{n=0}^{\infty} nP_n = (1-\rho)\sum_{n=0}^{\infty} n\rho^n = (1-\rho)\rho\sum_{n=0}^{\infty}\frac{d}{d\rho}(\rho^n) = (1-\rho)\rho\frac{d}{d\rho}\sum_{n=0}^{\infty}(\rho^n)$$

$$= (1-\rho)\rho\frac{d}{d\rho}\sum_{n=0}^{\infty}\left(\frac{1}{1-\rho}\right) = (1-\rho)\rho\frac{1}{(1-\rho)^2} = \frac{\rho}{1-\rho} = \frac{\lambda}{\mu-\lambda} \tag{3-30}$$

$$L_q = L - \frac{\lambda}{\mu} = \frac{\lambda}{\mu-\lambda} = \frac{\lambda^2}{\mu-\lambda} \tag{3-31}$$

$$W = \frac{L}{\lambda} = \frac{1}{\mu-\lambda} \tag{3-32}$$

$$W_q = \frac{L_q}{\lambda} = \frac{\lambda}{\mu(\mu-\lambda)} \tag{3-33}$$

其中描述平均队长与平均逗留时间的关系的公式(3-21)及描述平均排队长与平均等待时间的关系的公式(3-22)称为 Little 公式，在排队论中非常重要。

在单站服务系统中 $\rho = \lambda/\mu$ 是单位时间顾客平均到达率与服务率的比值,反映了服务机构的忙碌或利用程度。而前面提到服务机构的忙期为 $(1-P_0)$,将求得的 P_0 代入,得服务机构的忙期为 $1-P_0=1-(1-P_0)=\rho$,与直观理解一致。

假定一个顾客来到时,系统中已有 n 个人,则该顾客在系统中的停留时间为系统对前 n 个顾客的服务时间加上对该顾客的服务时间。若分别用 $T_1,T_2,\cdots,T_n$ 表示前 n 个顾客的服务时间,T_{n+1} 表示对该顾客的服务时间,令:

$$S_{n+1} = T_1 + T_2 + \cdots + T_n + T_{n+1} \tag{3-34}$$

则:

$$f(S_{n+1}) = \frac{\mu}{n!}(\mu t)^n e^{-\mu t}, P\{S_{n+1} \leq t\} = \int_0^t \frac{\mu}{n!}(\mu t)^n e^{-\mu t} dt \tag{3-35}$$

顾客在系统中停留时间小于 t 的概率为:

$$P\{W \leq t\} = \sum_{n=0}^{\infty} P_n P\{S_{n+1} \leq t\} = \sum_{n=0}^{\infty} (1-\rho)\rho^n \int_0^t \frac{\mu}{n!}(\mu t)^n e^{-\mu t} dt = 1 - e^{-\mu(1-\rho)t} \tag{3-36}$$

等待时间大于 t 的概率为:

$$P(W > t) = 1 - P\{W < t\} = e^{-\mu(1-\rho)t} \tag{3-37}$$

已经有人等待的情况下还要等待的时间:

$$E(W_q | W_q > 0) = \frac{W_q}{1-P_0} = \frac{\lambda}{\mu(\mu-\lambda)} \frac{\mu}{\lambda} = \frac{1}{\mu-\lambda} \tag{3-38}$$

以小汽车作过境检查为例,假设到达速率为 100 辆/小时,符合泊松流,检查一辆车平均需 15 秒,为负指数分布,则稳态概率 p_0、p_1、p_2 及系统的各项指标计算如下。

$$\lambda = 100/\text{小时}, \mu = 240 \text{ 辆}/\text{小时}, \rho = \frac{\lambda}{\mu} = \frac{100}{240} = 0.417$$

$$p_0 = 1 - \rho = 0.583, p_1 = \rho p_0 = 0.243, p_2 = \rho^2 p_0 = 0.101$$

$$L = \frac{\lambda}{\mu - \lambda} = \frac{100}{240 - 100} = 0.714(\text{辆})$$

$$L_q = \frac{\lambda^2}{\mu(\mu - \lambda)} = \frac{100^2}{240(240-100)} = 0.298(\text{辆})$$

$$W = \frac{1}{\mu - \lambda} = \frac{1}{240 - 100} = 0.00714(\text{小时}) = 25.7(\text{秒})$$

$$W_q = \frac{\lambda}{\mu(\mu - \lambda)} = 0.003(\text{小时}) = 10.7(\text{秒})$$

同时可求出系统内多于 3 辆车的概率为:

$$P\{N > 3\} = \rho^4 = (0.417)^4 = 0.031$$

对于 $S(S>1)$ 个服务站并联的排队系统,顾客进入系统后排成一队接受排队服务的过程如图 3-14 所示。此时服务机构的效率为:

$$\mu_n = \begin{cases} n\mu & (n=1,2,\cdots,S) \\ S\mu & (n+S+1,S+2,\cdots) \end{cases} \quad (3-39)$$

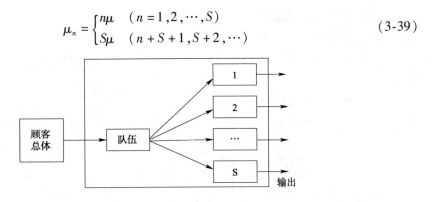

图 3-14 顾客接受排队服务的过程

因此有:

$$C_n = \begin{cases} \dfrac{\lambda_{n-1}\lambda_{n-2}\cdots\lambda_0}{\mu_n\mu_{n-1}\cdots\mu_1} = \dfrac{(\lambda/\mu)^n}{n!} & (n=1,2,\cdots,S) \\ \dfrac{\lambda_{n-1}\lambda_{n-2}\cdots\lambda_0}{(\mu_n\cdots\mu_{s+1})(\mu_s\cdots\mu_1)} = \dfrac{\lambda^n}{(S\mu)^{n-s}(S!\ \mu^s)} = \dfrac{(\lambda/\mu)^n}{S!\ S^{n-1}} & (n>S) \end{cases} \quad (3-40)$$

由此可得:

$$P_0 = \dfrac{1}{\sum_{n=0}^{S-1}\dfrac{(\lambda/\mu)^n}{n!} + \dfrac{(\lambda/\mu)^S}{S!}\sum_{n=s}^{\infty}\left(\dfrac{\lambda}{\mu S}\right)^{n=S}} = \dfrac{1}{\sum_{n=0}^{S-1}\dfrac{(\lambda/\mu)^n}{n!} + \dfrac{(\lambda/\mu)^S}{S!}\cdot\dfrac{1}{1-(\lambda/S\mu)}} \quad (3-41)$$

$$P_n = \begin{cases} \dfrac{(\lambda/\mu)^n}{n!}P_0 & (n=1,2,\cdots,S) \\ \dfrac{(\lambda/\mu)^n}{S!\ S^{n-S}}P_0 & (n>s) \end{cases} \quad (3-42)$$

由于 $\rho = \lambda/S\mu$,并令 $n-S=j$,有:

$$L_q = \sum_{n=S}^{\infty}(n-S)P_n = \sum_{j=0}^{\infty}jP_{S+j} = \sum_{j=0}^{\infty}j\dfrac{(\lambda/\mu)^S}{S!}\rho^j P_0 = P_0\dfrac{(\lambda/\mu)^S}{S!}\rho\sum_{j=0}^{\infty}\dfrac{d}{d\rho}(\rho^j)$$

$$= P_0\dfrac{(\lambda/\mu)^S}{S!}\rho\dfrac{d}{d\rho}\left(\dfrac{1}{1-\rho}\right) = \dfrac{P_0(\lambda/\mu)^S\rho}{S!\ (1-\rho)^2} \quad (3-43)$$

根据式(3-16)~式(3-19)可推导出 L、W_q 和 W 的计算公式。对于多服务台系统,Little 法则依然成立,即:

$$W = \dfrac{L}{\lambda},\ W_q = \dfrac{L_q}{\lambda} = W - \dfrac{1}{\mu} \quad (3-44)$$

下面来看一个例子。设银行有 3 个窗口办理个人储蓄业务。顾客到达服从泊松流,平均到达率为 0.9 人/分钟;办理业务时间服从负指数分布,每个窗口的平均服务率为

0.4人/分钟。下面分别计算：①所有窗口都空闲的概率；②平均队长；③平均等待时间及逗留时间；④顾客到达后必须等待的概率。

这是一个$[M/M/3]:[\infty/\infty/FCFS]$系统，$\lambda = 0.4$人/分钟，$\lambda/\mu = 2.25$，$\rho = \lambda/S\mu = 0.75$。

(1) 所有窗口都空闲的概率。

$$P_0 = \left[\sum_{n=0}^{2}\frac{(\lambda/\mu)^n}{n!} + \frac{(\lambda/\mu)^S}{S!} \cdot \frac{1}{1-(\lambda/S\mu)}\right]^{-1}$$

$$= \left[\frac{(2.25)^0}{0!} + \frac{(2.25)^1}{1!} + \frac{(2.25)^2}{2!} + \frac{(2.25)^3}{3!} \times \frac{1}{1-0.75}\right]^{-1} = 0.0748$$

(2) 平均队长，可以先求L_q再求L。

$$L_q = \frac{P_0(\lambda/\mu)^S \rho}{S!(1-\rho)^2} = \frac{2.25^3 \times 0.75}{3! \times (1-0.75)^2} \times 0.0748 = 1.70$$

$$L = L_q + \lambda/\mu = 1.70 + 2.25 = 3.95(人)$$

(3) 平均等待时间及逗留时间，即W_q和W。

$$W_q = L_q/\lambda = 1.70/0.9 = 1.89(分钟)$$

$$W = W_q + 1/\mu = 1.89 + 1/0.4 = 4.39(分钟)$$

(4) 顾客到达后必须等待的概率，即求$n \geq 3$的概率。

$$P(n \geq 3) = \frac{(\lambda/\mu)^3}{3!}P_0 + \frac{(\lambda/\mu)^4}{3! \times S}P_0 + \frac{(\lambda/\mu)^5}{3! \times S^2}P_0 + \frac{(\lambda/\mu)^6}{3! \times S^3}P_0 + \cdots + \frac{(\lambda/\mu)^k}{3! \times S^{k-3}}P_0 + \cdots$$

$$= \frac{(\lambda/\mu)^3}{3! \times S}P_0 \left[1 + \frac{(\lambda/\mu)^1}{S^1} + \frac{(\lambda/\mu)^2}{S^2} + \frac{(\lambda/\mu)^3}{S^3} + \cdots\right] = \frac{(\lambda/\mu)^3}{3!}P_0 \times \left[1 - \frac{\lambda}{\mu S}\right]^{-1}$$

$$= \frac{2.25^2}{3! \times (1-0.75)} \times 0.0748 = 0.57$$

上述问题为单队多服务台的排队系统，下面将单队多服务台和多个单队单服务系统进行比较。图3-15是单队多服务台系统和多个单队单服务系统的示意图。

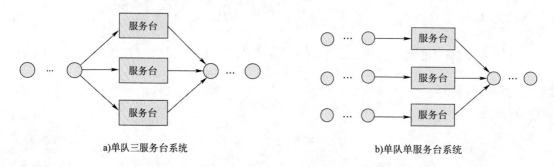

a)单队三服务台系统　　　　　　　　b)单队单服务台系统

图3-15　单队服务台系统和多个单队单服务系统的比较

若将上述银行窗口问题的单队三服务台系统转化为三个单队单服务台系统,则到达率为0.3人/min,平均服务率为0.4人/min。可计算得到各项指标,比较结果见表3-22。

单队服务台系统和多个单队单服务系统的各项指标比较　　　表3-22

排队服务系统 指标	单队多服务台系统	单队单服务台系统
服务台空闲的概率 P_0	0.0748	0.25（每个服务台）
顾客必须等待的概率	0.57	0.75
平均队长 L_q	1.70	2.25（每个服务台）
系统中顾客的平均数 L	3.95	9.00（整个系统）
平均逗留时间 W（分钟）	4.39	10
平均等待时间 W_q（分钟）	1.89	7.5

从表3-22可以看出,单队多服务台系统比多个单队服务台系统有明显的优越性。

2) 顾客来源无限,队长受限制的排队模型

实际生活中的很多问题,例如医院规定每天挂100个号,第101个到达者就会不得不离去;理发店内等待的座位都满员时,后来的顾客就会设法另找理发店;生产中每道工序存放的制品都有限,当超过限度时,就要把多余的搬进仓库,等等。这类问题就属于顾客来源无限,队长受限制的排队模型。

假定在一个服务系统中可以容纳 M 个顾客(包含被服务与等待服务的总数),假设这时顾客的到达率为常数。由于在系统中已有 M 个顾客时,新到的顾客将自动离去,因此有:

$$\lambda_n = \begin{cases} \lambda & (n=1,2,\cdots,M) \\ 0 & (n>M) \end{cases} \tag{3-45}$$

单个服务站 $(S=1)$ 的情形。

由于:

$$C_n = \begin{cases} (\lambda/\mu)^n = \rho^n & (n=1,2,\cdots,M) \\ 0 & (n>M) \end{cases} \tag{3-46}$$

所以:

$$P_0 \frac{1}{\sum_{n=0}^{M}\left(\frac{\lambda}{\mu}\right)^n} = \frac{1}{\frac{1-(\lambda/\mu)^{M+1}}{1-\lambda/\mu}} = \frac{1-\lambda/\mu}{1-(\lambda/\mu)^{M+1}} = \frac{1-\rho}{1-\rho^{M+1}} \tag{3-47}$$

$$P_n = C_n P_0 = \frac{1-\rho}{1-\rho^{M+1}}\rho^n \quad (n=1,2,\cdots,M) \tag{3-48}$$

当 $\rho \neq 1$ 时：

$$L = \frac{\rho}{1-\rho} - \frac{(M+1)\rho^{M+1}}{1-\rho^{M+1}} \tag{3-49}$$

当 $\rho = 1$ 时有：

$$P_n = \frac{1-\rho}{1-\rho^{M+1}}\rho^n = \frac{1}{M+1}$$

因此有：

$$L = \sum_{n=0}^{M} n P_n = \frac{1}{M+1}\sum_{n=0}^{M} n = \frac{M}{2}$$

对于 $\frac{(M+1)\rho^{M+1}}{1-\rho^{M+1}}$，由于 $\rho<1, M\geqslant 0$，因此由于此项的值恒大于零，在队长受限制的条件下，系统中的平均顾客数一定小于队长不受限制时系统中的平均顾客数。根据收敛级数的性质，当 $M\to\infty$ 时，$L = \frac{\rho}{1-\rho}+o(M)$，与队长不受限制时系统内平均顾客数的结论完全一致。所以队长不受限制的服务系统可看作队长受限制的服务系统的一种特例。

为了计算系统其他各项指标引进关于有效输入率 λ_{eff} 的概念。

因为在队长受限制的情形下，当到达顾客数 $n \geqslant M$ 时，新到的顾客会自动的离去，因此虽然以平均为 λ 的速率来到服务系统，当系统已满 ($n=M$) 时，输入率为 0。真正进入服务系统的顾客输入率为 λ_{eff}。因此前面公式中的 λ 在有限排队的情形下，应换成有效输入率 λ_{eff}，即 $W = L/\lambda_{eff}, W_q = L_q/\lambda_{eff}, L_q = l - \lambda_{eff}/\mu$，这里 $\lambda_{eff} = \lambda(1-P_M)$

由于系统中平均排队的顾客数总是等于系统中的平均顾客数减去平均正在接受服务的顾客数，即 $L_q = L - (1-P_0)$，所以又有：

$$\lambda_{eff} = \mu(1-P_0)$$

设某汽车销售中心针对某车型有一位试驾服务工作人员，每次只能接待一人，另外有 4 个座位供前来试驾的人等候。某人到来发现没有座位就会离去。前来试驾者到达服从泊松流，到达的平均速率为 4 人/小时，平均试驾时间为 10 分钟/人。试驾时间服从负指数分布。下面利用排队论模型计算：①试驾者到达不用等待就可试驾的概率；②销售中心的平均人数以及试驾咨询的平均人数；③试驾者来销售中心一次平均花费的时间以及等待时间；④试驾者到达后因客满而离去的概率。

这是一个 [M/M/1]:[M/∞/FCFS] 系统，其中 $M = 4+1 = 5, \lambda = 4$ 人/h, $\mu = 6$ 人/h, $\rho = 2/3$。

(1) 试驾者到达不用等待就可试驾的概率：

$$P_0 = \frac{1-\rho}{1-\rho^{M+1}} = \frac{1-2/3}{1-(2/3)^6} = 0.365$$

(2)试驾中心的平均人数以及等待试驾的平均人数:
$$L = \frac{\rho}{1-\rho} - \frac{(M+1)\rho^{M+1}}{1-\rho^{M+1}} = \frac{2/3}{1-2/3} - \frac{(5+1)(2/3)^6}{1-(2/3)^6} = 1.423$$
$$\lambda_{eff} = \lambda(1-P_M) = \lambda(1-\rho^M P_0) = 4 \times [1-(2/3)^6 \times 0.365] = 3.808$$
因此,等待试驾的平均人数为:
$$L_q = L - \frac{\lambda_{eff}}{\mu} = 1.423 - 3.808/6 = 0.788$$

(3)试驾者来销售中心试驾一次平均花费的时间以及等待的时间。
平均花费的时间为:
$$W = L/\lambda_{eff} = (1.423/3.808) \times 60 = 22.4(分钟)$$
平均等待的时间为:
$$W_q = L_q/\lambda_{eff} = (0.788/3.808) \times 60 = 12.4(分钟)$$

(4)试驾者到达后因客满而离去的概率。
此时即求试驾及排队共有 5 个人的概率 P_5:
$$P_5 = \rho^5 P_0 = (2/3)^5 \times 0.365 = 0.048$$

第四章 交通系统预测

第一节 概　　述

一、预测的概念

预测是在掌握客观事实的基础上进行分析,运用适当的理论和方法,对预测对象的未来走势进行推测,并对推测的结果进行科学评价和应用的过程。预测的基础是充分的客观数据资料,并且需要掌握预测的相关理论和一般技术与方法。预测的结果应该具有一定的应用潜力。

预测的基本功能是给决策系统为制订决策提供必需的未来信息。也就是说,预测是为决策服务的,是为了提高科学决策及管理的水平,减少决策及管理中的盲目性,降低决策和管理中可能遇到的各种风险,使决策和管理目标能够得以圆满顺利地实现。

交通运输系统是国民经济大系统中的一个子系统,交通需求同时受来自本身系统内部和系统外部多种因素的影响。对交通系统进行预测,一方面可以为交通规划、交通基础建设决策及运输生产组织管理提供必要依据,另一方面可以满足交通系统评价的需要。

二、预测的基本原理

1. 惯性原理

事物的发展变化与其历史(尤其是近期过去)的行为总有着千丝万缕的联系,即过去的行为影响现在,也势必影响未来,这种在时间上起影响作用的现象称之为"惯性现象"。惯性原理就是通过研究对象的现在对过去的依赖,根据其所表现出来的惯性,预测其未来演化的状态。惯性原理是趋势外推法的主要理论依据之一。

2. 类推原理

根据已知的某事物的发展变化特征,推断具有近似特征的预测对象在未来的状态,就是所谓的类推原理。类推是从已知领域过渡到未知领域的探索,是一种重要的创造性方法。如果类比物之间的相似特征越多,那么类推预测的则越准确。

3. 相关原理

相关原理主要是研究预测对象与其相关事物间的相关关系(尤其是其中可能存在的

因果关系),利用相关事物的演变特性来推断预测对象的未来走势。

4. 概率推断原理

概率推断原理就是指当某个预测结果相对于其他可能的结果以较大概率出现时,则认为该预测结果可以成立。

三、预测的分类

由于预测的对象、目标、内容和期限存在着不同,以及预测原理的不同,因而形成了多种多样的预测方法。目前,据不完全统计,世界上现有近千种预测方法,但是其中较为成熟的只有150多种,在实践中常用的有30多种,然而用得最为普遍的只有10多种。

预测方法按技术分类,可分为定性预测和定量预测两类;按时间分类,可把预测研究划分为短期预测(对于交通流的预测,一般在15分钟之内)、中期预测和长期预测三类;按规模分类,可把预测研究分为宏观和微观预测等;按性质分类,可分为社会预测、经济预测、科学预测、技术预测等。

1. 定性预测

(1)定性预测的概念。预测者依靠熟悉的业务知识、具有丰富经验和综合分析能力的领域专家,在掌握的历史资料和直观材料的基础上,运用个人的实践经验和综合分析判断能力,对事物的未来发展做出性质和程度上的判断,然后,再通过一定形式综合各方面的意见,作为预测未来的主要依据。

(2)定性预测的特点。定性预测关注的重点主要是在于事物在性质方面的发展趋势。这类预测具有较大的灵活性,易于充分发挥人的主观能动作用,且简单、迅速、省时省费用。但这类方法也存在着诸如易受主观因素的影响,受到知识(尤其是专业知识)、经验和主观判断能力的限制和束缚,而且缺乏对事物发展作数量上的精确描述等方面的缺点。

2. 定量预测

(1)定量预测的概念。预测者在掌握较为完备的统计数据基础上,运用一定的数学方法进行科学的加工整理,并通过历史数据或相关因素变量来建立预测模型,借以揭示有关变量之间的规律性联系,用于预测和推测未来发展变化情况。

定量预测基本上可分为两类:一类是时序预测法,它是将通过对一个指标本身的历史数据变化趋势进行分析,从而寻找出其可能的演变规律,以此作为对未来走势的预测依据。时序预测法主要包括平均平滑法、趋势外推法、季节变动预测法和马尔可夫时序预测法等;另一类则是因果分析法,它主要是通过建立因素之间的因果或相关关系模型,从而进行预测的方法,主要包括一元回归法、多元回归法和投入产出法等。在因果分析法中,回归预测方法是其中很重要的一种。

(2)定量预测的特点。定量预测关注的主要是事物在数量方面的发展趋势,强调对事物发展变化的程度作数量上的描述,因此这类预测方法更多地依赖于历史统计资料,较少受主观因素的影响。定量预测的主要不足在于,这类方法比较机械,不易处理和捕捉缓慢变化的走势,更难以预测事物性质的变化。

定性预测和定量预测之间并不是相互排斥的,而是可以相互补充的。因此在实际预测过程中,经常把两者正确的结合起来使用。

四、预测的步骤

在预测过程中,一般按照以下步骤进行。

1. 预测目标的确定

预测工作的第一步就是明确目标,由于预测目的的不同,预测的内容、所需要的资料及所运用的方法都会有所不同。

2. 预测因素的确定

首先将收集及整理得到的有关资料进行相关因素的分析,并从大量的影响因素中筛选出与预测目标密切相关的主要影响因素。

3. 预测方法的确定

预测方法的选用及设计是否恰当,将直接影响到预测结果的精确性和可靠性。基于预测的目标,并根据各种预测方法的适用条件和性能,选择出合适的预测方法,同时也可根据具体情况对现有预测方法进行融合和改进。

4. 数据采集及处理

根据所选定的预测方法及既定目标,去搜集所需数据并加以适当处理。由于数据的质量直接影响到最后的预测结果,因此,需要在允许的条件下尽可能地提高数据质量。

5. 预测模型的建立及验证

根据收集数据的特性及所选的预测方法,建立相应的预测模型。预测模型是预测工作的关键和核心,因此需要对建立的预测模型从逻辑上、数学理论上进行检验。通过检验的预测模型才可用于预测,否则需进一步改进预测模型,甚至重新选择预测方法。

6. 预测

输入数据,通过建立的预测模型进行预测。

7. 预测结果的评价

对预测结果进行评价不仅有利于正确对待预测结果,同时也对改进预测模型及预测方法起到积极的作用。在评价预测结果时,需要选择合适的评价指标和评价方法,也可用多种预测方法进行比较评价。对预测结果的评价还包括对预测结果的分析,以便进一步改进预测模型及方法。

第二节 卡尔曼(Kalman)滤波预测法

卡尔曼(Kalman)滤波预测方法是在卡尔曼滤波理论的基础上发展而来的,因此本节将首先简要介绍卡尔曼滤波理论的形成和发展,再通过案例来阐述该方法在交通预测上的应用。

一、卡尔曼(Kalman)滤波理论概述

1960年,Kalman提出了一种新的滤波方法,该方法与20世纪40年代Wiener提出的借助于频域法的Wiener滤波理论有所不同,其主要区别在于它是一种采用状态空间方法来描述系统在时域上进行递推的滤波方法,而且所需存储的数据量小。此外,该方法不仅可以处理随机过程,在处理多维和非平稳随机过程中也表现出非凡的性能。Kalman滤波理论的提出,克服了Wiener滤波理论的局限性,因此在广泛的工程领域中得到了应用。

虽然卡尔曼滤波最初是为解决信号滤波的问题,但它还可用于模型参数的估计,所以它成为信号预测的一种新方法。Okutani于1984年报道了Kalman滤波在交通信息预测上的应用。在我国,杨兆升和朱中在1999年提出了一种基于Kalman滤波理论的交通流量预测模型。

二、Kalman滤波理论基础

考虑到交通预测中的实际情况,同时为了方便起见,这里将针对无控制作用的随机线性离散系统来简要叙述Kalman滤波的基本理论。

1. 随机线性离散系统

随机线性离散系统可以用带有随机初始状态、系统过程噪声以及观测噪声的差分方程和离散观测方程来刻画,即可以表示为:

$$X_k = \Phi_{k,k-1} \cdot X_{k-1} + W_{k-1} \tag{4-1}$$

$$Z_k = H_k \cdot X_k + V_k \tag{4-2}$$

式中:$\Phi_{k,k-1}$——$n \times n$维非奇异状态一步转移矩阵;

H_k——$m \times n$维观测矩阵;

W_k——p维系统随机过程噪声序列;

V_k——m维系统随机观测噪声序列。

在基本的Kalman滤波理论中,一般有如下假设:

(1)假设系统的初始状态X_0是服从已知或正态分布的随即向量,即该随机向量的均值向量和方差矩阵为:$E[W_k] = \mu x_0$ 和 $E[x_0, x_0^T] = R_0$。

(2)系统的过程噪声序列W_k和观测噪声序列V_k为白噪声随机过程向量序列,即$E[W_k] = 0$ 或 $E[W_k] = \mu w$ 且 $E[W_k, W_j^T] = Q_k \delta_{kj}$,以及$E[V_k] = 0$ 或 $E[V_k] = \mu w$ 且 $E[V_k, V_j^T] = P_k \delta_{kj}$。其中,$Q_k$是系统过程噪声向量序列$W_k$的方差阵,$P_k$是系统观测噪声向量序列$V_k$的方差阵,$\delta_{kj}$为Kronecher函数,即:当$k = j$时,为1,否则为0。

(3)通常还假设系统过程噪声序列与系统观测噪声序列不相关,也就是说$E[W_k, V_j^T]$

$=0$ 或者 $E[W_k, V_j^T] = S_k\delta_{kj}$，$S_k$ 其中是过程噪声序列 W_k 和观测噪声序列 V_k 的协方差矩阵。

（4）假设系统过程噪声向量序列 W_k 和观测噪声向量序列 V_k 都与初始状态 x_0 不相关，可表示为：$E[x_0 W_k^T] = 0$ 和 $E[x_0 V_k^T] = S_k$

2. 线性最优估计

假设系统 X 的估计 $\hat{X}$ 是观测量 Z 的线性函数，即：

$$\hat{X}(Z) = A + BZ \tag{4-3}$$

式中：A——与 X 同维的参数向量；

B——行数等于 X 的维数而且列数等于观测向量 Z 维数的参数矩阵。

把估计误差记为：$E_X = X - \hat{X}(Z)$，如果以最小方差作为最优估计准则的话，就是选择向量 A 和矩阵 B，使得：

$$J(E_X) = E[(X - A - BZ)^T(X - A - BZ)] \tag{4-4}$$

达到最小。此时，所得到 X 的估计就称为线性最优估计，记为 $\tilde{X}$，并将此时得到的选择向量 A 和矩阵 B 记为 $\tilde{A}$ 和 $\tilde{B}$。

通过求极值的方法可得：

$$\tilde{A} = E[X] - \text{cov}[X, Z](\text{var}[Z])^{-1}E[Z] \tag{4-5}$$

$$\tilde{B} = \text{cov}[X, Z](\text{var}[Z])^{-1} \tag{4-6}$$

则线性最优估计可表示为：

$$\tilde{X} = E[X] + \text{cov}[X, Z](\text{var}[Z])^{-1}(Z - E[Z]) \tag{4-7}$$

这种线性最优方差估计具有以下性质：

（1）具有无偏估计的性质，即：

$$E[\tilde{X}(Z)] = E[X] \tag{4-8}$$

（2）估计误差的方差矩阵为：

$$\text{var}[E_X(Z)] = \text{var}[X] - \text{cov}[X, Z](\text{var}[Z])^{-1}\text{cov}(Z, X) \tag{4-9}$$

（3）估计误差的方差矩阵小于等于其他任何一种线性估计的误差方差矩阵。

（4）随机向量 $[X - \tilde{X}(Z)]$ 与 Z 正交。

3. Kalman 滤波预测基本方程

利用 Kalman 滤波理论进行预测，可将核心的五个方程分为时间更新方程和测量更新方程。其中，时间更新方程的作用是向前推测状态并估计误差协方差值，从而为下一个时刻状态形成先验估计；而测量更新方程的作用则是将先验估计与新的测量变量进行结果，从而形成后验估计。

（1）时间更新方程：

$$\hat{X}_k = \Phi_{k,k-1} \cdot \tilde{X}_{k-1} \tag{4-10}$$

式(4-10)表明在不考虑噪声时,K时刻的系统状态值可由 $K-1$ 时刻的最优估计值来确定。

$$R_{k,k-1} = \Phi_{k,k-1} R_{k-1} \Phi_{k,k-1}^T + Q_{k-1} \tag{4-11}$$

由 $K-1$ 时刻的误差协方差 R_{k-1} 及过程噪声 Q_{k-1},预测 K 时刻的误差值 $R_{k,k-1}$。

(2)测量更新方程:

$$G_k = R_{k,k-1} H_k^T (H_k R_{k,k-1} H_k^T + P_k)^{-1} \tag{4-12}$$

通过式(4-12)可计算得到 Kalman 滤波增益:

$$\widetilde{X}_k = \hat{X}_k + G_k [Z_k - H_k \hat{X}_k] \tag{4-13}$$

依据式(4-13)进行校正更新可得到 K 时刻的最优估计值,同时为下一次迭代更新 R_k 的值,即

$$R_k = (I - G_k H_k) R_{k,k-1} \tag{4-14}$$

三、Kalman 滤波预测方法应用案例

为了说明 Kalman 滤波预测方法在交通上的应用,选用了国家统计局发布的 2013 年 4 月至 2014 年 12 月民航客运量(万人)的月度数据。选取当前及前两个月份的民航客运量作为输入,预测下一个月份的民航客运量,因此可建立如下预测模型:

$$\hat{Q}(\tau+1) = H_0 Q(\tau) + H_1 Q(\tau-1) + H_2 Q(\tau-2) + \omega(\tau) \tag{4-15}$$

式中: $\hat{Q}(\tau+1)$ —— $\tau+1$ 月份的民航客运量;

$Q(\tau), Q(\tau-1), Q(\tau-2)$ ——当前及前两个月份的民航客运量;

H_0, H_1, H_2 ——参数;

$\omega(\tau)$ ——期望为零的且协方差矩阵为 $R(\tau)$ 的观测噪声。

为了方便应用 Kalman 滤波理论,将式(4-15)转换为:

$$X(\tau) = [H_0, H_1, H_2]^T \tag{4-16}$$

$$A(\tau) = [Q(\tau), Q(\tau-1), Q(\tau-2)] \tag{4-17}$$

$$Z(\tau) = \hat{Q}(\tau+1) \tag{4-18}$$

可得:

$$X(\tau) = B(\tau) X(\tau-1) \tag{4-19}$$

$$Z(\tau) = A(\tau) X(\tau) + w(\tau) \tag{4-20}$$

式中:$X(\tau)$、$Z(\tau)$——过程向量和观测值;

$A(\tau)$——观测向量;

$B(\tau)$——状态转移矩阵,且 $B(\tau) = I$。

应用 Kalman 滤波的五个基本方程,即式(4-10)至式(4-14),以便进行预测,预测结果如图 4-1 所示。选取平均绝对百分比误差(Mean Absolute Percentage Error, MAPE)及绝对

百分比误差方差(Variance of Absolute Percentage Error, VAPE)作为预测检验指标。

$$\text{MAPE} = \frac{1}{N}\sum_{i=1}^{N}\frac{|\hat{y}-y|}{y}\times 100\% \tag{4-21}$$

$$\text{VAPE} = \text{var}(\sum_{i=1}^{N}\frac{|\hat{y}-y|}{y})\times 100\% \tag{4-22}$$

通过对2013年7月至2014年12月的18个月份民航客运量预测结果进行计算,可得到MAPE值为5.7225%且VAPE值为0.2108%,由此可见Kalman滤波预测结果比较满意。

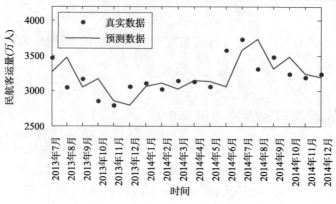

图4-1 基于Kalman滤波的民航客运量预测

四、Kalman 滤波预测方法特点

1. 优点

Kalman滤波不仅在交通信息预测方面有着较为广泛的应用,在其他领域中,如天气预报等,也存在着广泛的应用,主要是因为Kalman滤波具有以下优点:

(1)由于是在状态空间上进行递推运算,所以该方法既能够处理平稳数据,也能有效地处理非平稳数据;

(2)该方法具有线性、无偏估计及最小方差特性;

(3)所需存储的数据量小,且计算量也小,因此实时性较强,且易于在计算机上实现;

(4)具有较高的灵活性,通过改变对状态变量的假设,即可应用处理不同类型的问题;

(5)预测精度较高。

2. 缺点

另一方面,基于Kalman滤波的预测方法也存在着一些不足:

(1)虽然目前对简单的Kalman滤波预测方法提出了许多改进措施,但大多数还是以线性估计模型为主,难以捕捉交通系统演化的随机性和非线性;

(2)预测值存在着较强的滞后性,主要是由于预测时刻的估计值是结合了当前测量值的所得到的,因此预测时刻的估计值在很大程度上与当前测量值相近。

第三节　灰色预测法

在实际生活中,我们经常会发现存在着"部分信息已知,而部分信息未知"的情况,而灰色理论为研究这种信息不完全情况提供了一种理论。由于在很多情况下,交通系统中存在着一些确定因素(如信号标志、道路条件等),同时也存在着一些不确定因素(如天气情况、驾驶行为等),因此交通系统具有明显的灰色系统的特性。

一、灰色系统理论概述

在控制论中,常把内部特性已知的系统称作白色系统或者是白箱系统,而把内部特性完全未知的系统称作黑色系统或黑箱系统,此外,将信息不完全(也就是说部分信息已知,而又含有部分信息未知)的系统称作灰色系统或者是灰箱系统。然而,白与黑并非完全绝对的对立,他们之间是相对的。因此,我们可以说任何一个系统都是灰色系统,而且在实际中,灰色系统是普遍存在的。

我国著名学者邓聚龙教授首先提出了兼备软硬科学特性的灰色系统理论。经过30年的发展,灰色系统理论已基本建立起一门新兴学科的结构体系。灰色系统理论体系主要有以灰色代数、灰色方程、灰色矩阵等为主的理论基础,以灰色关联空间为依托的分析方法,以灰色序列生成为基础的数据处理方法,以灰色模型(Gray Model,GM)为核心的模型框架,以系统分析、评估、建模、预测、决策、控制、优化等为主体的技术体系。

灰色系统理论不同于研究随机不确定性的概率理论和研究认知不确定性的模糊数学,它重点解决概率论和模糊数学难以解决的具有"小样本""贫信息"的不确定性问题。此外,在灰色系统理论中,一个重要的思想基础就是认为任何系统都是一个能量系统,因而具有能量聚集或衰减的演化过程,且这种能量的演化过程在通常情况下大体遵循着指数的规律变化。

灰色预测就是应用灰色模型对被研究的灰色系统进行分析、建模、求解及预测的过程。因此,建立能够准确描述系统灰色特性的灰色模型是灰色预测的基础和关键。然而,建立灰色模型的精髓就在于利用灰色系统理论使得系统的灰色特性白化了,即通过对数据生成来弱化系统的不确定性,进而建立能够描述生成序列与原始序列关系的模型。

二、灰色系统理论基础

1. 数据序列的生成运算

在灰色系统理论中,将一切随机量都看作是灰色数,即在指定范围内变化的所有白色数的全体。灰色系统理论对数据序列进行处理,其目的不在于寻找刻画数据特征的概率分布及统计规律,而是在处理数据的基础上,使得数据的不确定性得以弱化,从而有利于挖掘和发现本质的规律。数据序列的生成运算就是为了强化离散过程的确定性,同时弱化其不确定性。

下面将简单介绍几种常见的生成运算。

(1)正向累加运算。

设原始数据序列$X^{(0)}$为:

$$X^{(0)} = (x^{(0)}(1), x^{(0)}(2), \cdots, x^{(0)}(n)) \qquad (4\text{-}23)$$

其中$x^{(0)}(i)(i=1,2,\cdots,n)$表示$i$时刻的数据,$n \geq 1$且$x^{(0)}(i) \geq 0$,$n$称作维数,则$X^{(0)}$称为灰色序列。定义新序列$X^{(1)}$为:

$$X^{(1)} = (x^{(1)}(1), x^{(1)}(2), \cdots, x^{(1)}(n)) \qquad (4\text{-}24)$$

其中

$$x^{(1)}(k) = \sum_{i=1}^{k} x^{(0)}(i) \quad k = 1, 2, \cdots, n \qquad (4\text{-}25)$$

则新序列$X^{(1)}$称为$X^{(0)}$的一次正向累加生成序列,记作1-AGO(Accumulated Generating Operation)。

若想得到2次正向累加生成序列,则在一次累加的基础上再做一次累加便可得到。如果再依次继续下去共进行r次,便可得到原始数据序列的r次累加生成序列$X^{(r)}$,记作r-AGO。那么,$X^{(r)}$与$X^{(r-1)}$的关系就是:

$$X^{(r)}(k) = \sum_{i=1}^{k} x^{(r-1)}(i) \qquad (4\text{-}26)$$

因此,可以看出生成运算次数是模型精度的重要决定因素之一。

如果原始数据序列是非负的($x^{(0)}(i) \geq 0$),那么经过一次正向累加生成得到的序列是单调非减函数。也就是说,正向累加生成可使非负的振荡、非振荡及其他任何无规律性的数据序列转化为具有非减递增特性的序列。

(2)反向累加运算。反向累加运算正好与正向累加运算相反,设原始数据序列$X^{(0)}$为n维非负递减序列,即:

$$x^{(0)}(i) \geq x^{(0)}(i+1) \quad i = 1, 2, \cdots, n-1 \qquad (4\text{-}27)$$

定义新数据序列为:

$$X^{(1)} = (x^{(1)}(1), x^{(1)}(2), \cdots, x^{(1)}(n)) \qquad (4\text{-}28)$$

其中:

$$x^{(1)}(k) = \sum_{i=k}^{n} x^{(0)}(i) \quad k = 1, 2, \cdots, n \qquad (4\text{-}29)$$

此时称$X^{(1)}$为$X^{(0)}$的反向累加生成序列。因此,可以看出该序列是一个单调下降数据序列。实际上,反向累加生成运算的效果就是将非负的单调原始序列转变为具有较明显单调下降特性的序列。

(3)累减运算。累减运算就是将前后相邻的两个数据相减的运算,记作IAGO(Inverse Accumulated Generating Operation),它与累加生成运算是一对互逆的数据序列算子,也就是说经过累减运算可将累加生成的数据序列还原为原始数据序列。

如果,$X^{(r)}$为$r-$AGO数据序列,则称

$$X^{(r-1)}(k) = X^{(r)}(k) - X^{(r)}(k-1) \quad k=1,2,\cdots,n \tag{4-30}$$

为r次累减生成数据序列。

据此可知,一次累加数据序列$x^{(1)}$与$x^{(0)}$有如下关系:

$$x^{(0)}(k) = x^{(1)}(k) - x^{(1)}(k-1) \quad k=1,2,\cdots,n \tag{4-31}$$

(4)序列均值生成运算。序列均值生成运算就是用相邻数据的均值来构造新的数据序列。

设原始数据序列$X = (x(1),x(2),\cdots,x(k-1),x(k),\cdots,x(n))$,且$x(k-1)$和$x(k)$为原始数据序列中时刻紧邻的一对数据,可将$k$时刻的数据$x(k)$称为新信息,且$k-1$时刻的数据$x(k-1)$称为旧信息,则称

$$x^*(k) = tx(k) + (1-t)x(k-1) \quad 0 \leqslant t \leqslant 1 \tag{4-32}$$

为由新旧信息在生成系数t下的生成数。在建立灰色模型中,一般取$t=0.5$,即对于n维的序列$X = (x(1),x(2),\cdots,x(n))$,其均值生成序列$Z$为$n-1$维序列:

$$Z = (z(2),z(3),\cdots,z(n)) \tag{4-33}$$

其中:

$$z(k) = 0.5x(k) + 0.5x(k-1) \quad k=2,3,\cdots,n \tag{4-34}$$

2. 灰色预测模型

灰色模型及其建模方法是灰色系统理论中的核心部分之一,在众多的灰色模型中GM(1,1)是在预测中使用最为广泛的灰色模型。GM(1,1)模型是一阶单变量的常系数微分方程,各符号的含义如图4-2所示。

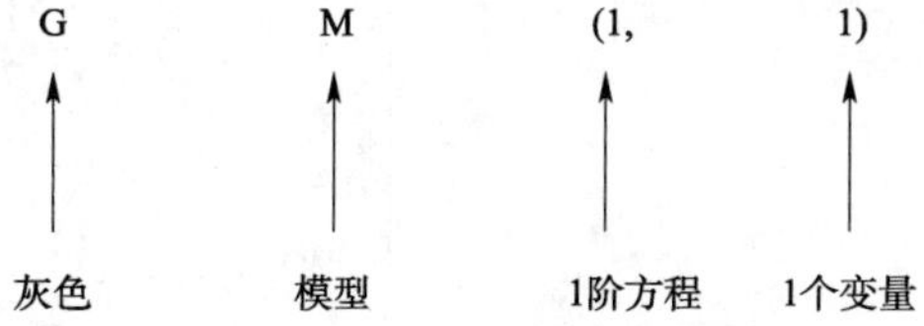

(1)GM(1,1)模型的建立。

对于原始数据序列$X^{(0)}$来说,GM(1,1)相应的微分方程为:

图4-2 GM(1,1)模型各符号意义

$$\frac{dx^{(1)}(t)}{dt} + ax^{(1)}(t) = b \tag{4-35}$$

其中,a和b为待估参数,且分别称作灰色系统的发展系数和灰作用量。从定义可以看出GM(1,1)模型代表变量的灰导数与其变量本身的线性组合。

根据导数定义有:

$$\frac{dx^{(1)}(t)}{dt} = \lim_{\Delta t \to 0} \frac{x^{(1)}(t+\Delta t) - x^{(1)}(t)}{\Delta t} \tag{4-36}$$

随着统计时间间隔的密化,当Δt取1时,有:

$$\frac{dx^{(1)}(t)}{dt} = x^{(1)}(t+1) - x^{(1)}(t) \tag{4-37}$$

也就是，$\dfrac{dx^{(1)}(t)}{dt}$ 是的一次累减生成函数。

根据：

$$\left.\dfrac{dx^{(1)}(t)}{dt}\right|_{t=k} = x^{(1)}(k+1) - x^{(1)}(k) \tag{4-38}$$

然而，每一个 $\dfrac{dx^{(1)}(t)}{dt}$ 都是在某一时刻背景值 $x^{(1)}(t)$ 下取得的。而且，在统计时间间隔 Δt 足够小的前提下，可认为 $x^{(1)}(t)$ 与 $x^{(1)}(t+\Delta t)$ 没有发生突变。那么当 $\Delta t = 1$ 时，该性质仍可认为不变。此时，一种对背景值比较简单直观的近似就是取 $x^{(1)}(k)$ 与 $x^{(1)}(k+1)$ 的平均值。

因此，微分方程(4-38)可以离散化为：

$$x^{(1)}(k+1) - x^{(1)}(k) + \dfrac{a}{2}[x^{(1)}(k+1) + x^{(1)}(k)] = b \tag{4-39}$$

由 $x^{(0)}(k+1) = x^{(1)}(k+1) - x^{(1)}(k)$，并 $\dfrac{1}{2}[x^{(1)}(k+1) + x^{(1)}(k)]$ 将记作 $z(k+1)$，可得：

$$x^{(0)}(k+1) + az(k+1) = b \tag{4-40}$$

当 $k = 1, 2, \cdots, n-1$ 时，有：

$$\begin{cases} x^{(0)}(2) = -\dfrac{1}{2}[x^{(1)}(2) + x^{(1)}(1)]a + b \\ x^{(0)}(3) = -\dfrac{1}{2}[x^{(1)}(3) + x^{(1)}(2)]a + b \\ \vdots \\ x^{(0)}(n) = -\dfrac{1}{2}[x^{(1)}(n) + x^{(1)}(n-1)]a + b \end{cases} \tag{4-41}$$

引入下述符号：

$$A = \begin{bmatrix} -\dfrac{1}{2}[x^{(1)}(2) + x^{(1)}(1)] & 1 \\ -\dfrac{1}{2}[x^{(1)}(3) + x^{(1)}(2)] & 1 \\ \vdots & \vdots \\ -\dfrac{1}{2}[x^{(1)}(n) + x^{(1)}(n-1)] & 1 \end{bmatrix} \tag{4-42}$$

$$X = [a\ b]^T, \quad Y = [x^{(0)}(2)\ x^{(0)}(3) \cdots x^{(0)}(n)]^T \tag{4-43}$$

那么式(4-43)可表示为：

$$Y = AX \tag{4-44}$$

根据最小二乘法，有：

$$A = (X^T X)^{-1} X^T Y \tag{4-45}$$

便可确定参数 a、b 的值,并完成预测模型的建立,即为:

$$\hat{x}^{(1)}(k+1) = \left[x^{(0)}(1) - \frac{b}{a}\right] e^{-ak} + \frac{b}{a} \tag{4-46}$$

(2)模型精度的检验。

在检验 GM(1,1) 模型精度时,通常使用残差检验、关联检验和后验差检验等进行检验。

①残差检验。残差检验是一种简单有效的算术检验,主要是通过比较模型输出 $\hat{x}^{(0)}(k)$ 与实际值 $x^{(0)}(k)$ 的拟合程度来判断模型的优劣,这里的拟合程度可以通过残差、相对残差及平均残差等来体现。

模型的残差:

$$\epsilon(k) = x^{(0)}(k) - \hat{x}^{(0)}(k) \tag{4-47}$$

模型的相对残差:

$$\varepsilon(k) = \frac{\epsilon(k)}{x^{(0)}(k)} \times 100\% \tag{4-48}$$

模型的平均残差:

$$\bar{\varepsilon} = \frac{1}{n-1} \sum_{k=2}^{n} |\varepsilon(k)| \tag{4-49}$$

建模精度:

$$p^0 = (1 - \bar{\varepsilon}) \times 100\% \tag{4-50}$$

相对残差和平均残差越小越好,一般地,建模精度应 $p^0 > 80\%$。

②后验差检验。后验差检验是根据残差分布的统计特征及出现小误差的概率来检验模型的精度。

设 S_1^2 和 S_2^2 分别为原始序列和残差序列的方差,即:

$$S_1^2 = \frac{1}{n} \sum_{i=1}^{n} [x(i) - \bar{x}]^2 \tag{4-51}$$

$$S_2^2 = \frac{1}{n} \sum_{i=1}^{n} [\epsilon(i) - \bar{\epsilon}]^2 \tag{4-52}$$

其中,$\bar{x}$ 和 $\bar{\epsilon}$ 分别为原始序列和残差序列的均值。

则后验差比值为:

$$C = \frac{S_2}{S_1} \tag{4-53}$$

一般地,如果后验差比值 C 越小则说明精度越高。

而且,小误差概率的定义为:

$$P = P\{|\epsilon(k) - \bar{\epsilon}| < 0.6745 S_1\} \tag{4-54}$$

小误差概率 P 越大则越好,一般要求 P 不得小于 0.7,最好大于 0.95。按照后验差比值 C 和小误差概率 P 的大小,可将预测精度分为四类:好、合格、勉强、不合格,见表 4-1。

GM(1,1)模型精度检验等级　　　　表 4-1

预测精度等级	小误差概率 P	后验差比值 C
好	>0.95	<0.35
合格	>0.8	<0.5
勉强	>0.7	<0.45
不合格	≤0.7	≥0.65

三、灰色预测法的应用案例

灰色预测的思路就是利用离散数据序列,通过生成运算,继而建立相应的灰色模型,从而实现对系统未来走势的预测。目前,灰色预测法在交通事故、短时交通流、机动车拥有量及交通运量等方面都有应用,本节选用国家统计局发布的 2006 年至 2014 年民用汽车拥有量统计数据来说明灰色模型的建立和预测,具体过程如下。

1. 序列的生成

建模的原始数据序列为 2006 年至 2009 年民用汽车拥有量(万辆),即 $X^{(0)}$ = (3697.35 4358.36 5099.61 6280.61)。采用正向累加生成运算,可以得到序列 $X^{(1)}$;再通过均值生成运算得到 $Z^{(1)}$。

2. 选取灰色模型并确定参数

选取 GM(1,1)作为预测模型,利用最小二乘法,并将原始序列和生成序列代入后,便可得到模型参数 a 和 b。

3. 建立 GM(1,1)模型

基于确定的参数 a 和 b,建立灰方程,并建立白化微分方程。

利用累减运算还原,并将步骤 2 确定的参数 a 和 b 的值代入,最终得到的预测模型的输出。在得到次年民用汽车拥有量的预测之后,将该预测值作为新的数据再建立数据序列。为了保证数据序列长度恒等,将最早年的数据删除。利用新的数据序列按照前述步骤建立灰色模型并预测下一年的民用汽车拥有量,如此循环滚动直至完成所需的所有预测年份。

4. 精度检验

表 4-2 列出了 2010 年至 2014 年民用汽车拥有量预测结果的残差和相对残差。平均残差 $\bar{\varepsilon}$ = 3.1%;模型精度为 p^0 = 96.87%。后验差比值为 C = 0.17,模型预测精度等级为好。

民用汽车拥有量(万辆)预测的残差和相对残差　　　　　　表 4-2

年份	$x^{(0)}(k)$	$\hat{x}^{(0)}(k)$	残差 $\epsilon(k)$	相对残差 $\varepsilon(k)$
2010	7801.83	7482.95	3.19	4.09%
2011	9356.32	9034.96	3.21	3.43%
2012	10933.09	10779.25	1.54	1.41%
2013	12670.14	12887.94	-2.18	-1.72%
2014	14598.11	15325.14	-7.27	-4.98%

5. 模型预测

基于建立的预测模型中,可以得到 2015 年至 2018 年民用汽车拥有量的预测值依次为:18203.43,21549.59,25460.97 万辆。

四、灰色预测法的特点

灰色预测法具有所需样本数据少,能够对信息不完全的系统进行预测的优点。此外,灰色预测法还具有不需要计算统计特征量、算法简单、运算速度快等优点。

但是,灰色预测法是对于波动性较强的系统预测的效果不是很理想。交通流本身具有很多不确定性的影响因素,且受环境因素、突发事件等的影响比较大,具有很强的随机性。因此,对于随机性较强的交通流预测的精度不是很高。另外,交通状态在长期演变过程中,影响因素较多,有时还会受到政策等的影响,因此灰色预测法对于长期的交通演变趋势预测的效果较差。

第四节　人工神经网络预测法

人工神经网络(Artificial Neural Networks,ANN),有时简称为神经网络,是一种用于模拟人脑神经网络处理信息的数学模型。由于人工神经网络能够逼近任意非线性关系,且能够实现自组织、自学习、自适应等,因此在许多行业和领域中得到了广泛的应用。在智能交通系统中,人工神经网络被用于实现交通控制、交通信息预测、交通状态判别、交通事件识别、车辆检测及分类等。

一、人工神经网络概述

人工神经网络的研究最早开始于 19 世纪末和 20 世纪初,但现代人工神经网络的研究通常认为是自 20 世纪 40 年代开始的。早在 1943 年,美国神经生物学家 McCulloch 和数学家 Pittes 建立了第一个神经计算的数理模型,即神经元的阈值元件模型(McCulloch-Pittes 模型,MP 模型)。他们同时也指出即便是简单的神经网络从理论上讲也可以进行任意的算术或逻辑函数计算。Hebb 于 1949 年指出了经典的条件反射是由单个神经元的性质所引起的,并提出了改变神经元连接强度的 Hebb 规则,然而其看法直到 30 年后才被证明是正确的。

1957 年,Rosenblatt 首次提出了著名的感知器(Perceptor)网络和联想学习规则,使得神经网络的研究从理论转向过程实际阶段,从而掀起第一次研究神经网络的热潮。Windrow 和 Hoff 于 1960 年提出了自适应线性单元(Adaline)网络,然而因为其与当时盛行的以顺序离散符号推理为基础的人工智能方法截然不同,所以引起了学者们的广泛兴趣。1969 年,Minsky 和 Papert 出版了颇具影响力的《Perceptron》一书,在书中作者肯定了感知器的研究价值,同时也指出了感知器的局限性,并从数学上证明了感知器无法解决一些线性不可分的问题,此外还提出了一些新的研究方向,但是由于网络过于复杂且没有有效的学习算法,因此没能取得突破。

在 20 世纪 70 年代,由于受到 Minsky 和 Papert 观点的影响,研究者们认为人工神经网络已无发展前途,同时受到当时计算机的能力限制,无法开展具体实验,因此,人工神经网络的研究受挫以至于停滞了十几年。

自 20 世纪 80 年代以来,人工神经网络又进入了一个快速发展的阶段。1982 年,美国加州工学院物理学家 Hopfield 提出了著名的 Hopfield 模型,该模型通过引入"计算能量函数"的概念,给出网络稳定性的判据,从而助推了人工神经网络的研究进程。1985 年,Hinton 和 Sejnowski 将模拟退火算法引入到人工神经网络的学习中,同时还提出了 Boltzmann 机模型,为人工神经网络的优化提供了一种比较有效的方法。此外,几名学者不约而同地提出了用于感知器学习的反向传播(Back Propagation, BP)算法,而 Rumelhart 和 McClelland 于 1986 年所提出的反向传播算法最有影响力,也是当前应用最为广泛的人工神经网络学习方法之一。

然而,随着 20 世界 90 年代的到来,对于人工神经网络的研究热情又开始逐渐降温了,进入了一个相对平稳的发展阶段。在许多理论得到进一步证实和发展的基础上,人工神经网络的应用研究也越来越广泛,逐渐地渗入到各个领域,并在智能控制、信息处理、模式识别、自适应滤波、非线性优化、函数逼近等方面获得了许多成功的应用。在进入 21 世纪后,有关人工神经网络的学习算法逐渐趋于成熟,相继出现多种基于启发式的优化方法得以成功的应用到人工神经网络中的学习。随着机器学习等理论的发展,人们也越来越意识到人工神经网络的本质缺陷,并在这一影响下,许多学者纷纷转向其他方法。

自 20 世纪以来,人工神经网络就在许多领域中表现出其预测能力,如经济预测、股票预测、地震预报等方面。但是,直到 1993 年人工神经网络才引入到交通预测领域。由此可以看出,神经网络应用于交通信息预测的研究起步相对较晚。

二、人工神经网络基本理论

在人工神经网络中存在着大量的简单处理单元,这些简单处理单元被称为神经元,那么人工神经网络就是通过这些神经元的作用来模拟人脑处理信息问题的机制。

1. 人工神经元模型

图 4-3 所示是一个具有多输入单输出的神经元模型。神经元的输入 $P_1,P_2,\cdots,P_R$，在赋以不同权值 $w_{1,1},w_{1,2},\cdots,w_{1,R}$ 之后传送到累加器。这些权重就代表着不同神经元之间的连接强度，而且人工神经元的权值可为正也可为负。而累加器实现了对输入信号整合的功能。在对输入加权累加后，再与偏置 b 相加，从而形成净输入 n：

$$n = w_{1,1}p_1 + w_{1,2}p_2 + \ldots + w_{1,R}p_R + b \tag{4-55}$$

其矩阵形式为：

$$n = W_p + b \tag{4-56}$$

那么，对于此神经元的输出即为：

$$a = f(W_p + b) \tag{4-57}$$

其中 $f(\cdot)$ 为传输函数，也就是说神经元的实际输出主要取决于传输函数。传输函数可以是神经元净输入 n 的线性或非线性函数。

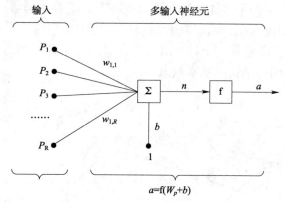

图 4-3 神经元模型

目前，常用的传输函数有三种。

（1）阈值传输函数。

$$u(t) = \begin{cases} 1 & t > T \\ 0 & t \leqslant T \end{cases} \tag{4-58}$$

当 $T=0$ 时，通常被称为阶跃函数。而式（4-62）所示则为符号函数，因其输出要么为 1，要么为 -1。

$$\mathrm{Sgn}(t) = \begin{cases} 1 & t > T \\ -1 & t \leqslant T \end{cases} \tag{4-59}$$

（2）线性传输函数。

线性传输函数是非常简单得一种，其输出就是其输入。此外，线性传输函数的一种常用变形就是分段线性函数，即：

$$f(t) = \begin{cases} 1, t \geq 1 \\ t, -1 < t < 1 \\ -1, t \leq -1 \end{cases} \tag{4-60}$$

(3) Sigmoid 传输函数。

Sigmoid 传输函数，也称为 S 传输函数，是将输入在 $(-\infty, \infty)$ 之间的取值转化为在 0 到 1 之间的范围，其数学表达式为：

$$f(t) = \frac{1}{1 + e^{-at}} \tag{4-61}$$

其中，a 为 Sigmoid 函数的斜率参数，可通过改变该参数值获得不同斜率的 Sigmoid 函数。当斜率参数 a 接近无穷大时，此函数变为阈值传输函数。但需要注意的是，该函数不同于阈值传输函数之处在于其取值可在 0 到 1 的连续区间内。

2. 人工神经网络结构

在许多实际情况中，对于比较复杂的问题常常将多个单个神经元并行在一起，构成人工神经网络的层，而由多个这样的层即可形成一个人工神经网络。许多应用都采用三层的人工神经网络，即输入层、隐含层、和输出层。输入层和输出层均为一层，而隐含层可以包含多个。图 4-4 所示是一个具有两层隐含层的人工神经网络，现以此人工神经网络为例说明人工神经网络结构的基本概念。

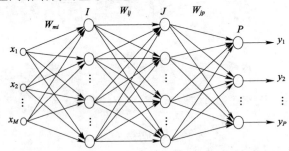

图 4-4 具有两层隐含层的人工神经网络结构示意图

该人工神经网络的输入层由 M 个输入组成，而第一个隐含层则由 I 个并行神经元构成，且各神经元与输入信号的连接权重为 W_{mi}；第二层隐含层由 J 个神经元构成，且各神经元与前一层神经元的连接权重为 W_{ij}；而输出层则由 P 个输出神经元组成，各神经元与前一层的神经元的连接权重为 W_{jp}。

需要注意的是，这里和本节中所涉及的人工神经网络主要是前馈网络（如感知器），除此之外，现有的人工神经网络还有竞争网络（如 Hamming 网络）和递归联想存储网络（如 Hopfield 网络）等。

3. 反向传播学习算法

在确定人工神经网络的结构后，就需要对神经网络中的各权值及偏置进行确定，这个确定过程通常是通过对样本数据的学习实现的。自从 Hebb 学习规则提出之后,相继出现了许多的学习算法,其中反向传播算法是一种有效的确定权值和偏置的方法,该方法的基本步骤可简单归结为:

(1)对于给定训练样本,将输入通过网络向前传播,得到人工神经网络的输出和输出误差;
(2)通过人工神经网络将误差反向传播;
(3)调整更新各神经元相应的权值和偏置。

虽然,上述过程只涉及权值和偏置的修正,但确定人工神经网络结构的过程也可看作为一个学习过程,但目前对于结构的确定还没有比较统一有效的方法,要么是依据经验,要么使用的算法过于复杂。

三、人工神经网络预测法的应用案例

以北京市某路段的交通流短时预测为例,对基于人工神经网络的预测方法进行说明。采集的原始数据经过聚合及滤波形成 2min 为间隔的时间序列。为了简便起见,取前 350 个数据点作为训练数据集,并将后 350 个数据点作为预测测试集。选取当前及前一个时刻的流量值作为输入,预测后一时刻的流量。选取 3 层人工神经网络,选取 Sigmoid 函数为隐藏层传输函数(Sigmoid 传输函数的斜率参数设为 1),选取线性函数为输出层传输函数。目前,关于隐藏层的维数确定尚无统一的理论确定方法,基于经验通常根据式(4-62)进行确定。

$$D_h = \lfloor \sqrt{D_q + D_p} + 5 \rfloor \tag{4-62}$$

其中,D_q、D_h、D_p 分别为输入层、隐藏层和输出层的维数。对于本例来说,隐藏层的维数为 6。

基于训练集数据,采用反向传播学习算法确定了人工神经网络的参数,并利用测试数据集进行了预测验证,实验结果见图 4-5 所示。从图 4-5 中可以看出,无论是训练期间还是预测期间,人工神经网络的输出均与原始数据非常接近。由于神经网络的初始权重是随机确定的,每次建立的神经网络模型参数均有些差异。因此,为了避免随机因素对评价预测性能产生干扰,分别进行了 500 次独立实验并选取平均绝对百分比误差(MAPE)及绝对百分比误差方差(VAPE)作为检验指标。实验结果见表 4-3,可以看出训练和预测的 MAPE 值均在 2.5% 以内,且相应的 VAPE 均在 0.06% 之内,表明预测精度很高。

训练及预测平均误差(%) 表4-3

项 目	MAPE	VAPE
训练	2.3313	0.0545
预测	1.4957	0.0249

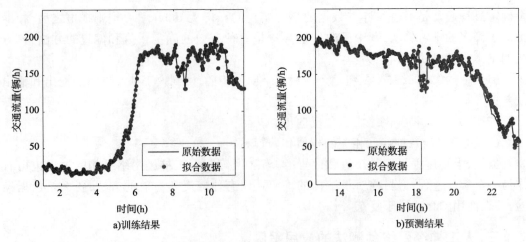

图 4-5　基于人工神经网络的交通流预测结果

四、人工神经网络预测法的特点

1. 优点

人工神经网络之所以能够在交通信息预测领域中受到人们的青睐,主要是因为它具有以下优点:

(1) 能够逼近任意的非线性函数;
(2) 人工神经网络其本身所具有的并行分布式信息处理机制,其处理速度高;
(3) 具有较强的容错性和联想记忆功能;
(4) 可以通过学习获取能够更好适应环境的网络,显现出良好的自适应和自学习能力;
(5) 便于在现代的计算机上实现。

2. 缺点

在研究和实践中,人们也发现人工神经网络存在着一些不足:

(1) 某些学习算法,尤其是反向传播算法,学习过程收敛速度较慢,且易于陷入局部极小值,而且由于采用的是经验最小化准则,因此该方法的泛化能力较差;
(2) 人工神经网络的结构(包括隐含层数及各隐含层的神经元数目)尚无有效的确定方法;
(3) 训练样本的数量及质量对网络学习的效果影响较大;
(4) 对于网路参数的初始值设置缺乏理论指导。

第五节　支持向量机预测法

支持向量机预测法是近年来在统计学理论基础上发展而来的一种较新的预测法。

由于支持向量机从理论上克服了人工神经网络预测法的经验风险最小准则的弊病,成为近年来普遍关注的一种预测方法。

一、支持向量机概述

支持向量机是建立在统计学习理论的基础上,它能有效地避免人工神经网络中局部最优的问题,因此具有良好的泛化能力,并且因其在模式识别、函数逼近等众多领域中得到了成功的应用,越来越多地受到重视。

统计学习理论是一种专门研究小样本情况下的机器学习理论,而不是像传统的统计学所研究采样数据的统计分布规律。虽然在20世纪60年代有关支持向量机的研究就开始了,但直到20世纪90年代中期,随着诸如人工神经网络等其他机器学习方法的发展,支持向量机的理论才得以完善。

当样本量无穷大时,经验风险趋于期望风险,但在有限样本下则不成立。因此,在经验风险最小化准则下,可能会出现对样本数据拟合得很好,而预测的质量却不高的情况。

二、支持向量机理论基础

支持向量机可以说是一种分类方法,起初是为了寻找能够使得结构风险最小化的线性分类,后来在融入核函数的处理机制上,使其推广到对非线性分类问题的应用。虽然,支持向量机能够处理非线性分类问题,但实质上仍是一个线性分类器,因此将首先简要介绍线性分类器。

1. 线性分类器

对于分属于两类的样本数据,若存在一个线性函数,且该函数能完全将两类样本正确分开,则称这些数据是属于线性可分的,如图4-6所示。

从图中可以看出,这两类数据(分别用圆圈和三角符号标注)可以被一条直线完全分离开来。假设该直线为:

$$g(x) = <w,x> + b \quad (4-63)$$

其中,向量 X 为样本,W 是该划分函数的法向量。如果将某个数据 x_i 代入该分类函数的话,若 $g(x_i)>0$,则该数据属于 C_1 类;若 $g(x_i)<0$,则属于 C_2。那么,图4-6中的那条直线就是 $g(x)=0$,并通常把分类函数称为分类面。若想得到该线性函数(即分类器),只要确定参数 w 和 b 即可。但需要注意的是,在许多情况下这种分类面并不是唯一的。

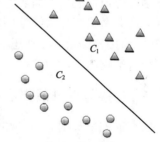

图4-6 线性可分示意图(圆圈和三角符号分别表示两类的数据)

2. 最优分类面

从图4-7中可以看出,存在两个分类函数 H(如实线所示)和 H'(如虚线所示)都能将两类数据完全正确地分开。但是,对于分类函数 H 来说,图中的 H_1 和 H_2 两条直线表示是两类数据中离分类面 H 最近的数据点,这些数据点就是所谓的支持向量(Supporting

Vector,SV)。同理,若用 H′作为分类面的话,那么 H′$_1$和 H′$_2$也是表示距离分类面 H′最近的两类数据点。从图 4-7 中可以看出,H$_1$ 与 H$_2$ 之间的间隔要比 H′$_1$和 H′$_2$的间隔大,那么间隔大则表明两类数据从这个角度来看区别更大,且这样划分的置信程度也越高。因此,最优分类面就是指能够正确分割两类数据,且分类间隔最大的分类面。

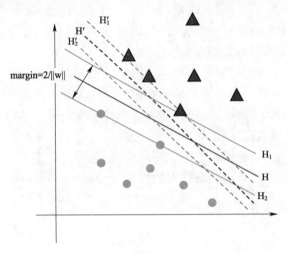

图 4-7 最优分类面示意图

3. 支持向量回归

支持向量回归(Support Vector Regression,SVR)是支持向量机在回归问题中的应用,具有坚实的理论基础。它的目标函数与用于分类的支持向量机的目标函数不同,也就是在确定最优分类面的过程中,目标不是将样本数据分割开来,而是试图使所有的样本数据都尽可能地逼近超平面。

支持向量回归分为线性回归和非线性回归两种,与支持向量机一样,在解决非线性回归时,采用核函数的变换思想,通过一个非线性映射将样本数据从原始输入空间映射到高维特征空间,继而在这个特征空间中进行线性回归。

三、支持向量机预测法应用案例

以交通安全预测为例对基于支持向量机的预测方法进行说明。该案例采用了最小二乘支持向量机对公交线路服务水平进行预测,具体方法如下。

在考虑公交线路、道路交通状态及公交需求量对公交线路服务水平产生影响的基础上,选取了公交线路里程、公交站点数、发车频率、道路车流量和乘客数 5 个变量作为预测的输入向量集合,即:$x_i = \{x_i^1, x_i^2, x_i^3, x_i^4, x_i^5\}$;选取了平均延误时间和平均满载率这 2 个评价指标作为预测模型的输出集合,即:$y_j = \{y_j^1, y_j^2\}$,那么训练样本则为$\{x_j, y_j\}^N, j = 1, 2, \ldots, N$。

建立最小二乘支持向量机的模型:

$$f(x_j) = w^T \phi(x_j) + b \tag{4-64}$$

其中,非线性映射 $\phi(\cdot)$ 是用来将原始数据变换到特征空间中,w、b 是模型中需要进行辨识的参数。

在基于最小二乘法支持向量机中的目标函数选取损失函数为估计误差的平方 e_j^2,那么最优化问题则为:

$$J = \min \frac{1}{2} w^T w + C \sum_{j=1}^{N} e_j^2$$
$$s.t.\ y_j = w^T \varphi(x_j) + b + e_j \quad j = 1, 2, \ldots, N \tag{4-65}$$

其中 C 为惩罚因子。

在此引入拉格朗日乘子 α_i,并定义如下拉格朗日函数:

$$L(w, b, e_i, \alpha_i) = \frac{\|w\|^2}{2} + \frac{C}{2} \sum_{i=1}^{l} e_i^2 - \sum_{i=1}^{l} \alpha_i [w^T \cdot \varphi(x_i) + b + e_i - y_i] \tag{4-66}$$

式(4-69)分别对 w, b, e_i, α_i 求偏微分并令它们等于 0,得到:

$$\begin{cases} \dfrac{\partial}{\partial w} L = w - \sum_{i=1}^{l} \alpha_i \varphi(x_i) = 0 \\ \dfrac{\partial}{\partial b} L = -\sum_{i=1}^{l} \alpha_i = 0 \\ \dfrac{\partial}{\partial e_i} L = C e_i - \alpha_i = 0 \\ \dfrac{\partial}{\partial \alpha_i} L = w^T \cdot \varphi(x_i) + b + e_i - y_i = 0 \end{cases} \tag{4-67}$$

式中:$i = 1, 2, \ldots, N$。

消除 w, e_i,定义核函数 $K(x, x_i) = \phi(x) \cdot \phi(x_i)$ 代替非线性映射,则需要求解的优化问题转化为求解线性方程组:

$$\begin{bmatrix} 0 & 1 & \cdots & 1 \\ 1 & K(x_1, x_1) + \dfrac{1}{C} & \cdots & K(x_1, x_1) \\ \cdots & \cdots & \cdots & \cdots \\ 1 & K(x_1, x_1) & \cdots & K(x_1, x_1) + \dfrac{1}{C} \end{bmatrix} \begin{bmatrix} b \\ a_1 \\ \cdots \\ a_l \end{bmatrix} = \begin{bmatrix} 0 \\ y_1 \\ \cdots \\ y_l \end{bmatrix} \tag{4-68}$$

根据式(4-68),便可确定 $\alpha^* = [\alpha_1^*, \alpha_2^*, \ldots, \alpha_l^*], b^*$,则预测模型为:

$$y(x) = \sum_{i=1}^{l} \alpha_i^* K(x, x_n) + b^* \tag{4-69}$$

其中,核函数为:

$$K(x, x_i) = \exp\left\{-\frac{\|x_j - x_v\|^2}{\sigma^2}\right\} \tag{4-70}$$

此外,在本例中还有惩罚因子 C(式(4-68)和核函数中的 σ(式(4-73)也需确定,由于其确定过程与支持向量机的学习相关性不大,故不在此详述。

四、支持向量机预测法的特点

相对于其他预测方法,支持向量机预测法具有以下特点:

(1) 支持向量机是在统计学习理论的基础上发展而来,理论比较完善;

(2) 不同于人工神经网络,支持向量机是以结构风险最小化为准则,从理论上确保了其具有较强的泛化能力;

(3) 通过选择不同的核函数和参数可以获得不同的特性和性能的学习模型;

(4) 由于优化问题转化为二次优化问题,理论上存在唯一解,因而可以避免陷入局部极小;

(5) 支持向量机其结构相对简单,而且模型的复杂度不依赖于输入数据的维数,尤其适用于高维问题。

但是,支持向量机中的个别参数(如惩罚因子及核函数参数)目前还没有一个统一的方法来确定。较为简单的方法就是试凑法,也可采用诸如遗传算法等的启发式搜索算法。但是,确定参数的过程无疑给模型建立带来了额外的运算负荷,延长了训练时间。

第五章 系统评价

第一节 系统评价概述

一、系统评价概念

评价是指对管理对象运用明确的度量尺度,采用一定的评判方法,将所得到的结果与事先设定的目标进行比较,提出结论的过程。系统评价是对系统分析过程和结果的鉴定,通过各项技术经济指标,判别设计或更新的系统是否达到了预定的各项目标,为决策者提供决策系统能否投入使用所需的信息。

系统评价是基于对复杂事物的认识及整体把握之上的,事物处在比自身高一级的系统中,而事物本身就是一个系统,形成对事物的全面认识必须将其看成一个整体,运用系统分析的观点做出整体性的认识和判别。系统评价是对系统方案满足系统目标的综合分析和判定,是对所研究系统的各要素在总体上进行分类及排序。从数学变换的角度看,各评价对象是由评价对象各指标所组成的高维空间的一些点,系统评价模型就是一种从高维空间到低维空间的映射,要求这种映射能尽可能反映评价对象样本在原高维空间中的分类信息和排序信息,这些信息具体反映在如何合理地设定评价指标,并确定这些评价指标的权重上。

系统评价利用模型及各种资料,根据社会、政治、经济、技术等方面的客观要求,从系统整体出发,分析对比各备选方案,权衡各方案的利弊得失,并考虑成本与效益的关系,选出最佳方案。评价对象是接收评价的事物、行为或对象系统,如待开发系统、待实施的方案等。

评价主体是评价对象系统价值大小的评价个人或评价集体。这里的价值是一个综合的概念。从哲学意义上讲,就是评价主体对某个评价对象在理论上或实践上所具有的作用和意义的认识或估计;从经济意义上讲,价值通常被理解为根据评价主体的效用观点对评价对象能满足某种需求的认识或估计。评价对象的价值不是对象本身所固有的,而是评价对象和他所处的环境条件的相互关系相对规定的属性。

在系统分析及优化过程中,不仅要提出许多备选方案,而且还要从众多的备选方案中找出所需的最优决策方案。系统评价是对新开发的或改建的系统,根据预定的系统目标,用系统分析的方法,从技术、经济、社会、生态等方面对系统设计的各种方案进行评审和选择,以确定最优或次优或满意的系统方案。系统评价是系统分析的后期工作,也是决策分析的前期工作,是一个复杂而又重要的过渡环节,在系统工程理论方法体系中处于枢纽地位,在系统科学的各种工程实践中有广泛的需求和应用。自20世纪50年代以来,欧美发达国家及苏联对系统的技术评价、政策评价、经济评价等都非常重视。我国在20世纪80年代也开始重视系统评价的研究,对一些重大工程项目进行技术经济论证,对一些大系统的开发进行综合评价。目前,系统评价的方法呈现出两个明显的特征:一是定性研究与定量研究相结合;二是评价指标的体系化,评价方法也在不断地完善。

二、系统评价特性

系统评价是人们对系统的效用做出判断的过程。系统效用是指系统的功能满足外部环境客观要求的程度,可分为客观效用和主观效用。客观效用是系统状态和外部环境的函数,是客观存在的,但通常难以准确计量。主观效用是指系统的功能满足外部某个特定的个人或人群主观愿望的程度,是特定人群对系统客观效用存在的主观反映,不同人群的主观效用是不同的。系统的客观效用是对系统外部环境的全部目的而言的,而主观效用是针对某些人特定的目的而言的,目的不同,同一人群的主观效用也会不同。例如,在城市和沙漠这两种环境中的一桶水和一桶汽油,对同一人群来讲,客观效用尽管基本相同,但主观感受的程度会有明显差异。系统评价具有如下特性。

1. 近似性

这是由于事物的效用是客观存在的,但评价得到的结果是评价者的主观效用;评价者只是社会的某一部分,主观判断与整个社会的要求之间不可避免地有差异,存在认识的局限性。用评价者主观欲望来代替客观效用必然是一种近似。

2. 模糊性

系统都是多属性、多变量、复杂的。而评价是为了实用、可行,往往只能用有限个属性来体现事物的功能,用有限个变量来作为事物的属性,这只抓住了事物本质的主要方面而不是全部;系统的某些属性也难以用一个或几个变量来简单描述;同时,在评价时除了定量的方法,往往还借助基于经验的定性评价。因此,评价结果不是精确的,具有模糊性。

3. 相对性

系统评价的结果是将各个系统属性加以综合得到的,而综合过程中是将各个属性按一定的权重进行合并统一。这些合并原则及权重是评价者决定的。此外,随着社会观念不断变迁,现在科学的权重将来会变得未必合理。所以,评价值只能是事物绝对效用在某一时期、针对特定系统目标的相对值。

由于系统评价的上述特性,在进行系统评价时应注意评价的客观性和系统性。评价的目的是为了决策,因此评价的质量直接影响着决策的正确性,评价必须能尽量客观地反映实际。评价依据的资料要尽量全面、可靠、准确,评价人员在进行权值设定及合并计算时要客观公正,评价人员的组成要兼有代表性和普遍性,并保证评价人员能够自由发表评价观点。在评价指标构建时,应注意评价自身也是一个系统,具有系统的一切特征。评价指标必须反应系统的目标,而系统的目标是多元的、多层次的和多时序的,因此评价指标也要具有相应的多元、多层次、多时序特点。评价指标不能杂乱无章,应形成有机的指标体系。

三、系统评价分类

按不同的分类方法,系统评价可以进行如下分类。

1. 按评价的对象分类

(1) 目标评价。当系统的目标确定以后,对系统目标进行评价,已确定系统目标的合理性、可行性、科学性等。

(2) 规划评价。在着手设计系统之前,对系统进行比较全面的评价,并制订出切实可行的系统开发计划。系统规划是系统工程中的一个要素,是决定系统大局的必要阶段,因此,有必要对系统规划阶段进行评价。

(3) 方案评价。对根据系统目标制订的系统方案进行评价、比较,选择最优系统方案。

(4) 设计评价。系统设计是系统工程的核心问题,系统具有什么样的性能,怎样才能达到胸膛设计的目标,在很大程度上取决于系统设计。系统设计评价主要是评价系统的特性,包括系统设计适合目标的情况以及系统功能或性能的评价。

2. 按评价的时间顺序分类

(1) 事前评价。这是在开发一个系统前进行系统规划研究时进行的综合评价。由于没有系统的实物,一般只能采用预测和仿真的方法来进行评价。如规划评价就属于事前评价。

(2) 事中评价。这是在系统计划实施中期进行的评价,着重检验系统是否按计划进行。例如检查项目完成情况,往往采用计划协调技术。

(3) 事后评价。这是在一个系统完成后,对照系统目标及决策主体的要求,评价是否达到了预期的效果。这时已经有了大量的数据,可以采用定量方法进行评价。

(4) 跟踪评价。在系统的整个运行阶段,每隔一定时间进行一次评价,跟踪方案实施进程,及时发现问题进行解决。

3. 按评价的内容分类

(1) 技术评价。围绕系统功能,对系统方案技术上的先进性、可靠性、维护性、通用性、安全性等方面做出评价。

(2) 经济评价。围绕系统的经济效益,评价的内容主要是以成本为中心的经济可行性分析。

(3) 社会评价。从社会分配、社会福利、劳动就业、社会稳定等方面,评价方案实施带来的社会效益及产生的社会影响。

(4)可持续性评价。对方案与人口增长、环境保护及资源利用等方面的协调性及长期发展做出评价,使实施方案与社会经济的可持续性发展相协调。

(5)综合评价。在上述四方面评价的基础上,对系统方案价值的大小所做的综合评价。

四、评价指标体系原则及评价步骤

系统综合评价指标体系的建立要具有系统性、可测性、层次性、可比性,以定性指标与定量指标相结合、绝对指标与相对指标相结合等为原则。

1. 原则

(1)系统性。指标体系应能全面反映被评价对象的综合情况,从中抓住主要因素,使评价指标既能反映系统的直接结果,又能反映系统的间接效果,以保证综合评价的全面性和可信度。

(2)可测性。评价指标的含义明确,数据资料收集方便,计算简单,相对稳定,相对简单,易于调查测量及掌握。易变、振荡、发散及无法把握的指标都不能列入评价指标体系。

(3)层次性。评价指标体系要有层次性,这样,才能为衡量系统方案的效果和确定评价指标的权重提供方便。

(4)可比性。指标的选择要保持同趋势化,即同向化,也就是指标值的增加同时系统的价值增加或减小。同时,指标可以在不同方案间、不同范围间、不同的时间点或等长的时间间隔上进行比较。在指标体系中,还应注意不同指标之间的量纲关系。

(5)定性指标与定量指标相结合。运输系统的综合评价,既包括技术经济指标,又包括社会环境指标,前者比较易于用定量指标来度量,但后者却很难用定量化的指标衡量,如交通运输工具的安全、舒适、便利等。要使得评价更具有客观性,就必须坚持定量指标与定性指标相结合的原则。这样做也便于系统模型的处理,并且可以弥补单纯定量评价的不足以及数据本身存在的某些缺陷。

(6)绝对指标与相对指标相结合。绝对指标反映系统的规模和总量,相对指标反映系统在某些方面的强度和性能,两者结合起来使用,才能全面地描述交通运输系统的特性。

2. 步骤

在以上原则的基础上,系统评价的步骤主要包括:

(1)明确系统目标和约束条件;

(2)确定评价指标体系;

(3)制订评价方法;

(4)收集有关资料;

(5)可行性研究;

(6)技术经济评价;
(7)综合评价,得出结论。

五、评价指标体系

交通运输系统评价主要包括两种,对交通运输现状的系统评价及对交通运输建设项目的系统评价。前者是为了对现有系统和现实交通运输状态获得全面的了解,为系统调整和优化提供基础信息和工作思路;后者主要研究建设项目的可行性及收益评估,为交通运输系统建设的决策提供辅助信息。

1. 综合评价指标体系

交通运输系统综合评价指标体系包括技术、经济、社会等多个方面,涉及政策、规划、经济、效益、时间、环境、风险等多个类别。

(1)政策性指标。政策性指标包括政府有关运输系统方面的方针、政策、法令以及法律和发展规划等方面的要求,这些方面对运输系统的建设尤为重要。

(2)技术性指标。技术性指标包括运输系统的性能、寿命、可靠性、安全性、先进性等。

(3)经济性指标。经济性指标包括运输系统方案的国民经济评价、财务评价、区域经济影响分析等方面。

(4)社会性指标。社会性指标包括运输系统的社会福利、社会节约、综合发展、就业机会、社会安定、生态环境等。

(5)资源和环境指标。资源和环境指标包括运输系统涉及的物资、水源、能源、土地、森林等,以及系统对生态环境的影响、对自然资源的开发、利用等方面。

(6)时间性指标。时间性指标包括运输系统开发周期的长短、运输系统的寿命周期等方面。

以上是考虑交通运输系统评价的大类指标,每一个大类指标又可以包含许多小类指标。每一个具体的指标可能有几个指标综合反映,这样,就构成了系统的评价指标体系。

2. 交通运输系统评价指标体系

在构建交通运输系统指标体系时,依据交通运输系统的特点,一般要考虑以下几个评价指标。

(1)经济性。运费与交通运输成本密切相关,交通运输系统其他经济成本主要包括人员薪酬,营运所需的燃油、润料、材料等消耗及运输设备维修、折损费用,港口费、养路费、保险费等支出,事故损失等意外支出,管理费,基建投资及技术研发等。

(2)快速性。交通运输过程的迅速程度,即时间成本。

(3)准时性。运载工具在起点的出发时刻及抵达目的地时间的准确程度,一般会按一定概率折算为时间成本。

(4)便利性。旅客或货运客户利用各类交通运输方式以及各种交通运输方式之间换乘、联运的便捷程度。尤其在公共交通系统的服务评价、多模式联运系统综合评价中具有重要地位。

（5）直达性。旅客或货物从运输起点出发，无须办理中转而直接抵达目的地的特性，既包括单一运输方式，也包括多模式交通中的一站式服务。在公交线网设计评价中的直线性指标也是直达性指标的一种。

（6）可靠性。在交通运输过程中不发生意外事件，安全、正常到达或运达目的地的特性。

（7）舒适性。旅客在运载工具运行过程中所感受到的舒适程度，主要取决于交通运输方式、运载工具设备、运行时间长短及服务水平等。

（8）机动性。运载工具对交通运输线路的非依赖程度，及采取某种临时性紧急措施的可能程度。机动性主要描述交通运输系统运行及管理的灵活程度，是系统可靠性的补充。

第二节 关联矩阵分析法

关联矩阵分析法（relational matrix analysis，简称 RMA）是常用的系统综合评价法，它根据具体评价系统，确定系统评价指标及其相应的重要度（权重），用矩阵形式来表示个替代方案有关评价指标及其重要度与方案关于具体指标的价值评定量之间的关系，对各个备选方案计算其综合评价值，即各评价指标的加权和。

一、基本思想

关联矩阵法用矩阵形式来表示各备选方案有关评价项目的平均值，计算各方案评价值的加权和，评价值加权和最大的方案即为最优方案。关联矩阵表的形式见表 5-1。

关 联 矩 阵 表 表 5-1

方案 \ 指标 权重	x_1 w_1	x_2 w_2	… …	x_j w_j	… …	x_n w_n	v_i
A_1	v_{11}	v_{12}	…	v_{1j}	…	v_{1n}	$v_1 = \sum_{j=1}^{n} w_j v_{1j}$
A_2	v_{21}	v_{22}	…	v_{2j}	…	v_{2n}	$v_2 = \sum_{j=1}^{n} w_j v_{2j}$
…	…	…	…	…	…	…	…
A_m	v_{m1}	…	…	v_{mj}	…	v_{mn}	$v_m = \sum_{j=1}^{n} w_j v_{mj}$

在表 5-1 中，$A_1,A_2,\cdots,A_m$ 代表 m 个备选方案；$x_1,x_2,\cdots,x_j,\cdots x_n$ 代表 n 个评价指标；$w_1,w_2,\cdots,w_j,\cdots,w_n$ 代表 n 个评价指标的权重；v_{ij} 代表第 i 个备选方案 A_i 的第 j 个评价指标 $x_j(j=1,2,\cdots,n)$ 的取值；v_i 代表第 i 个备选方案 A_i 的综合评价值。

在关联矩阵评价法中，当指标一定时，指标的权重对评价结果有重要影响。因此，合理确定指标的权重是非常重要的。由于指标权重通常采用评分的方法确定,有些文献将这种关联矩阵评价方法称为评分比较法,或简称评分法。常用的评分法包括直接评分法、两两对比法和德尔菲法,在此介绍前两种方法。

二、指标权重的确定

1. 直接评分法

这是一种利用专家经验和感觉进行评分的方法。由若干专家对评价指标体系进行分析,并根据其重要程度进行评分(采用五分制、十分制或百分制均可)。把专家为某指标的评分全部相加起来,或去掉最高分和最低分,求其平均值,即为该指标的绝对权重。将各指标的绝对权重与所有指标绝对权重的平均值相比,即进行归一化处理,所得结果就是该指标的相对权重,简称权重。

该方法的优点是简单易行,缺点是主观性很大,且系统功能分类复杂时不易进行。

2. 两两对比法

两两对比法也称为逐对比较法,是多指标综合评价时的常用加权方法。这种方法首先将所有的评价指标任意排序,然后将任意两个指标进行比较,按照规定的评分准则分别为相对重要的指标和相对不重要的指标评分,然后汇总各指标的得分。为了避免出现总分为 0 的情况,需要在各指标的总分上再加 1 分,之后计算其占所有得分的比重,经过归一化计算,得到各指标相应的权值。如果有多个专家参加评分,则先要按专家人数计算各指标得分平均值,再按照上述过程计算各指标的相对权值。

常用的评分准则有 0-1 评分法、0-4 评分法、多比例评分法和 DARE 法等。

(1) 0-1 评分法。这是一种最简单的评分方法。对于相互比较的两个指标,相对重要的得 1 分,相对不重要的得 0 分。

例如,假设为了减少交通事故,某城市制订了三个备选方案,分别是:安装防事故的栅栏、设置人行道和设置交通信号灯。评价指标有 5 个:减少死亡人数(x_1)、减少负伤人数(x_2)、减少经济损失(x_3)、城市景观(x_4)以及实施费用(x_5)。用 0-1 评分法得到各指标的得分和权重见表 5-2。

0-1 评分法的指标得分与权重　　　　　　　表 5-2

评价指标	x_1	x_2	x_3	x_4	x_5	得分	修正得分	权值(w_i)
x_1	-	1	1	1	1	4	5	0.33
x_2	0	-	1	1	1	3	4	0.27
x_3	0	0	-	1	0	1	2	0.13
x_4	0	0	0	-	0	0	1	0.07
x_5	0	0	1	1	-	2	3	0.2
合计						10	15	1.00

0-1 评分法的缺点是,任何连个指标之间的相对重要程度只能有重要和不重要两种情况,无法区分指标对之间的相对重要程度的差异。

(2) 0-4 评分法。0-4 评分法在进行指标一对一的比较时,非常重要的打 4 分,较重要的打 3 分,同等重要的各打 2 分,不太重要的打 1 分,很不重要的打 0 分。这种评分法可以在一定程度上克服指标得分非 1 即 0 的缺点。

针对上述交通安全改善方案的评价问题,用 0-4 评分法得到各指标的评分和权重见表 5-3。

0-4 评分法的指标得分与权重　　　　　表 5-3

评价指标	x_1	x_2	x_3	x_4	x_5	得分	修正得分	权值(w_i)
x_1	—	3	4	4	4	15	16	0.35
x_2	1	—	2	4	2	9	10	0.22
x_3	0	2	—	3	3	8	9	0.20
x_4	0	0	1	—	1	2	3	0.07
x_5	0	2	2	3	—	7	8	0.17
合　　计						41	46	1.00

(3) 多比例评分法。0-4 评分法虽然考虑了指标之间的不同的相对重要,但可选择的范围依然有限。多比例评分法将 0-1 评分法中非 1 即 0 的评分规则改为:1:0、0.9:0.1、0.8:0.2、0.7:0.3、0.6:0.4、0.5:0.5 等多种比例,以充分体现相互比较的指标之间重要程度的差异。例如,指标 A 与指标 B 相比,若 A 得 0.4,则 B 得 0.6;指标 A 与指标 D 比,若 A 得 0.9,则 D 得 0.1 等。这种评分的过程虽然比较复杂,但更加灵活,从而增加了指标权重的准确程度。

(4) DARE 法。当指标间的重要性可以在数量上作出判断时,可用 DARE(Decision Alternative Ratio Evaluation System)法。仍用上例对这种方法的步骤加以说明(表 5-4)。

DARE 计 算 表　　　　　表 5-4

评价指标	r_i	k_i	w_i
减少死亡人数(人)(x_1)	3	9.0	0.62
减少负伤者人数(人)(x_2)	3	3.0	0.21
减少经济损失数(百万元)(x_3)	2	1.0	0.07
城市景观(x_4)	0.5	0.5	0.03
实施费用(百万元)(x_5)	—	1.0	0.07
合　　计		14.5	1.00

第一步,把评价指标以任意顺序排列起来,列入 DARE 计算表中的第一列。

第二步,在 r_i 列中从下至上对相邻的评价指标进行评价。以下面的指标为基准,在数量上进行重要度的判定。如在表 5-4 中,城市景观(x_4)的价值是实施费用(x_5)的一半,则其得分为 0.5;经济损失的减少(x_3)的价值是城市景观(x_4)的 2 倍,则其得分为 2 等,依次进行比较和评分,直到第一个指标为止。

第三步,把 k_i 列中最下面一个 k 值设为 1,根据 r_i 列进行基准化,即按从下而上的顺序乘以 r_i 的值从而求出 k_i。

第四步,把 k_i 归一化(使列合计值为 1),即为权 w_i。

三、步骤及案例

应用关联矩阵评价法的关键,在于确定各评价指标的权重,以及由评价主体给定的评价指标的评价尺度,对此,目前还没有普遍适用的方法。随确定指标权重或评价尺度采用的方法不同,评价步骤也略有不同,下面给两种情形时的评价步骤(表 5-5)并举例说明。

应用关联矩阵评价法的步骤 表 5-5

第 一 种 情 形	第 二 种 情 形
(1)确定各指标的权重	
(2)确定评分尺度	(1)确定各指标的权重
(3)分析各备选方案的预计效果	(2)用各指标对备选方案进行评价
(4)计算各备选方案的预计效果的得分	(3)计算各备选方案的综合评价的得分
(5)计算各备选方案的预计效果的加权得分	

假定综合评价某城市为减少交通事故制订的三种措施有:安装防事故的栅栏、设置人行道和设置交通信号灯。评价指标有 5 个:减少死亡人数(x_1)、减少负伤人数(x_2)、减少经济损失(x_3)、城市景观(x_4)以及实施费用(x_5)。下面用关联矩阵法对三种措施进行评价。

第一种情形。

(1)确定各指标的权重。采用 0-1 评分法确定各指标的权重,有:减少死亡人数(x_1)权重为 0.33;减少负伤人数(x_2)权重为 0.27;减少经济损失(x_3)权重为 0.13;城市景观(x_4)权重为 0.07;实施费用(x_5)权重为 0.2。

(2)确定评分尺度。假定评分尺度见表 5-6。

评 分 尺 度 表 5-6

评价指标 \ 得分	5	4	3	2	1
减少死亡人数(人)(x_1)	8 以上	6~7	4~5	2~3	1 以下
减少负伤人数(人)(x_2)	30 以上	20~29	15~19	10~14	9 以下
减少经济损失(百万元)(x_3)	30 以上	20~29	15~19	10~14	9 以下
城市景观(x_4)	很好	好	一般	差	很差
实施费用(百万元)(x_5)	0~20	21~24	41~60	61~80	81 以上

(3) 分析各备选方案的预计效果。假设通过对三个备选方案进行分析,它们的效果见表 5-7。

备选方案的效果　　　　　　　　　表 5-7

评价指标 备选方案	减少死亡人数 （人）(x_1)	减少负伤人数 （人）(x_2)	减少经济损失 （百万元）(x_3)	城市景观 (x_4)	实施费用 （百万元）(x_5)
防事故栅栏（A_1）	5	10	10	差	20
人行道（A_2）	6	15	15	很好	100
信号灯（A_3）	3	8	5	一般	5

(4) 计算各备选方案的预计效果的得分。由表 5-6 和表 5-7 可得到各备选方案的预计效果的得分(表 5-8)。

各备选方案的预计效果的得分　　　　　　　　　表 5-8

评价指标 \ 备选方案 得分	防事故栅栏 (A_1)	人行道 (A_2)	信号灯 (A_3)
减少死亡人数（人）(x_1)	3	4	2
减少负伤人数（人）(x_2)	2	3	1
减少经济损失（百万元）(x_3)	2	3	1
城市景观（x_4）	2	5	3
实施费用（百万元）(x_5)	5	1	5

(5) 计算各备选方案的预计效果的加权得分。由(1)和(4),可得各备选方案的预计效果的加权得分如下:

方案 A_1,设置防事故栅栏的得分:$0.33 \times 3 + 0.27 \times 2 + 0.13 \times 2 + 0.07 \times 2 + 0.2 \times 5 = 2.93$
方案 A_2,设置人行道的得分:$0.33 \times 4 + 0.27 \times 3 + 0.13 \times 3 + 0.07 \times 5 + 0.2 \times 1 = 3.07$
方案 A_3,设置信号灯的得分:$0.33 \times 2 + 0.27 \times 1 + 0.13 \times 1 + 0.07 \times 3 + 0.2 \times 5 = 2.27$

比较各备选方案的得分,方案 A_2,即设置人行道的分值最高,为 3.07,属于最优方案。以上过程结果写成关联矩阵表的形式见表 5-9。

各方案评价结果的关联矩阵　　　　　　　　　表 5-9

指标 权重 备选方案	x_1 0.33	x_2 0.27	x_3 0.13	x_4 0.07	x_5 0.2	v_i
设置防事故栅栏（A_1）	3	2	2	2	5	2.93
设置人行道（A_2）	4	3	3	5	1	3.07
设置交通信号（A_3）	2	1	1	3	5	2.27

第二种情形。

(1)确定各指标的权重。采用 DARE 法确定各指标的全红,从表 5-4 可得:

减少死亡人数(x_1)权重为 0.62;

减少负伤人数(x_2)权重为 0.21;

减少经济损失(x_3)权重为 0.07;

城市景观(x_4)权重为 0.03;

实施费用(x_5)权重为 0.07。

(2)用各个评价指标对备选方案进行评价。表 5-10 中直接给出 r_i、k_i 和 s_{ij} 的计算结果。k_i 和 s_{ij} 的计算与表 5-4 的 k_i 和 w_i 的计算方法相同。

对备选方案按指标类别的评价　　　　　表 5-10

评价指标	备选方案	r_i	k_i	s_{ij}
减少死亡人数(人) (x_1)	设置防事故栅栏(A_1)	0.8	1.60	0.35
	设置人行道(A_2)	2.0	2.00	0.43
	设置交通信号(A_3)	—	1.00	0.22
	合计		4.60	1.00
减少负伤人数(人) (x_2)	设置防事故栅栏(A_1)	0.67	1.26	0.30
	设置人行道(A_2)	1.88	1.88	0.46
	设置交通信号(A_3)	—	1.00	0.24
	合计		4.14	1.00
减少经济损失(百万元) (x_3)	设置防事故栅栏(A_1)	0.67	2.00	0.33
	设置人行道(A_2)	3.00	3.00	0.50
	设置交通信号(A_3)	—	1.00	0.17
	合计		6.00	1.00
城市景观(x_4)	设置防事故栅栏(A_1)	0.40	0.67	0.20
	设置人行道(A_2)	1.67	1.67	0.50
	设置交通信号(A_3)	—	1.00	0.30
	合计		3.34	1.00
实施费用(百万元) (x_5)	设置防事故栅栏(A_1)	5.00	0.25	0.19
	设置人行道(A_2)	0.05	0.05	0.04
	设置交通信号(A_3)	—	1.00	0.77
	合计		1.30	1.00

(3) 计算各方案的综合评价（表 5-11）。判定的结果是设置人行道最好，综合评价权值为 0.4160。

各方案的综合评价　　　　　　　　　　　　　表 5-11

方案＼指标权重	x_1	x_2	x_3	x_4	x_5	v_i
	0.62	0.21	0.07	0.03	0.07	
设置防事故栅栏(A_1)	0.35	0.30	0.33	0.20	0.19	2.93
设置人行道(A_2)	0.43	0.46	0.50	0.50	0.04	3.07
设置交通信号(A_3)	0.22	0.24	0.17	0.30	0.77	2.27

第三节　层次分析法

层次分析法（Analytic Hierarchy Process，AHP）是一种定性分析和定量分析相结合的评价决策方法，它将评价者对复杂系统的评价思维过程数学化。其基本思想是通过将复杂问题分解为若干层次和若干要素，并在同一层次的各要素之间简单地进行比较、判断和计算，就可得出不同替代方案的重要度，从而为选择最优方案提供决策依据。这种方法尤其可用于对无结构特性的系统评价以及多目标、多准则、多时期等的系统评价，目前已在各个领域获得广泛应用。

一、基本思想

层次分析法的特点是能将人们的思维过程数学化、系统化，便于人们接受，所需定量数据信息较少。但要求评价者对评价问题的本质、包含的要素及其相互之间的逻辑关系能掌握得十分透彻。

人们在日常生活中经常要从一堆同样大小的物品中挑选出最重的物品。这时，人们总是利用两两比较的方法来达到目的。假设有 n 个物品，其真实重量为 $w_1, w_2, \cdots, w_n$，如果人们可以精确地判断两两物品之重量比，那么就可以得到一个重量比矩阵 A：

$$A = \begin{bmatrix} \dfrac{w_1}{w_1} & \dfrac{w_1}{w_2} & \cdots & \dfrac{w_1}{w_n} \\ \dfrac{w_2}{w_1} & \dfrac{w_2}{w_2} & \cdots & \dfrac{w_2}{w_n} \\ \cdots & \cdots & & \cdots \\ \dfrac{w_n}{w_1} & \dfrac{w_n}{w_2} & \cdots & \dfrac{w_n}{w_n} \end{bmatrix}$$

如果用矩阵 A 左乘物品重量向量 $W = [w_1, w_2, \cdots, w_n]^T$，则有：

$$AW = \begin{bmatrix} \dfrac{w_1}{w_1} & \dfrac{w_1}{w_2} & \cdots & \dfrac{w_1}{w_n} \\ \dfrac{w_2}{w_1} & \dfrac{w_2}{w_2} & \cdots & \dfrac{w_2}{w_n} \\ \cdots & \cdots & \cdots & \cdots \\ \dfrac{w_n}{w_1} & \dfrac{w_n}{w_2} & \cdots & \dfrac{w_n}{w_n} \end{bmatrix} \begin{bmatrix} w_1 \\ w_2 \\ \vdots \\ w_n \end{bmatrix} = nW$$

注意到上式 n 是 A 的特征值，W 是 A 的特征向量。这就提示我们可以利用求重量比矩阵之特征向量的方法来求得物品真实的重量向量 W。如果 A 是精确比值矩阵，则其特征值 $\lambda_{max} = n$，即 $AW = \lambda W$。但一般情况下 A 是近似估计值，有 $\lambda_{max} \geq n$，因此，可以用 λ_{max} 与 n 的差值来判断 A 的准确性。

层次分析法的基本思想是：先按问题的要求建立起一个描述系统功能或特征的系统递阶层次结构；给出判断标度（或评价标准），对每一层的系统要素（如目标、准则、方案）进行两两比较，建立比较矩阵；通过比较矩阵特征向量的计算，得出该层要素对上一层要素的比重；在此基础上，计算出各层要素对总体目标的综合权重，从而得出不同方案的综合评价值，为选择最优方案提供依据。

二、基本步骤

1. 明确问题

明确问题的范围、具体要求、所包含的要素（目标、准则、可能方案等）以及各要素之间的关系。

2. 建立层次结构

根据对问题的了解和初步分析，可以把问题涉及的要素按性质分层排列，形成层级结构。最简单的层级结构如图 5-1 所示。

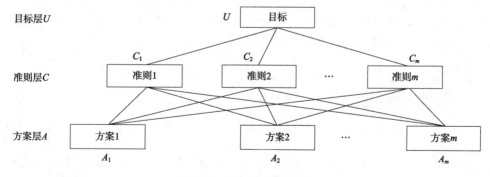

图 5-1 递阶层次结构模型

最上层是目标层,是决策所要实现的目标;中间层是准则层,准则层中的内容是衡量达到目标的各项准则或指标;第三层是方案(措施)层,其中排列了各种可能采取的方案或措施。

准则层与目标层之间,方案层与准则层之间的连线表示各层要素之间的相互联系。

3. 建立比较矩阵

建立层次结构后,就可以逐层按上一层次某一准则将该层要素进行两两比较,比较时按表 5-12 的标度及描述进行。比较结果用比较矩阵表示,见表 5-13。

AHP 要素比较标度及其描述　　　　　　　　　　表 5-12

标度值 (C_{ij} 或 a_{ij})	两准则或指标间的关系 (C_i 与 C_j)	两方案之间的关系(单准则下) (A_i 与 A_j)
1	C_i 与 C_j 同样重要	A_i 与 A_j 同样优
3	C_i 与 C_j 稍微重要	A_i 与 A_j 稍微优
5	C_i 与 C_j 明显重要	A_i 与 A_j 明显优
7	C_i 与 C_j 非常重要	A_i 与 A_j 非常优
9	C_i 与 C_j 极为重要	A_i 与 A_j 极为优
2,4,6,8	两相邻判断的中值	

比　较　矩　阵 A　　　　　　　　　　表 5-13

C_k	A_1	A_2	…	A_n
A_i	a_{11}	a_{12}	…	a_{1n}
A_2	a_{21}	a_{22}	…	a_{2n}
⋮	⋮	⋮	⋮	⋮
A_n	a_{n1}	a_{n2}	…	a_{nn}

表中 $A_1,\cdots,A_n$ 为同一层次要素,C_k 为上一层第 k 个准则。比较矩阵 $[a_{ij}]$ 表示要素对于准则的相对重要性(标度值)。

比如为了购买某种机器,选定的三个评价标准是:功能(C_1)、价格(C_2)和维护性(C_3)。假定以购买机器为比较基准,对这三个指标两两比较的结果为:

重要度	C_1	C_2	C_3
C_1	1	5	3
C_2	1/5	1	1/3
C_3	1/3	3	1

上述矩阵表明:对购买机器而言,功能(C_1)比价格(C_2)重要($a_{12}=5$)、比维护性(C_3)较重要($a_{13}=3$)。而维护性(C_3)比价格(C_2)较重要($a_{32}=3$),其他类推。

对于比较矩阵各元素来说,显然有:

$$a_{ii} = 1$$

$$a_{ij} = \frac{1}{a_{ji}} \quad (i=1,2,\cdots,n; j=1,2,\cdots,n) \tag{5-1}$$

因此,n 阶矩阵原有 n^2 个元素,但实际上只要知道 $\frac{n(n-1)}{2}$ 个元素即可。a_{ij} 可根据资料与条件,由专家和决策者共同研究决定。

4. 层次单排序及其一致性

层次单排序是根据比较矩阵计算本层与上一层次某要素相对重要性的权重,通过计算比较矩阵 A 的特征值和特征向量来进行。一致性检验的目的是将比较矩阵的偏差控制在允许的范围内,保证权重的质量。

(1)计算单一准则下个要素的相对权重。有了单一准则下各要素两两比较的比较矩阵,就可以计算单一准则下各要素的相对权重。常用的计算方法有求和法和求根法。

①求和法。

第一步,将比较矩阵按列归一化(即使列和为1),得到矩阵 $B = (b_{ij})_{n \times n}$。

第二步,将矩阵 B 按行求算术平均值:$w_i = \frac{1}{n} \sum_{j=1}^{n} b_{ij} (i=1,2,\cdots,n)$。

$W = (w_1, w_2, \cdots, w_n)^T$ 即为所求特征向量。

②求根法。

第一步,将矩阵按行求 $v_i = \sqrt[n]{\prod_j a_{ij}}$。

第二步,归一化 $w_i = \frac{v_i}{\sum v_i}, i=1,2,\cdots,n$。

$W = (w_1, w_2, \cdots, w_n)^T$ 即为所求特征向量。

以 $A = \begin{bmatrix} 1 & 5 & 3 \\ 1/5 & 1 & 1/3 \\ 1/3 & 3 & 1 \end{bmatrix}$ 为例:

求和法计算可得,$B = \begin{bmatrix} 0.652 & 0.566 & 0.692 \\ 0.130 & 0.111 & 0.077 \\ 0.217 & 0.333 & 0.231 \end{bmatrix}, W = \begin{bmatrix} 0.633 \\ 0.106 \\ 0.260 \end{bmatrix}$

求根法计算可得,$V = \begin{bmatrix} 2.466 \\ 0.406 \\ 1 \end{bmatrix}, W = \begin{bmatrix} 0.637 \\ 0.105 \\ 0.258 \end{bmatrix}$

(2)一致性检验。在实际评价中,评价者只能对比较矩阵 A 进行粗略判断,甚至有时会犯不一致的错误,如以判断 C_1 比 C_2 重要,C_2 比 C_3 较重要,那么,C_1 应当比 C_3 更重要。如果判断 C_3 比 C_1 较重要或者同样重要,就犯了逻辑错误。为了检验比较矩阵的一致性

（相容性），需要进行一致性检验，可以利用最大特征值 λ_{max} 与 n 之差检验一致性。定义一致性指标：

$$C.I. = \frac{\lambda_{max} - n}{n - 1} \tag{5-2}$$

λ_{max} 由下式求出：

$$\lambda_{max} = \frac{1}{n} \sum_{i=1}^{n} \frac{(AW)_i}{w_i} \tag{5-3}$$

本例中：

$$AW = \begin{bmatrix} 1 & 5 & 3 \\ 1/5 & 1 & 1/3 \\ 1/3 & 3 & 1 \end{bmatrix} \begin{bmatrix} 0.637 \\ 0.105 \\ 0.258 \end{bmatrix} = \begin{bmatrix} 1.935 \\ 0.318 \\ 0.785 \end{bmatrix}$$

$$\lambda_{max} = \frac{1}{3} \times \left(\frac{1.935}{0.637} + \frac{0.318}{0.105} + \frac{0.785}{0.258} \right) = 3.039$$

$$C.I. = \frac{3.039 - 3}{3 - 1} = 0.0128$$

显然，随着 n 的增加，判断误差就会增加，因此判断一致性时应当考虑到 n 的影响，使用随机一致性比值，当其值小于 0.1 时，比较矩阵的一致性是可以接受的。

随机一致性比值的计算公式为：

$$C.R. = \frac{C.I.}{R.I.} \tag{5-4}$$

式中：$R.I.$——平均随机一致性指标。

500 样本的 $R.I.$ 值见表 5-14。

平均随机一致性指标　　　　表 5-14

阶数	3	4	5	6	7	8	9	10	11	12	13	14	15
$R.I.$	0.52	0.89	1.12	1.26	1.36	1.41	1.46	1.49	1.52	1.54	1.56	1.58	1.59

本例中，$C.R. = \frac{C.I.}{R.I.} = \frac{0.0128}{0.52} = 0.0247 < 0.1$，故比较矩阵的一致性是可以接受的。

5. 层次总排序

有了各层要素对上一层单一准则（或目标）的权重，就可以计算各层要素上一层准则（或目标）的组合权重。以图 5-1 的三层结构为例，假定准则层 C 对目标层 U 的权重已计算，为：$b_1, b_2, \cdots, b_m$；方案层 A 的各要素 $A_1, A_2, \cdots, A_n$ 对准则层 C 的各要素 $C_1, C_2, \cdots, C_m$ 在单一准则下的权重分别为：$w_{11}, w_{21}, \cdots, w_{n1}; w_{12}, w_{22}, \cdots, w_{2n}; \cdots; w_{2n}, \cdots, w_{nn}$，则方案层 A 的各要素对目标层 U 的组合权重 $w_1, w_2, \cdots, w_n$ 可按表 5-15 右列公式计算。

表 5-15 组合权重的计算

准则层 C 方案层 A 权重	C_1 b_1	C_2 b_2	...	C_m b_m	组合权重
A_1	w_{11}	w_{12}	...	w_{1m}	$w_1 = \sum_{j=1}^{m} b_j \cdot w_{1j}$
A_2	w_{21}	w_{22}	...	w_{2m}	$w_2 = \sum_{j=1}^{m} b_j \cdot w_{2j}$
⋮	⋮	⋮	...	⋮	⋮
A_n	w_{n1}	w_{n2}	...	w_{nm}	$w_n = \sum_{j=1}^{m} b_j \cdot w_{nj}$

计算出各方案层对目标层 U 的组合权重,方案的优劣顺序即可按各方案组合权重的大小排列,其中权重最大的方案为最优方案。

6. 整体一致性检验

在实际应用中,整体一致性检验常常不必进行,主要原因是对整体进行考虑是很困难的。另外,若单层次排序下具有满意一致性,而整体不具有满意一致性时,比较矩阵的调整非常困难。因此,一般情况下,可不予进行整体一致性检验。

层次分析法流程如图 5-2 所示。

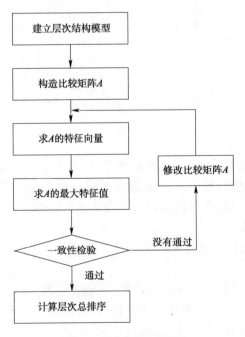

图 5-2 层次分析法流程图

层次总排序是从上到下逐层计算的,如图 5-3 所示。

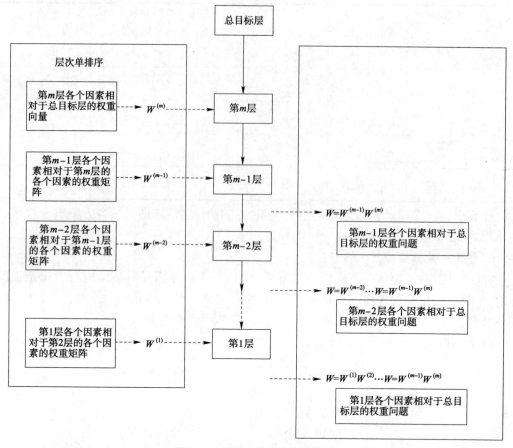

图 5-3　层次单排序与层次总排序

三、应用案例

现已知某区域因地铁建设施工,封闭部分车道,使得主干道通行能力严重下降,产生拥堵。为节省行程时间,绕行施工区的备选方案有三种路径。下面以行程时间、耗油量和行驶距离为评价准则,用层次分析法对三个方案进行评价。

1. 建立层次结构模型

经过分析建立该问题的层次结构模型如图 5-4 所示。

2. 构造比较矩阵

根据调查结果统计,对各层元素两两比较,构造各层次、各因素之间的比较矩阵。共有 4 个比较矩阵:目标 U 下,三个准则的两两比较矩阵;准则 C_1 下,三个方案的两两比较矩阵;准则 C_2 下,三个方案的两两比较矩阵;准则 C_3 下,三个方案的两两比较矩阵如图 5-5 所示。

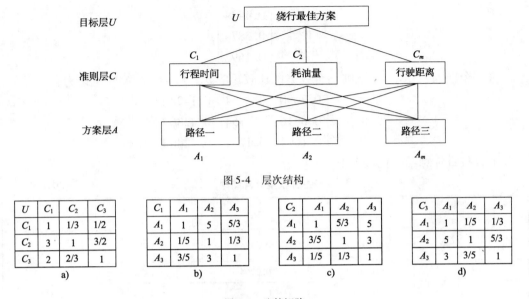

图 5-4 层次结构

图 5-5 比较矩阵

3. 单层权重计算及其一致性检验

用求和法分别求出上述 4 个比较矩阵的特征向量及特征值,并进行一致性检验,结果见表 5-16。

单层权重计算及其一致性检验　　　表 5-16

矩阵	特征向量 W	AW	λ_{max}	C.I.	C.R.
矩阵 a)	0.4434 0.3874 0.1692	1.3384 1.1692 0.5107	3	0	0
矩阵 b)	0.3090 0.5816 0.1094	0.9289 1.2836 0.3288	3	0	0
矩阵 c)	0.2764 0.5954 0.1282	0.8307 1.7897 0.3856	3	0	0
矩阵 d)	0.1428 0.4286 0.4286	0.4286 1.2859 1.2859	3	0	0

从表中数据看出,构建的 4 个比较矩阵均通过一致性检验。

4. 各层元素对目标层的组合权重的计算

将目标 U 下三个准则的比较矩阵 a 的特征向量记为:

$$W^{(2)} = \begin{bmatrix} 0.4434 \\ 0.3874 \\ 0.1692 \end{bmatrix}$$

将三个准则 C_1、C_2、C_3 下的三个方案的比较矩阵 b、c 和 d 的特征向量记为：

$$W^{(1)} = \begin{bmatrix} 0.3090 & 0.2764 & 0.1428 \\ 0.5816 & 0.5954 & 0.4286 \\ 0.1094 & 0.1282 & 0.4286 \end{bmatrix}$$

组合权重计算结果见表 5-17。

组合权重计算结果 表 5-17

准则层 C 方案层 A 权重	C_1	C_2	C_3	组合权重
	0.4434	0.3874	0.1692	
A_1	0.3090	0.2764	0.1428	0.2682
A_2	0.5816	0.5954	0.4286	0.5610
A_3	0.1094	0.1282	0.4286	0.1707

方案各层各元素关于目标层的权重为：

$$W = W^{(1)}W^{(2)} = \begin{bmatrix} 0.3090 & 0.2764 & 0.1428 \\ 0.5816 & 0.5954 & 0.4286 \\ 0.1094 & 0.1282 & 0.4286 \end{bmatrix} \begin{bmatrix} 0.4434 \\ 0.3874 \\ 0.1692 \end{bmatrix} = \begin{bmatrix} 0.2682 \\ 0.5610 \\ 0.1707 \end{bmatrix}$$

由此可知，若以行程时间、耗油量及行驶距离为准则来评价绕行施工区的三个方案，方案 2 最优，方案 1 次之，方案 3 最劣。

第四节 收益成本分析

收益 - 成本分析（Cost Benefit Analysis）始于美国 1902 年的"河川江湾法"（The River and Harbor Act），后来逐步渗透到各经济领域。这个法律规定，在制订河川与江湾的投资规划时，必须有相关部门的专家提供关于费用与效益在内的报告，即在可能的领域内要进行包括费用与效益在内的经济评价，而且要求所投资的工程项目给社会提供财富和服务的价值（效益）必须超过其费用，作为工程项目投资合理性的依据，这意味着要从经济总体上考虑费用和效益的关系，以达到资源的最优化分配。

收益 - 成本分析法又可以分为两种：一种是从方案的总成本角度进行的收益 - 成本分析；另一种是从方案追加成本的角度进行的收益 - 成本分析。所谓总成本是指系统的开发、建设投资与运行成本之和。所谓追加成本是指相互对比的两个系统方案总成本的差额。此外，按照货币时间价值的等值计算形式的不同，收益 - 成本分析可采用现值计算,也可以采用年值计算。

一、总成本的收益 – 成本分析

1. 第一种计算形式(现值计算方法)

$$\frac{B}{C} = \frac{\sum_{t=1}^{n} B_t (1+i)^{-t}}{K_0 + \sum_{t=1}^{n} C_t (1+i)^{-t}}$$

$$B - C = \sum_{t=1}^{n} (B_t - C_t)(1+i)^{-t} - K_0$$

式中:B_t——系统第 t 年的净收入,即系统第 t 年社会收益人与社会受损者支出的差额值;

C_t——系统第 t 年的净经营成本值,即系统第 t 年兴办者的经营支出费用与经营收入的差额值;

K_0——系统的初始投资额;

i——系统的最低期望收益率;

n——系统的使用期;

t——年次($t = 1, 2, \cdots, n$);

$\frac{B}{C}$——系统收益与成本之比,即单位成本所获得的收益;

$B - C$——系统的收益与成本之差,即系统的经济收益的绝对值。

判断准则:对单一系统方案而言,只要 $\frac{B}{C} > 1$ 或 $B - C > 0$,即可认为该方案在经济上是可行的。

2. 第二种计算形式(年值计算方法)

$$\frac{B}{C} = \frac{\sum_{t=1}^{n} (B_t - C_t)(1+i)^{-t}}{K_0}$$

$$B - C = \sum_{t=1}^{n} (B_t - C_t)(1+i)^{-t} - K_0$$

判断准则:对单一系统方案而言,只要 $\frac{B}{C} > 1$ 或 $B - C > 0$,即可认为该方案在经济上是可行的。

上述两种计算形式中,其经济效益绝对值的计算形式是相同的,而经济效益的相对值的计算形式虽然有所不同,但只要方案的现金流量不变,其评价结论是一致的。

从总成本角度进行的收益 – 成本分析所得到的经济效益相对比值 B/C,可以用来评价单一方案的经济可行性。但是由于这个比值只能反映系统单位成本所获得的收益,不能反映系统所获得的总收益值,故不能单独作为系统方案优劣的评价指标,必须同经济

效益绝对值指标 $B-C$ 结合起来同时使用。

在应用以上公式时,应注意"收益"与"成本"的计算范围和内容,式中的收益是指系统给社会带来的收入或节约值减去损失后的净值;同样,成本是指系统兴办者支付的全部投资和经营成本。例如,政府投资兴建的公路可能发生如下受益与成本费用:

(1) 社会收益人的收入。例如,车辆运行成本的节约,减少车祸的损失,缩短行车距离的时间节约,公路沿线商业、旅游业、服务业收入的增长等。

(2) 社会所受的损失。例如,农田改作公路的经济损失,空气污染和环境干扰所造成的损失等。

(3) 政府收入。例如,车辆通行税收入,以及由于土地提价、商业与服务业发展等带来的税收增加等。

(4) 政府支出的公路成本费用。例如,公路勘探、设计费用、筑路费用及公路管理费用等。

二、追加成本的收益-成本分析

系统方案比较的实质,是对系统方案的收入和成本的差值进行比较,一般成本高的方案其收入也高,故可通过比较一个方案比另一个方案增加的收入和追加的成本来评价系统方案的优劣。从追加成本的角度进行系统收益-成本的分析,也需要计算反映经济效益的相对评价指标和绝对评价指标,计算公式(现值计算方法)如下:

$$\frac{\Delta B}{\Delta C} = \frac{\sum_{t=1}^{n}(B_{2t}-B_{1t})(1+i)^{-t}}{(K_{20}-K_{10})+\sum_{t=1}^{n}(C_{2t}-C_{1t})(1+i)^{-t}}$$

$$\Delta B - \Delta C = \sum_{t=1}^{n}[(B_{2t}-B_{1t})-(C_{2t}-C_{1t})](1+i)^{-t} - [K_{20}-K_{10}]$$

式中:ΔB——两方案收入差的现值;

ΔC——两方案成本差的现值;

K_{10}——第一方案的初始投资;

K_{20}——第二方案的初始投资;

B_{1t}——第一方案的收入;

B_{2t}——第二方案的收入;

C_{1t}——第一方案的运行成本;

C_{2t}——第二方案的运行成本。

三、收益成本分析法应用案例

某船公司为开辟某条航线,打算购置一艘船舶,现有两种船型的船舶备选方案,成本与收益见表5-18。若贴现率为8%,下面用收益-成本分析方法进行方案的评价与选择。

成本 – 收益表（单位：万元）　　　　　　　　　　　　表 5-18

方案	船舶费用	年收入增加额	年营运费用	使用寿命（年）	残值
①	2000	600	150	6	100
②	3000	800	200	6	700

采用第一种计算形式，将初始投资与年营运费用一起进行计算。

(1) 采用年值法计算。

方案①：

$$B = 600 + 100 \times \frac{8\%}{(1+8\%)^6 - 1} = 613.63 (万元)$$

$$C = 2000 \times \frac{8\% \times (1+8\%)^6}{(1+8\%)^6 - 1} + 150 = 582.6 (万元)$$

同理可得方案②，结果见表 5-19。

年值法计算结果　　　　　　　　　　　　表 5-19

方案	收益年值 B	成本年值 C	总成本收益 – 成本分析		ΔB	ΔC	追加成本收益 – 成本分析	
			B/C	$B-C$			$\Delta B/\Delta C$	$\Delta B - \Delta C$
①	613.63	582.6	1.053	31.03	281.78	266.3	1.058	15.48
②	895.41	848.9	1.055	46.51				

(2) 采用现值法计算。

方案①：

$$B = 600 \times \frac{(1+8\%)^6 - 1}{8\% \times (1+8\%)^6} + 100 \times \frac{1}{(1+8\%)^6} = 2836.82 (万元)$$

$$C = 2000 + 150 \times \frac{(1+8\%)^6 - 1}{8\% \times (1+8\%)^6} = 2693.45 (万元)$$

同理可得方案②，结果见表 5-20。

现值法计算结果　　　　　　　　　　　　表 5-20

方案	收益年值 B	成本年值 C	总成本收益 – 成本分析		ΔB	ΔC	追加成本收益 – 成本分析	
			B/C	$B-C$			$\Delta B/\Delta C$	$\Delta B - \Delta C$
①	2836.82	2693.45	1.053	143.37	1302.72	1231.15	1.058	71.57
②	4139.54	3924.6	1.055	214.94				

由计算结果可知：

(1) 总成本的收益 – 成本分析结果表明，方案①、②的相对评价指标 B/C 值均大于 1，故均可作为备选方案。

(2) 追加成本的收益 – 成本分析结果表明，方案②相对于方案①的相对评价指标 $\Delta B/\Delta C$ 为 1.058，大于 1，绝对评价指标 $\Delta B - \Delta C$ 为正，说明其收入的增加高于其追加的成本费用。所以方案②优于方案①。

(3) 无论用现值法计算还是用年值法计算,结论都是一致的。

第五节 模糊综合评判

模糊综合评判法(fuzzy comprehensive evaluation method)是模糊数学中最基本的数学方法之一,通过隶属度来描述模糊界限,是运用模糊集理论、综合运用层次分析法和模糊数学方法对系统进行综合评价的一种方法。该方法根据模糊数学的隶属度理论把定性评价转化为定量评价,即用模糊数学对受到多重因素制约的事物或对象做出一个总体的评价。它具有结果清晰、系统性强的特点,能较好地解决模糊的、难以量化的问题,适合各种非确定性问题的解决。

通过模糊评价,能获得系统各替代方案优先顺序的有关信息。应用模糊评价法时,除了确定评价项目及其权重和评价尺度外,在对各评价项目进行评定时,用对第 i 评价项目做出第 j 评价尺度的可能程度的大小来表示,这种评定是一种模糊映射。其可能程度的大小用隶属度 γ_{ij} 来反映。近年来,模糊评价法也是常用的一种综合评价方法。

一、基本原理

在客观世界中,存在着大量的模糊概念和模糊现象。模糊数学就是试图用数学工具解决模糊事物方面的问题。模糊综合评价是借助模糊数学中的基本概念,对实际问题的综合评价提供一些评价的方法。具体地说,模糊综合评价就是以模糊数学为基础,应用模糊数学关系合成的原理,将一些边界不清、不易定量的因素定量化,从多个因素对被评价事物隶属等级状况进行综合性评价的一种方法。

"模糊"从字义上理解包含"含糊""不确定""不清楚"的概念。模糊理论是建立在模糊逻辑基础之上,描述和处理人类语言所特有的模糊信息的理论。在数学上常将具有一定特征的事物全体称为集合。在古典集合理论中(相对于模糊集合论)只有两个真值,即"真"和"假"。任何一个元素只能属于某个集合或者不属于它。

这种描述适合于具有明确分界线的清晰事物。但世界上更多的事物不具有明确的分界线,无法反映出确定的数量概念,这就叫模糊概念。例如"热"与"不热",究竟多少度才算"热"或"不热",并没有一个公认的定量标准或界限。因为气温的变化是逐渐的、连续的,不存在一个突然的转折,致使"热"与"不热"的分界线模糊不清。二值描述在人类主观因素起主导作用的事件中是不合适的。

模糊逻辑(fuzzy logic)是一种新型的分类方法。模糊逻辑模仿人类的智慧,引入隶属度的概念,描述介于"真"与"假"中间的过渡过程。在模糊逻辑中,事件不以集合的极限值分类,而是给每一个元素赋予一个介于 0 和 1 之间的实数,描述其属于一个集合的强度。该实数称为元素属于一个集合的隶属度。集合中所有的元素的隶属度全体构成集合的隶属函数。

在进行模糊综合评判时,隶属函数的确定是整个模糊综合评判的关键,隶属函数反映了各个评判因素对评语集的隶属度。隶属函数的表达式为:

$$\mu(x) = \begin{cases} 0 & x \notin A \\ (0,1) & x \in A \\ 1 & x \in A \end{cases} \quad (5\text{-}5)$$

隶属度可以取闭区间[0,1]上的连续值,包括了事物的所有可能取值,很好地描述了事物之间的模糊性。在模糊数学中,可以选用的隶属函数主要有梯形函数、三角函数、S形函数和正态函数等。

模糊综合评价作为定性分析和定量分析综合集成的一种常用方法,已在工程技术、经济管理和社会生活中得到广泛应用。模糊综合评判是借助模糊数学的一些概念,对由多种因素所决定的模糊事物或现象进行综合评价后做出定量描述的一种科学方法。具体来说,模糊综合评判就是以模糊数学为基础,考虑多个不易定量的因素,将它们按对所评价事物的影响重要性排序,从中选出最优或最差的对象。与其他评价方法相比,该方法对一个事物或现象的评价往往综合考虑多种因素的影响,信息损失少,计算量小,易于实现。

模糊综合评价方法的基本思路是:在确定评价因素、评价等级标准和权值的基础上,运用模糊集合变换原理,以隶属度描述各因素及因子的模糊界线,构造模糊评判矩阵,通过多层的复合运算,最终确定评价对象所属等级。首先,确定因素集和评语集,原则是既要全面又要抓住主要矛盾,否则,或因漏掉主要因素使评判不准确,或因过细而招致不必要的人为麻烦。然后确定单因素评价向量,由各单因素评价向量形成评判矩阵。分析权重向量,要求评判人除具有权威性和代表性,还要无私心。实施模糊变换,并进行归一化处理,得到综合评判结果,做出相应的判断和分析以供决策者参考。

二、模糊综合评判的步骤

模糊综合评判的过程是将评价目标看成是由许多因素组成的模糊集合(称为因素集u);设定这些因素所能选取的评判等级,组成评语的模糊集合(称为评判集v),分别求出某一方案各单一因素对各个评判等级的归属程度(称为模糊矩阵);根据各个因素在评价目标中的权重分配,通过计算(称为模糊矩阵合成),求出该方案评价的定量解值;通过不同方案值的比较,得出方案的优劣。模糊综合评价的步骤如下。

1. 确定评判因素集和评语集

建立评判因素集。确定评价要素集合,建立由评价对象的各主要影响因素为元素组成的集合,因素集表示由影响评判对象的各种因素组成的集合,记为 $U = (u_1, u_2, \cdots, u_n)$。其中 u_i 表示影响评判对象的第 i 个因素。

建立评判因素的评语集。评语集可依据评判因素的定量指标量化办法,比如评价产品的竞争力难以量化,可用适当的语言进行描述,分为强、较强、中、较弱、弱五个等级。评判因素平预计可通过单因素模糊来判定,评语等级的粗细程度可根据具体情况来确定。

单因素评语集表示因素集中某因素可能得出的所有评判结果组成的集合,记为 $S=(s_1,s_2,\cdots,s_p)$,其中 S_i 表示对某一评判因素做出的第 i 个评判结果。

2. 确定因素的权重集

通常情况下,各因素对事物或问题的影响程度不是完全相同的,有些因素对评判的影响程度可能大些,有些则可能要小些。根据各影响因素的重要程度,对各因素赋予相应的数值 w_i,组成评价要素数量集合: $W=\{w_1,w_2,\cdots,w_n\}$, $\sum w_i=1$(w_i 为权重值)。确定权重集的方法有层次分析法、判断矩阵法、专家评分法等,其中,层次分析法是确定多个权向量的有效方法。

3. 建立评判标准

评语集表示评判对象所有评判结果组成的集合,用 V 表示,其中 v_i 表示对评判对象做出的第 i 个评判结果。

$$V=(v_1,v_2,\cdots,v_q)$$

4. 建立评价因素模糊判别矩阵

隶属函数的选取是保证评价结果准确的关键,实际应用中较多的依靠经验和统计实验,常用的确定隶属函数的方法有二元对比排序法、模糊统计法、主观经验法、分析推理法等,建立单因素模糊关系矩阵 D。

$$D=\begin{bmatrix} d_{11} & d_{12} & \cdots & d_{1m} \\ d_{21} & d_{22} & \cdots & d_{2m} \\ \vdots & \vdots & & \vdots \\ d_{n1} & d_{n2} & \cdots & d_{nm} \end{bmatrix}$$

其中, d_{ij} 为认为该方案第 i 个要素隶属于第 j 评价等级的专家人数, $\sum_{j=1}^{m} d_{ij}$ 为专家总人数。

进行归一化处理,得到模糊判别矩阵 R,其中, r_{ij} 是指多个评价主体对某个评价对象 i 因素对应 j 等级的可能性大小(可能性程度)。

$$R=\begin{bmatrix} r_{11} & r_{12} & \cdots & r_{1m} \\ r_{21} & r_{22} & \cdots & r_{2m} \\ \vdots & \vdots & & \vdots \\ r_{n1} & r_{n2} & \cdots & r_{nm} \end{bmatrix} d$$

$$r_{ij}=d_{ij}\bigg/\sum_{j=1}^{m}d_{ij}$$

5. 计算模糊综合评判向量

根据多因素下的权重系数组成的权重向量 A、模糊判别矩阵 R,计算模糊综合评判向

量 B,模糊综合评价的模型如下:

$$B = W \times R = (w_1, w_2, \cdots, w_n) \times \begin{bmatrix} r_{11} & r_{12} & \cdots & r_{1m} \\ r_{21} & r_{22} & \cdots & r_{2m} \\ \vdots & \vdots & \vdots & \vdots \\ r_{n1} & r_{n2} & \cdots & r_{nm} \end{bmatrix} = (b_1, b_2, \cdots, b_m)$$

6. 确定模糊综合评判结果

一般来说,评判向量 $\sum b_i \neq 1$,还需进行归一化处理(归一化处理后用 Q 表示),通过计算即可得到模糊综合评价的得分值 S。

$$S = Q \times v^T \tag{5-6}$$

根据最大隶属原则,确定评判得分值属于哪一评判等级的得分区间,得到其客观的评判结论。

对于简单系统可通过一级模糊评判即可,对于多属性多指标的复杂系统,可采用二级、甚至多级模糊综合评判。

三、模糊综合评判法应用案例

道路安全水平主要受道路设施状况、交通工程设施、交通监管设施等三个方面影响显著,道路设施因素包括线形、路面状况、视距;交通工程设施因素包括标志标线、交通防护和隔离设施、视线诱导设施;交通监管设施因素包括信息设施、监控设施、报警设施。考虑到评判对象的复杂性,采用二级模糊综合评判法进行评判。

1. 确定评判因素集和评语集

首先,建立评判因素集。道路质量水平的因素集由三方面构成:道路设施因素 U_1、交通工程设施 U_2、交通监管设施 U_3,即 $U = \{U_1, U_2, U_3\}$。道路设施因素包括线形 U_{11}、路面状况 U_{12}、视距 U_{13},即 $U_1 = \{U_{11}, U_{12}, U_{13}\}$。交通工程设施因素包括标志标线 U_{21}、交通防护和隔离设施 U_{22}、视线诱导设施 U_{23},即 $U_2 = \{U_{21}, U_{22}, U_{23}\}$。交通监管设施因素包括信息设施 U_{31}、监控设施 U_{32}、报警设施 U_{33},即 $U_3 = \{U_{31}, U_{32}, U_{33}\}$。评价指标体系结构如图 5-6 所示。

其次,建立评判因素的评语集,道路因素评价等级划分为 5 个等级,见表 5-21。

道路因素评价指标等级划分　　　　表 5-21

指 标 名 称	指标等级标准				
	高	较高	一般	较低	低
线形(相邻路段车速差) (千米/小时)	≤5	5~10	10~15	15~20	>20
路面状况(路面状况指数)	80~100	70~80	50~70	30~50	<30

续上表

指标名称	指标等级标准				
	高	较高	一般	较低	低
视距(米)	≥210	160~210	110~160	75~110	≤75
标志标线	很好	较好	一般	较差	很差
交通防护和隔离设施	很好	较好	一般	较差	很差
视线诱导设施	很好	较好	一般	较差	很差
信息设施	先进	较先进	一般	较落后	很落后
监控设施	先进	较先进	一般	较落后	很落后
报警设施	先进	较先进	一般	较落后	很落后

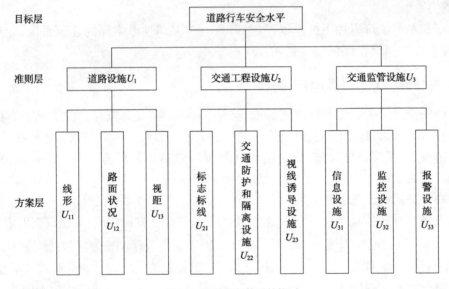

图 5-6 评价指标体系结构

2. 权重集的确定

采用层次分析法,运用 1~9 标度法构造判断矩阵进行计算,求解判断矩阵的特征根,计算最大特征根 λ_{max},找出所对应的特征向量 W_{ij},即为同一层各影响因素相对于上一层某因素的相对重要性的排序权重;然后进行一致性检验。道路设施、交通工程设施、交通监管设施的权向量结果分别参见表 5-22 至表 5-25。

道路质量因素的权重表　　　　表 5-22

层次	各评价层对应的归一化权重			一致性检验
U	U_1	U_2	U_3	$C.R. = 0.018 < 0.1$
W_i	0.6232	0.2395	0.1373	符合检验

道路设施因素的权重表 表 5-23

层次	各评价层对应的归一化权重			一致性检验
U_1	U_{11}	U_{12}	U_{13}	$C.R.=0.009<0.1$
W_{1j}	0.5390	0.1638	0.2973	符合检验

交通工程设施因素的权重表 表 5-24

层次	各评价层对应的归一化权重			一致性检验
U_2	U_{21}	U_{22}	U_{23}	$C.R.=0.028<0.1$
W_{2j}	0.1613	0.5673	0.2714	符合检验

交通监管设施因素的权重表 表 5-25

层次	各评价层对应的归一化权重			一致性检验
U_3	U_{31}	U_{32}	U_{33}	$C.R.=0.052<0.1$
W_{3j}	0.4905	0.1976	0.3119	符合检验

3. 建立评判标准

通过对单因素的模糊判断,得到模糊综合评判的道路质量水平等级,确定其模糊评语集为:$S=\{好,较好,一般,较差,差\}=\{s_1,s_2,s_3,s_4,s_5\}$,并给各质量等级赋予一定的数值,以便进行路网质量状况评判,按其等级确定为:$S=\{s_1,s_2,s_3,s_4,s_5\}=\{100,80,60,40,20\}$。

4. 建立评价因素模糊判别矩阵

模糊集合论的最大特点是使隶属关系由确定的$\{0,1\}$变为连续的闭区间$[0,1]$,能充分考虑中间过渡状态。由于各影响因素非常复杂,确切的划分界限往往抹杀许多其他规律,模糊集合论采用隶属函数解决这一矛盾,模糊集合论就是通过研究事件的模糊关系,去寻找广义的排中率-隶属规律-事件隶属度的客观含义,反映出事件与模糊概念间的联系和制约。采用半梯形和梯形分布隶属函数来分析,对于线形评价指标而言,5个隶属函数表示如下:

$$u_{s1}(x)=\begin{cases}1,(0\leq x<5)\\2-\dfrac{1}{5}x,(5\leq x<10)\\0,(10\leq x)\end{cases}$$

$$u_{s2}(x)=\begin{cases}\dfrac{1}{5}x,(0\leq x<5)\\1,(5\leq x<10)\\3-\dfrac{1}{5}x,(10\leq x<15)\\0,(其他)\end{cases}$$

$$u_{s3}(x) = \begin{cases} \frac{1}{5}x - 1, & (5 \leq x < 10) \\ 1, & (10 \leq x < 15) \\ 4 - \frac{1}{5}x, & (15 \leq x < 20) \\ 0, & (其他) \end{cases}$$

$$u_{s4}(x) = \begin{cases} \frac{1}{5}x - 2, & (10 \leq x < 15) \\ 1, & (15 \leq x < 20) \\ 5 - \frac{1}{5}x, & (20 \leq x < 25) \\ 0, & (其他) \end{cases}$$

$$u_{s5}(x) = \begin{cases} \frac{1}{5}x - 3, & (15 \leq x < 20) \\ 1, & (20 \leq x) \\ 0, & (其他) \end{cases}$$

指标属于某个等级的程度即为该指标的隶属度,可通过专家打分得到各指标的定性评判:"好"的分数为"85~100","较好"的分数为"70~85","一般"的分数为"50~70","较差"的分数为"30~50","差"的分数为"≤30",分别对应评语集合 S 中的 s_1、s_2、s_3、s_4、s_5,从而可得到类似梯形隶属函数,确定各指标的隶属度指标值,建立模糊判别矩阵 $R(S_{ij})$。

5. 计算评判向量,进行模糊综合评判

根据现有资料及相关专家评定,路面状况指数为 85 分,相邻路段车速差最大值为 8km/h,最小视距为 180m,有较好的交通工程设施等,山区道路单因素状况的描述见表 5-26。

某线路单因素状况描述 表 5-26

因素	U_{11}^r	U_{12}^r	U_{13}^r	U_{21}^r	U_{22}^r	U_{23}^r	U_{31}^r	U_{32}^r	U_{33}^r
描述	8	85	180	85	85	80	78	80	85

(1) 一级模糊评判。

根据线路的单因素状况描述,建立单因素模糊评判矩阵 $R(S_{ij})$。

$$R(S_{u1}) = \begin{bmatrix} 0.4 & 1 & 0.6 & 0 & 0 \\ 1 & 0.75 & 0 & 0 & 0 \\ 0.4 & 1 & 0.6 & 0 & 0 \end{bmatrix}$$

$$R(S_{u2}) = \begin{bmatrix} 1 & 1 & 0 & 0 & 0 \\ 1 & 1 & 0 & 0 & 0 \\ 0.67 & 1 & 0.33 & 0 & 0 \end{bmatrix}$$

$$R(S_{u3}) = \begin{bmatrix} 0.53 & 1 & 0.47 & 0 & 0 \\ 0.67 & 1 & 0.33 & 0 & 0 \\ 1 & 1 & 0 & 0 & 0 \end{bmatrix}$$

一级评判计算,即:

$$S_{C11} = W_{1j} \times R(S_{u1}) = (0.5390, 0.1638, 0.2973) \times \begin{bmatrix} 0.4 & 1 & 0.6 & 0 & 0 \\ 1 & 0.75 & 0 & 0 & 0 \\ 0.4 & 1 & 0.6 & 0 & 0 \end{bmatrix}$$

$$= (0.498, 0.959, 0.502, 0, 0)$$

$$S_{C12} = W_{2j} \times R(S_{u2}) = (0.1613, 0.5673, 0.2714) \times \begin{bmatrix} 1 & 1 & 0 & 0 & 0 \\ 1 & 1 & 0 & 0 & 0 \\ 0.67 & 1 & 0.33 & 0 & 0 \end{bmatrix}$$

$$= (0.910, 1.000, 0.090, 0, 0)$$

$$S_{C13} = W_{3j} \times R(S_{u3}) = (0.4905, 0.1976, 0.3119) \times \begin{bmatrix} 0.53 & 1 & 0.47 & 0 & 0 \\ 0.67 & 1 & 0.33 & 0 & 0 \\ 1 & 1 & 0 & 0 & 0 \end{bmatrix}$$

$$= (0.704, 1.000, 0.296, 0, 0)$$

(2)二级模糊评判。

二级评判矩阵由一级评判结果得到:

$$R_{C1} = \begin{bmatrix} 0.498 & 0.959 & 0.502 & 0 & 0 \\ 0.910 & 1.000 & 0.090 & 0 & 0 \\ 0.704 & 1.000 & 0.296 & 0 & 0 \end{bmatrix}$$

$$S_{B1} = W_1 \times R_{C1} = (0.625, 0.974, 0.375, 0, 0)$$

将 S_{B1} 进行归一化处理,得:

$$Q = (0.317, 0.493, 0.190, 0, 0)$$

计算线路1的综合评价得分值 v:

$$v = Q \times S^T = 82.6$$

按综合评价得分值,依据最大隶属原则可以得出,提供运输服务的该山区道路行车安全状况结果,评判为"良好"等级。

第六章　交通系统决策

第一节　系统决策概述

一、决策的特征

1. 决策

作为人们生活和工作中普遍存在的一种活动,决策是为解决当前或未来可能发生的问题选择最佳方案的一种过程。人们在出行时也常常需要进行一系列的决策活动,比如,出行前常常会考虑什么时间出行,乘坐什么样的交通工具,选择哪条线路等,这些都是决策问题。就拿出行时间决策问题来说,出行时间过早可能早到了目的地而白白浪费时间,然而准时出发有可能因交通延误而造成迟到。因此,需要根据具体的交通情况,综合考虑各个可能的影响因素,最终在可能的出行时间方案中做出选择。在实际中,凡是对于同一问题,有多种方案可供选择时,就需要进行决策。

系统决策分析是基于系统评价的结果,在对多个方案进行分析的基础上进行抉择。确定条件下的决策,是容易做出直接判断并进行决策的,但对含有随机性不确定条件的决策,就必须借助于相关的理论,而把这些理论称为决策理论。因此,决策理论就是通过对系统状态、可选取策略以及选取这些策略对系统所产生的后果等对系统进行综合分析和认知,以便从备选方案中选取最优方案的一种指导理论。

根据主观偏好、主观效用和主观概率,再通过系统分析和综合,人们便可进行决策。由此也可看出,决策的本质在反映人的主观认识能力的同时,也必然受到人的主观认识能力限制。近年来,决策支持系统受到人们的重视,也得到了快速的发展。在一定条件下,决策支持系统起到决策科学化和合理化的作用。但是,在真实决策中,被决策对象往往包含许多不确定因素和难以描述的现象。

2. 基本概念

(1)自然状态。

自然状态是不依决策者主观意志为转移的客观环境条件,也常简称为状态或条件。而且,自然状态有如下特点:①客观存在于决策过程中,与决策者主观意志无关;②同一决策问题,只能有一种自然状态,不能几种自然状态并存;③在决策过程中,可以对它们进行数学表述或预测它们出现的概率。例如,出行路径选择的问题,{拥堵,不拥堵}构成了自然状态集;新能源汽车是否投产问题,{节能高,节能一般,节能低}构成了自然状态集。

(2) 备选方案。

备选方案或称行动方案、策略,就是指可供决策者选择的方案。备选方案必须在2个或2个以上(通常有限个)。例如,出行方式选择,备选方案可能是{开车出行,乘出租车出行,乘公交车出行};又如,出行路线选择,备选方案集合为{路线1,路线2,路线3,路线4},需要根据目标值采取相应的方案。

(3) 损益值。

损益值是在不同自然状态下相应方案所产生的损失和效益状态。例如,针对新能源汽车投产问题,对于{节能高,节能一般,节能低}这三种自然状态,如果采取{不生产,小批量生产,大批量生产}三种方案,就有 $3 \times 3 = 9$ 种不同的经济效益状况,这就是损益值,它们构成一个矩阵,称为损益矩阵或风险矩阵。

3. 决策的本质

科学的决策过程,首先要明确决策目标,然后需要通过对自然状态的科学分析,才能对所采取的策略进行合理的选择。它包括确定决策目标、对状态进行科学分析、提出拟采用策略、评价策略效果、选择最优策略或满意策略、做出最终决策等步骤,并通过反馈环节来对实施的决策进行客观的评价及分析(图6-1)。而且,决策的本质是一个反复分析、比较、综合,并做出选择的优化过程,往往需要经过多次反馈和调整才能得出,也正是如此,实际中的决策反映了人们实践—认识—再实践—再认识的过程。

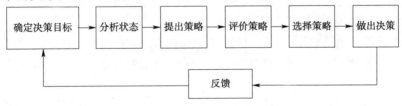

图 6-1 决策过程示意图

4. 决策的特点

(1) 多目标。面对复杂决策问题,决策者关心的目标很多,然而往往这些目标是相互矛盾或冲突的,也相应地提高了决策难度。

(2) 时间延续性。一些重要问题的决策,其影响效果往往要延续很长时间。

(3) 模糊性。决策中常常有一些模糊的因素,如人们对拥堵的感受,要用"通畅、一般、拥堵"等一些含糊不清的概念来表示。

(4) 不确定性。决策之后只能采用一种方案实施,而每个方案出现的结果是不同的,而且具有一定的随机性。

(5) 信息样本的必要性。一般情况下,方案的选定需要一定量信息样本的采集,否则,选出的方案可能是不合理的。如交通状态预测信息,是出行路径选择的重要依据。

(6) 决策的动态性。在一个方案的实施过程中,往往会遇到意想不到的变化,长此以往,又需要做出新的决策,关心另外几个目标。比如,出行中出现的新情况可能会迫使出行者改变其先前的决策。

(7) 决策实施后的影响。经决策而选定的方案对许多方面都会有影响,因此,在方案实施以后,应随时注意收集各方面的反馈信息,从而使决策者对决策带来的各种后果有更全面的了解。

二、决策的过程和步骤

1. 决策问题的组成元素

(1) 决策主体(或称为决策者)。决策主体既可以是个人,也可以是一个集体。决策主体所处的社会、政治、经济环境及决策者个人素质等都将影响决策的制订。

(2) 决策目标。决策目标是决策者希望达到的目标和取得的成果。

(3) 决策方案。决策方案是符合决策者决策要求的,可能被采取的一系列活动(或措施)。每个决策问题中可采取的方案数应不小于1个。

(4) 决策结果。决策结果是方案实施后产生的效果。在确定的情况下,一个方案有唯一的结果;而在不确定的情况下,一个方案有多个可能发生的结果。

(5) 决策准则。决策准则作为评价与选择方案的价值依据,不但受决策目标限定,而且受决策者自身诸多因素的影响。

2. 决策过程

决策过程通常包括以下四个阶段(图6-2)。

(1) 准备阶段。首先,明确决策问题的性质、背景、特征、条件;然后,收集与决策问题相关的经济、技术、社会等方面的信息资料,并按照一定的要求将收集到的信息进行分析及处理。

(2) 计划阶段。通过对收集到的信息进行分析研究,确定预测目标,并对影响预测结果的重要因素进行预测。修改提出新的可行方案,并对方案进行研究和论证。

(3) 选择阶段。对各种可行方案进行综合分析评价及比较,按照一定的决策准则选择最满意的方案。

(4) 实施阶段。现实中,在决策方案实施过程中出现偏差或出现未预料的新情况是经常会遇到的。这就需要在实施过程中根据实际情况不断调整和补充。

3. 决策步骤

例如,某物流公司需要决定第二天是否发货。若发货,当天下雨时将损失1万元,当天不下雨时将获得收益1万元;若不发货,无论是否下雨,由于库存将损失0.3万元。据天气预报,下雨的可能性为0.3,不下雨的可能性为0.7。

此时,决策者需要在此条件下对是否发货这两个方案做出决策,以便公司收益最大。

第六章 交通系统决策

图 6-2 决策过程示意图

（1）确定目标。通过调查研究，决策者根据实际情况制订目标。一般而言，决策者的目的总是设法使被控的系统或实体，按照要求的方式进行活动，从而达到预期的结局，如利润最大、成本最小、在最短时间内完成任务等。在本例中，物流公司的目标是收益最大化。

（2）判定自然状态及其概率。分析可能出现的自然状态，并估计各自然状态出现的可能性大小。决策者通过对试验或调查收集到的信息，并结合自身的经验，进行综合分析并进行处理，从而估计自然状态出现概率，量化各自然状态出现的可能性。上述量化过程，是决策者对未来的主观估计，故称之为主观概率。在本例中，自然状态分别为下雨和不下雨两种，并对这两种自然状态发生的概率做出相应的判断，即为 0.3 和 0.7。

（3）拟定备选方案。根据目标和客观条件的限制，预先制订多个供比较选择的可行备选方案。本例中共有两个备选方案，即｛发货，不发货｝。

（4）评价方案。分析计算出的各备选方案在各自然状态下的损益值，从而实现对各备选方案的评价。本例中，对"发货"这一方案，在下雨和不下雨两种自然状态下，收益值分别为 -1 万元和 1 万元；对"不发货"这一方案，无论自然状态是天下雨还是天不下雨，收益值均为 -0.3 万元。

（5）选择方案。在完成前述步骤后，决策者便可按照一定的决策准则选出最优（或满意）方案。这里决策准则反映出决策者心中最优方案的优势，因此对于不同的决策者来说,可能所遵循的决策准则也有所不同。决策准则有最大可能准则、期望值准则、悲观准则、乐观准则、折中准则等可能性准则、遗憾准则等。

三、决策问题分类

1. 按照决策重要性分类

决策的重要程度不同,决策的种类也可不同,如可依据重要程度将决策分为战略决策、策略决策和执行决策。

战略决策是涉及系统全局和长远问题的决策。如某大城市是否采用地铁系统就是该城市交通发展的战略决策。策略决策是为了完成战略决策所规定的目标而进行的决策。如某大城市决定采用地铁系统后,各线路、车站的选址。执行决策是根据策略决策的要求,选择具体的行动方案。如对地铁系统各线路、车站设计方案等。

2. 按照决策结构分类

由于决策结构可分为程序化和非程序化两种,因此也可将决策分为非程序化决策和非程序化决策。

程序化决策是根据某一设定的程序,即可在备选方案中选出最优化方案的决策,这类决策一般是可重复、有章可循的决策。当决策因其复杂等无法使用常规程序实现决策,此时可采用非程序化决策方式。这类决策是一种非例行决策,由于受许多因素影响,没有规律可循,不可能建立一套通用的决策模式。

3. 按照决策确定程度分类

按决策确定程度可将决策分为确定型决策、风险型决策和不确定型决策三种。

当某种自然状态肯定会发生时(即该自然状态发生的概率为1),此时的决策即为确定型决策。当各种自然状态发生的概率已知时,决策问题便成为风险型决策。而不确定型决策是指部分或全部可能发生的自然状态发生的概率未知时需要进行的决策。

4. 按照决策目标数量分类

一般地,决策目标可为单目标或多目标,因此可将决策分为单目标决策和多目标决策。

单目标决策问题因只涉及一个目标,从而比较简单,如决策目标是提高交通安全。而多目标决策问题则复杂得多,可能因有些决策目标存在着一定的冲突,因此需要在多个决策目标进行权衡,如既要保证交通安全,也要提高运输效率。

第二节 决策树及多目标决策

一、决策树

决策树法实际上是将期望值准则的决策过程用树状图加以表示的方法,是一种比较简便、直观、常用的方法。该方法依据逻辑关系将各种备选方案、可能出现的状态以及决策产生的结果,分别以方块、圆圈和三角为节点,并通过直线连接,从而形成的一种树形图,以此来进行决策。

决策树的结构如图6-3所示。

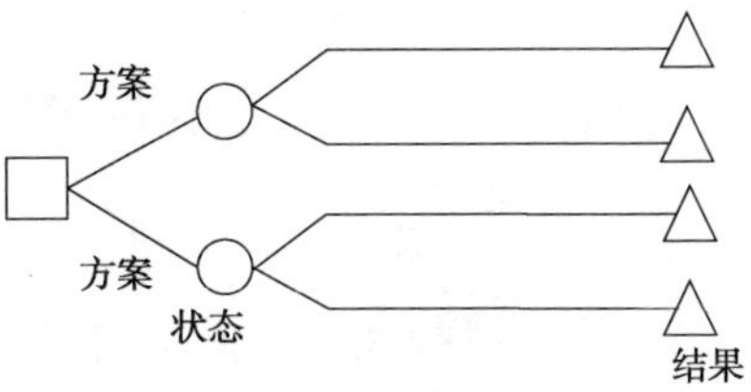

1. 概念

(1)决策节点。表示需要在此进行选择,在决策树中用○代表,且从决策节点引出的每一个分枝都代表一个方案。

(2)状态节点。在决策树中用○代表,从它引出的分枝代表其后续状态,分枝上的数字表示自然状态及其发生的概率。

图6-3 决策树结构图

(3)结果节点。表示在不同选择下的结果,并在节点旁标注损益值。该类节点一般用△代表。

(4)分枝。在决策树中用连接两个节点的线段表示,包括概率枝和方案枝。概率枝是指连接状态节点和结果节点的分枝;而连接决策节点和状态节点的分枝则为方案枝。

2. 过程

基于决策树法的决策过程如下。

(1)画决策树。提出各种可行方案,预计可能发生的自然状态及其发生的概率,并估计各方案在各自然状态下的损益值,按照前述决策树结构画出决策树。

(2)计算期望损益值。从结果节点开始,按照自右向左的方向计算每个状态点和决策点的期望损益值,并在相应的节点旁注明。

(3)比较、剪枝及决策。对比期望损益值的大小,将收益最大(或损失最小)的期望值标在相应的决策节点上,表示该方案即为决策选择的方案,而把其他的方案删除掉。

二、多目标决策问题

在实际的出行中,多目标决策是经常会遇到的问题。例如:在我们选择出行方式时,常常会权衡出行费用、出行时间、可能的换乘次数、安全性等。

一般地,一个多目标决策问题包括5个基本要素。

(1)决策变量 $x = (x_1, x_2, \cdots, x_n)^T$。

(2)目标函数 $f(x) = (f_1(x), f_2(x), \cdots, f_m(x))^T, m \geq 2$。

(3)可行解集 $X \subseteq R^n, X = \{x \in R^n | g_i(x) \leq 0, i = 1, 2, 3 \cdots, p, h_r(x) = 0, r = 1, 2, \cdots, q\}$。

(4)在像集上 $f(X) = \{f(x) | x \in X\}$ 有某个二元关系 < 反应决策者的偏好关系。

(5)解的定义。如何在已知的偏好关系下定义 f 在 X 上的最好解。一般地,多目标决策问题可描述为 $\min f(x) = (f_1(x), f_2(x), \cdots, f_m(x))$

$$\text{S.t.} \begin{cases} g_i(x) \leq 0, i = 1, 2, \cdots, p \\ h_r(x) = 0, r = 1, 2, \cdots, q \end{cases} \quad (6-1)$$

其中，x 为 n 维决策向量。记可行域为：

$$X = \{x \in R^n \mid g_i(x) \leq 0, i = 1, 2, \cdots, p, h_r(x) = 0, r = 1, 2, \cdots, q\} \tag{6-2}$$

在多目标问题中，能使得所有目标函数同时得到最优解的情况并不多见。此时就要需要考虑非劣解（或称为有效解）的概念。如果称某可行解 x 是有效解，是指不存在其他的可行解 x'，使得 x' 的各目标值 $f_k(x')$ 都不劣于可行解 x 的各目标函数值 $f_k(x)$（$k=1,2,\cdots,m$），且至少有某一 $k_0, f_{k_0}(x')$ 的值要优于 $f_{k_0}(x)$。

三、多目标决策问题的特点

在多目标决策问题中，需要注意目标间的不可公度性和目标间的矛盾性。目标间的不可公度性是指因为各个目标没有统一的度量标准而难以进行比较。例如在出行方式选择问题中，出行费用的量纲是"元"，出行时间的量纲为"小时"（或"分钟"），换乘次数则以次数来计，而安全性则显得模糊。然而，目标间的矛盾性是指由于某一目标值采用某一种方案进行了改进，可能会导致另一个目标值变好或变坏。例如，在某些情况下出行费用与出行时间常常是相互矛盾的。

正是由于多目标之间的矛盾性和不可公度性，不能把多目标简单地合并成单目标，也不能使用单目标决策问题的方法去解决多目标决策问题。

第三节 博 弈 论

一、博弈论概述

博弈论是一门研究策略思维的科学，其发展历程并不长久，从起初的零和博弈逐步经过非零和、完全信息、非完全信息、理性博弈，发展到有限理性的博弈。

博弈论思想古已有之，在我国古代著名的田忌赛马中就有所体现。有关博弈模型的研究可追溯到 19 世纪。法国人古诺于 1838 年提出的关于寡头垄断的模型以及伯川德 1883 年提出的伯川德模型中都蕴含了博弈论的基本内容。

1928 年伟大的数学家冯·诺伊曼提出了关于非合作二人零和博弈的"最小最大定理"，成为博弈论发展历史上的第一个里程碑。1944 年，随着冯·诺伊曼和经济学家摩根斯坦合著的 Theory of Games and Economic Behavior 一书的出版，标志着博弈论正式成为一门学科。

20 世纪 50 年代，是合作博弈研究的鼎盛时期，而非合作博弈论还处于萌芽阶段。1950 年，纳什在研究非合作博弈时提出著名的均衡概念（即纳什均衡），并运用严谨的数学推导和简洁的文字对纳什均衡这个概念进行准确的定义，从而开创了非合作博弈理论，并对合作博弈（Cooperative Game）和非合作博弈（Non-cooperative Game）进行了区分和定义。同年,塔克给出了囚徒困境(Prisoner's dilemma)的范例,充分地体现出个体理性与集体理性之间的矛盾,向亚当·斯密关于"看不见的手"经济理论提出了挑战。该工作连同纳什均衡为非合作博弈理论奠定了坚实的基础,并成为博弈论发展史上的又一个重要里程碑。

20世纪60到80年代,博弈论得到了长足发展。在这一时期里,诸如"微分均衡(Diffrential Equilibrium)""强均衡(Strong Equilibrium)""重复博弈(Repeated Game)"等概念相继被提出,其中最重要的代表性成果是约翰·哈萨尼关于不完全信息的"贝叶斯纳什均衡(Bayesian Nash Equilibrium)"概念。在同一时期,进化博弈(Evolutionary Game)也得到了快速的发展。知名国际杂志 International Journal of Game Theory 于1972年创刊,标志着博弈论走向成熟系统的发展阶段。

自20世纪70年代以来,博弈论逐渐成为经济学的一大重要分析工具,尤其是在揭示经济行为相互制约的性质方面,得到了广泛的应用。不仅在经济学中,博弈论同时也在政治学、军事学、生物学、统计学等多门学科中得到了应用。这个时期,非合作博弈理论也得到了进一步深化,产生了一些诸如拍卖理论、激励理论等学说。1994年,纳什、哈萨尼和泽尔腾因非合作博弈均衡领域的开创性贡献荣获了诺贝尔经济学奖。从此,博弈论成为学术界最活跃的研究领域之一。罗伯特·奥曼和托马斯·谢林在运用博弈论来分析冲突与合作方面进行了大量工作,并因此于2005年荣获了诺贝尔经济学奖。此外,1996年和2001年的诺贝尔经济学奖均授予研究非对称信息市场的学者,其中的理论支柱就涉及非合作博弈的部分理论。

二、博弈论基础

1. 博弈模型的基本要素

在研究博弈问题时,需要建立数学模型来进行分析。博弈的表示形式可分为标准形式(Normal Form Game)和扩展形式(Extensive Form Game),但都需包括以下三个基本要素。

(1)局中人(players)。

博弈中能够决定自己行动方案的决策参与者称为局中人。若博弈中有 n 个局中人,则局中人的集合可表示为 $I=\{1,2,\cdots,n\}$。一般情况下,一个博弈中至少有两个局中人。局中人不仅可以是个人,还可以是具有共同利益的一个集体,如球队、企业,甚至是一个非正式的群体。

需要注意的是,博弈论中假设:对每个局中人而言,不存在利用其他局中人决策的失误来扩大自身利益的行为。

(2)策略集(strategies set)。

在博弈中,对于局中人而言,如果存在一个切实可行且完整的行动方案,那么就称行动方案为一个策略。而策略集(也称为策略空间)则包含多个策略,且通常每个局中人的策略集中至少应包括两个策略。在明确所有可能收益条件下(即完全信息),在每个给定信息下只能选择一种特定策略,则称为纯策略(pure strategy);如果在每个给定信息下只以某种概率选择不同策略,则称为混合策略(mixed strategy)。由此可知,混合策略是纯策略在策略空间上的概率分布,而纯策略则是混合策略的特例。如果用效用来表示纯策略的收益,那么混合策略的收益就以预期效用来表示。

在不引起混淆的情况下,博弈的策略集通常记为 $S = s_1 \times s_2 \times \cdots \times s_n$,也就是各个局中人混合策略集的笛卡儿乘积。

(3)支付函数(payoff functions)。

在博弈中,每个局中人各出一个策略 s_i,从而组成的策略组合就称为一个局势,并记为 $s = (s_1, s_2, \cdots, s_n)$。当给定一个局势后,各局中人在该策略组合下的所得或所失可以用一个结果来表示。由于博弈中涉及的得失常常是诸如利润、损失等数量,因此将这些得失数值称为各局中人在该局势下的"支付"(Payoff)。显然,支付值是随着局势的变化而变化的,因此可将它定义为在局势集合上的函数,即支付函数(Payoff Function),也称为效用函数(Utility Fuction),且局中人 i 的支付(或效用)函数记为 $u_i(s_1, s_2, \cdots, s_n)$。而且,对于一个博弈来说,需要对支付函数做出明确规定,因为支付函数是分析博弈模型的基础。虽然,各局中人在各种情况下的支付都是客观存在,但并不是所有的局中人都了解其他所有局中人的支付值,由于信息完全的程度不同,因而就构成了两类不同的博弈模型,即完全信息和不完全信息博弈类型。

一般地,一个静态博弈模型可由上述三个要素进行描述,即 $G = \{I, S, u\}_{i \in I}$。然而,在动态博弈模型中,还要涉及各个局中人决策的次序。

(4)进行博弈的次序(orders)。

当决策活动中存在多个独立决策方进行决策时,很多情况下各博弈方的决策又有先后之分,而且有时各局中人还要作不止一次的决策选择,这时决策的次序是非常重要的,因为博弈的次序不同将可能造成博弈结果的不同。

2. 博弈的类型

在确定上述基本要素的基础上,可以从不同角度对博弈模型进行分类。

(1)合作博弈与非合作博弈。

根据各局中人之间是否合作,可以分为合作博弈(Cooperative Game)和非合作博弈(Non-cooperative Game)。合作博弈就是指各博弈方能达成某种有约束力的契约或默契以选择共同的策略,主要强调团体理性;反之,就属于非合作博弈,而且非合作博弈主要强调个体理性。

(2)零和博弈、常和博弈与变和博弈。

根据各局中人支付函数的代数和,可以分为零和博弈(Zero-sum Game)、常和博弈(Constant-sum Game)与变和博弈(Variable-sum Game)。零和博弈,也称为"严格竞争博弈",是指所有博弈方的收益总和为零,如各种赌博。由于收益总和为零,因此零和博弈的局中人之间无法和平共处。常和博弈则是指所有博弈方的得益总和不再等于零,而是等于一个非零的常数。变和博弈是指各方得益总和会随着博弈参与者选择的策略不同而有所变化。

(3) 静态博弈与动态博弈。

根据局中人对策略的选择是否与时间相关,可分为静态博弈(Static Game)与动态博弈(Dynamic Game)。静态博弈是指在博弈时所有局中人同时或可看作同时选择策略并采取行动。如果在博弈中,各博弈方的选择和行动有先后顺序,且后行博弈方可根据先行博弈方的策略制定自己的策略,这类博弈就属于动态博弈。在动态博弈中,如果同一个博弈反复进行多次,那么就称这类博弈为重复博弈(Repeated Game),且每次重复称为一个阶段博弈,在每个阶段博弈之前,所有局中人都了解这之前的每个阶段每个局中人的策略和支付值。重复博弈根据重复的次数又分为有限次重复博弈(Finitely Repeated Game)和无限次重复博弈(Infinitely Repeated Game),另外还有一种随机结束的重复博弈。

(4) 完全信息博弈与不完全信息博弈。

根据各博弈方在博弈中所掌握的信息是否完全,可分为完全信息博弈(Complete Information Game)与不完全信息博弈(Incomplete Information Game)。在完全信息博弈中,每一个参与者都拥有有关自己和其他局中人的策略空间、支付函数等知识的全部相关信息。而不完全信息博弈是指某个参与者只拥有部分相关信息。

除了上述分类外,还有许多其他的分类方式,在此不再详述。

对于一般非合作博弈,还可以细分为:完全信息静态、完全信息动态、不完全信息静态和不完全信息动态博弈四类。

3. 纳什(Nash)均衡

纳什均衡是博弈理论体系的核心概念和重要基础。为了简单起见,下面仅介绍完全信息静态博弈 $G = \{I, S, u\}_{i \in I}$ 的纳什均衡。

定义 6.1 若存在局势 $(s_1^*, s_2^*, \cdots, s_n^*)$,对 $\forall i \in I, \forall s_i \in S_i$ 同时满足以下 n 个不等式,

$$u_i(s_1^*, \cdots, s_{i-1}^*, s_i^*, s_{i+1}^*, \cdots, s_n^*) \geq u_i(s_1^*, \cdots, s_{i-1}^*, s_i, s_{i+1}^*, \cdots, s_n^*) \quad (6-3)$$

则称该局势 $(s_1^*, s_2^*, \cdots, s_n^*)$ 为博弈 $G = \{I, S, u\}$ 的一个纳什均衡。

纳什均衡体现了博弈的稳定状态,其核心思想是理性的博弈就是局中每一方都采取在其他方给定策略时的最优策略。对于不同的博弈模型,纳什均衡的表示形式可能有所不同,但核心思想是一致的。

三、混合策略 Nash 均衡与 Wardrop 均衡

在交通分配中,Wardrop 均衡原则起到了重要的指导作用。如果将交通分配看作是 n 个局中人的非合作博弈,支付函数为路径行驶时间函数,那么就形成了以混合策略纳什

均衡博弈为基础的交通分配。下面从单起讫点的简单路网进行分析,可以看出混合策略纳什均衡与 Wardrop 均衡之间的关系。

假设在单起讫点的简单路网中有 n 个用户,根据确定性的用户均衡交通分配模型,在网络达到 Wardrop 均衡的时候,用户选择行驶时间最短的路径,即:

$$v_j = 0 \Leftarrow c_j(v) > \min_k c_k(v) \quad \forall j \tag{6-4}$$

$$v_j > 0 \Rightarrow c_j(v) = \min_k c_k(v) \tag{6-5}$$

式中:v_j——路径 j 的流量;

$c_j(v)$——选择路径 j 的成本(这里为行驶时间);

$c_k(v)$——网络中任意路径 k 的出行成本。

使用博弈论的方法考虑交通分配问题,用户 a 面临着不同路径选择的混合策略纳什均衡博弈。

用户 a 的混合策略 s_a 是纯策略 π_{aj} 的线性组合:

$$s_a = \sum_j \pi_{aj} p_{aj} \tag{6-6}$$

式中:s_a——用户 a 的混合策略;

p_{aj}——用户 a 选择路径 j 的概率;

π_{aj}——纯策略。

当支付函数为路段阻抗函数时,可以将混合策略的支付函数表达如下:

$$c_a(s) = \sum_j p_{aj} c_a(s_{-a}, \pi_{aj}) \tag{6-7}$$

式中:$c_a(s)$——用户 a 采用混合策略时的支付函数(即总行驶时间);

$c_a(s_{-a}, \pi_{aj})$——其他用户的选择策略为 s_{-a} 时,a 用户选择路径 j 的行驶时间。

由于 n 个用户都是同质的,当达到混合策略纳什均衡时,所有用户选择路径 j 的概率和行驶时间相同,满足

$$p_{1j} = p_{2j} = \cdots = p_{nj} \tag{6-8}$$

$$c_1(s_{-1}, \pi_{1j}) = c_2(s_{-2}, \pi_{2j}) = \cdots = c_n(s_{-n}, \pi_{nj}) \tag{6-9}$$

由此,可以得到均衡时选择路径 j 的流量为 $p_{nj}n$。根据大数定理,当 n 增加时,用户 a 可以选择更小的 $c_n(s_{-n}, \pi_{nj})$ 的路径,也就是一个纳什均衡,即:

$$p_j = 0 \Leftrightarrow p_{aj} = 0 \Leftarrow c_a(s_{-a}, \pi_{aj}) > \min_k c_a(s_{-a}, \pi_{ak}) \quad \forall a, j \tag{6-10}$$

$$p_j > 0 \Leftrightarrow p_{aj} > 0 \Leftarrow c_a(s_{-a}, \pi_{aj}) = \min_k c_a(s_{-a}, \pi_{ak}) \quad \forall a, j \tag{6-11}$$

以上条件是混合策略纳什均衡的充分必要条件,所以当 n 取无穷大时,Wardrop 第一均衡准则与混合策略纳什均衡准则是等价的。

四、斯塔克尔伯格博弈

斯塔克尔伯格博弈(Stackelberg)是按照时间先后顺序进行的博弈,通常领导者先做

出决策,跟随者再做出决策。由于斯塔克尔伯格博弈能够更好地反映出交通管理者与出行者之间的互动关系,因此近年来成为建立两者博弈模型的主要理论之一,这里将重点介绍该博弈模型。斯塔克尔伯格博弈的定义如下:

给定一个2人对策,且存在局中人1和局中人2两种类型。局中人1首先给出其策略,并用L表示,即局中人1为对策的主方;而局中人2则为对策的从方,主要是响应主方的策略,一般用F表示。设U是主方的策略集,$U \in R$,策略$u \in U$;V是从方的策略集,$V \in R, v \in V$。设C_L和C_F分别为主方和从方的成本函数,$U \times V \to R$。通过各自从可行策略集U和V中分别选择策略u和v,其中主方的目标是极小化其成本函数$C_L(u,v)$,从方的目标是极小化其成本函数$C_F(u,v)$,如果对于$u \in U, v \in V$满足:

$$C_L(u',v') < C_L[u,v^0(u)] \tag{6-12}$$

其中:

$$C_L[u,v^0(u)] = \min C_L(u,v) \tag{6-13}$$

$$v' = v^0(u') \tag{6-14}$$

那么就称策略对(u',v')是作为主方的局中人1和作为从方的局中人2的斯塔克尔伯格策略。

五、博弈论在交通中的应用

我国许多城市为了缓解交通拥堵问题,相继采取了尾号限行的交通需求管理政策,但由于存在着全面检查的困难,一些抱有侥幸心理的驾驶员会采取遮挡号牌的策略以期蒙混过关。本节利用博弈论方法来分析交警与驾驶员之间的博弈关系。假设该博弈中的局中人1和局中人2分别为交警与驾驶员,且认为他们均是理性经济人,在信息完全对称的条件下,认为所有局中人的策略选择是同步的。

在驾驶员采取遮挡号牌的情形下,如果交警没有设立检查的话,该驾驶员因能够继续驾车出行而获得一定的收益;相反如果设立检查的话,驾驶员不仅不能继续出行,而且还会受到相应的处罚;另一方面,交警因没有设立检查,除了不能对违章者处以应有的处罚外,还对社会造成一定的负面影响;在采取设立检查的策略下,交警在处罚违章者的同时,需要支付检查的成本。此外,查到违章将对交通管理起到积极的影响。如果驾驶员不遮挡号牌的话,交警因设立检查,需要承担一定的成本。据此分析,可得到表6-1所示的博弈矩阵。

遮挡号牌检查博弈矩阵　　　　　　　　表6-1

驾驶员	交警	
	检查	不检查
遮挡	(−F −R, F−C+S)	(R, −F−S)
不遮挡	(0,−C)	(0,0)

其中：F——驾驶员因遮挡号牌而受到的处罚；
R——驾驶员因遮挡号牌而获得的出行收益；
S——检查出遮挡号牌违章行为所带来的积极效应，及没有检查时的负面影响；
C——交警设立检查所需的成本。

由于现实中上述博弈双方均以一定的概率随机选择策略，且双方很难在博弈中达成一致，因此是一个混合策略的博弈问题。令交警设立检查的概率为 p_1，限行的驾驶员遮挡号牌的概率为 p_2。

则交警一方的预期收益：

$$E_1 = p_1[p_2(F-C+S) - C(1-p_2)] - p_2(1-p_1)(F+S) \tag{6-15}$$

式(6-15)的最优化一阶条件为：

$$p_2(F-C+S) - C(1-p_2) + p_2(F+S) = 0 \tag{6-16}$$

故：

$$p_2^* = \frac{C}{2(F+S)} \tag{6-17}$$

同理，驾驶员一方的预期收益：

$$E_2 = p_2[(1-p_1)R - p_1(F+R)] \tag{6-18}$$

式(6-18)的最优化一阶条件为：

$$R - p_1(F+R) - p_1 R = 0 \tag{6-19}$$

故：

$$p_1^* = \frac{R}{2R+F} \tag{6-20}$$

由式(6-17)可以看出，驾驶员遮挡号牌的概率与罚金 F、对社会的影响 S 及交警设立检查的成本相关。可以看出处罚力度越大，对社会影响越大，驾驶员选择遮挡号牌的概率越小。而设立检查成本越低，在一定程度上表明交警设立检查的概率越大，此时也会有效抑制遮挡号牌的违章行为。将式(6-20)变为 $p_1^* = 1/(2+F/R)$，显然处罚力度的降低或是驾驶员出行收益的增加，都有可能促使驾驶员遮挡号牌，此时应尽可能地设立检查。

第四节　数据包络分析法

一、数据包络法概述

数据包络分析(Data Envelopment Analysis，DEA)作为运筹学的一个新研究领域，是美国著名运筹学家 Charnes 等人提出的，是在相对效率为概念的基础上发展而来的一种有关效率的评价方法，它是研究同类型生产决策单元相对有效性的有力工具。

生产率(Productivity)是指生产过程中投入转化成产出的效率,那么对于单输入单输出的生产过程,其生产率可定义为:输出/输入。生产过程通常需要资本和劳动,我们可以增加资本的投入而减少劳动的投入,当生产出和原来一样多的产品时,劳动生产率将会因为劳动投入的减少而提高,而资本生产率却由于资本投入的增加而降低。所以,单要素生产率并不能很好地反映生产率变动。因此,通常使用"全要素生产率"及其变动来测量生产率水平和生产率的变化。与单要素生产率不同,全要素生产率是指总产出与综合要素投入的比率。

图 6-4 所示的一个单投入(X)单产出(Y)的简单生产过程为例。OF 表示生产前沿面(Production Frontier),表示不同投入所能获得的最大产出水平。A 代表无效,B、C 都代表有效。在 A 点运行时,可通过不增加投入而使产出达到 B 水平,也可在产出不变的情况下,将投入减少至 C 水平。

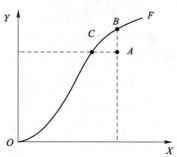

图 6-4 单投入单产出的简单生产过程分析示例

Charnes 等人在仿效单输入单输出效率定义的基础上,得到了具有多输入多输出生产有效性的分析方法,并将其定义为:输出项加权和/输入项加权和,从而建立了仅仅依靠分析生产决策单元(Decision Making Unit, DMU)的投入与产出数据来评价多输入多输出决策有效性的评价体系。

生产决策单元(DMU)确定的主导原则是:通过某一个视角,其各 DMU 具有相同的输入和输出,对这些输入输出数据进行综合分析,得出每个 DMU 效率的相对指标,并在此基础上将所有 DMU 定级排队,确定相对有效的 DMU,并指出其他 DMU 非有效的原因和程度,给主管部门提供管理决策信息。

DEA 方法处理多输入,特别是多输出问题的能力是具有绝对优势的。主要是由于以下两个方面:

(1)以决策单元的输入输出权数为变量,DEA 从最有利于决策单元的角度进行评价,这样就有效避免了确定各指标在优先意义下的权数。

(2)DEA 具有很强的客观性。因为输入和输出之间可能存在的某种显式关系不必确定,这样就排除了许多主观因素。

DEA 可看作一种本质是最优性的新的统计方法。DEA 是从样本数据中分析出样本集合中处于相对有效的样本个体,是致力于将有效样本与非有效样本分离的"边界"方法,它克服了错用生产函数的风险及平均性的缺陷。DEA 的出现给研究多输入多输出条件下的生产函数开辟了新的途径。

目前,DEA 的应用十分广泛,不仅扩展到军用飞机的飞行、基地维护与保养、陆军征兵、城市评价等方面,而且在金融机构、电力企业、私人商业公司及公共事业的评价中也得到成功的运用,还被应用在学校评价、森林规划以及棉纺工业、冶炼工业、教育科研机构的评价研究中。

二、数据包络法基础理论

虽然在数据包络法理论体系中,拥有多种 DEA 模型,如 C^2R,BC^2,FG,及 ST 模型等,但 C^2R 模型最具代表且应用最为广泛,因此这里将重点介绍 C^2R 模型。

C^2R 模型是用投入与产出的比例方式来评估效率,基于数学规划和统计数据确定相对有效的生产前沿面,将各个的生产决策单元投射到生产前沿面上,并通过比较生产决策单元偏离生产前沿面的程度来评价它们的相对有效性,凡是落在生产前沿面的 DMU 称 DEA 有效,落在有效前沿面以内的 DMU 称非 DEA 有效。

假设有 n 个 DMU,每个 DMU 有 m 种投入和 p 种产出,其中 DMU_j 的投入记为 $X_j = (x_{1j}, x_{2j}, \cdots, x_{ij}, \cdots, x_{mj})^T$,产出记为 $Y_j = (y_{1j}, y_{2j}, \cdots, y_{ij}, \cdots, y_{pj})^T$。方便起见,简记 DMU_{j0} 为 DMU_0,且对应的输入输出数据分别为 $x_0 = x_{j0}, y_0 = y_{j0}, 1 \leqslant j_0 \leqslant n$。那么,$DMU_0$ 的最大相对率值为:

$$\max\ h_0 = \frac{U^T Y_0}{V^T X_0} \tag{6-21}$$

$$s.t.\ \frac{U^T Y_j}{V^T X_j} \leqslant 1 \quad (1 \leqslant j \leqslant n)$$

其中,$U = (u_1, u_2, \cdots, u_p)^T$ 和 $V = (v_1, v_2, \cdots, v_m)^T$ 分别为投入与产出指标的权系数向量。

式(6-21)实际上就是分别寻找能使各 DMU 的投入产出效率 h_0 最大的权值。而且,每个决策单元的有效性都是相对于其他单元而言的,故其效率值为相对效率值,而且可以相互比较。由于式(6-21)是一个分式规划,可利用 Charnes – Cooper 变换,并令 $t = 1/V^T X_0, \omega = tV, \mu = tU$,转换为:

$$\max V_p = \mu^T Y_0 \tag{6-22}$$

$$s.t.\ \omega^T X_j - \mu^T Y_j \geqslant 0 \quad (1 \leqslant j \leqslant n)$$

$$\omega^T X_0 = 1$$

其对偶形式为:

$$\min\ \theta \tag{6-23}$$

$$s.t.\ \sum_{j=1}^{n} X_{ij} \lambda_j + S_i^- = \theta X_0 \quad (1 = 1, 2, \cdots, m)$$

$$\sum_{j=1}^{n} Y_{rj} \lambda_j - S_r^+ = Y_{r0} \quad (1 = 1, 2, \cdots, p)$$

上式中 θ 为决策单元 DMU_0 的相对效率值($0 \leqslant \theta \leqslant 1$),即投入相对于产出的有效利用的程度。$S_i^-$ 和 S_r^+ 为松弛变量,分别表示第 i 种资源的无效投入量和第 r 种产出的不足量。根据 θ, S_i^- 和 S_r^+ 的值,可将决策单元分为三大类:

(1) $\theta^0 = 1$ 且 $S_i^{0-} = S_r^{0+} = 0$ 时，则 DMU_0 为 DEA 有效，即在这个决策单元组成的经济系统中，资源获得了充分利用，投入要素达到最佳组合，取得了最大的产出效果；

(2) $\theta^0 = 1$ 且某个 $S_i^{0-} > 0$ 或某个 $S_r^{0+} > 0$ 时，则 DMU_0 为 DEA 弱有效；

(3) $\theta^0 < 1$ 时，DMU_0 为非 DEA 有效。

三、数据包络法在交通上的应用

假设某市包含 n 个独立的区域 $R_j(j=1,\cdots,n)$，每个区域内的电动汽车保有量为 Q_j $(j=1,\cdots,n)$。为了满足所有电动汽车充电的需求（这里考虑所有电动汽车同时充电的情景），现在此 n 个独立区域内选择设立若干个充电站，所设立的充电站的规模可自己按需要设定，设立充电站的总预算成本不得超过 C^T。充电站按照规模可划分为 m 种类型，记 $E_i(i=1,\cdots,m)$，并且已知：第 i 类充电站 E_i 同时可为 $q_i(i=1,\cdots,m)$ 辆电动汽车服务，设立成本为 $c_i^S(i=1,\cdots,m)$，运行成本为 $c_i^R(i=1,\cdots,m)$。设定每个独立区域内最多设立一个充电站。

此外，考虑到电动汽车跨区域充电具有一定的代价，记 $c_{ij}^C = cd_{ij}$（其中，c 为单位里程成本，d_{ij} 为区域 i 与区域 j 之间的距离）为跨区域充电成本。

基于数据包络分析的充电站选址问题，传统 DEA 方法无法对有效决策单元进行排序，因为此方法将有效单元视作无差异。Andersen 与 Petersen 提出了能够衡量有效单元相对于其他单元优势程度的 Super 效率方法，可以用来对有效单元进行排序。这一方法的关键在于：在评价某个决策单元时，对该决策单元的效率不加以约束，但其他决策单元的效率均约束为不大于 1。

在上述充电站选址问题中，每个区域的决策方案有 $m+1$ 种（可以设立为 m 种规模充电站中的一种，或者是不设立）。因此，对于该选址问题总共有 $N=(m+1)^n$ 种选址方案。若将这些方案视为 N 个决策单元，将各种方案下的总服务能力 q^A 视为产出，将各种方案下的总成本 c^A 视为投入，则可建立如下 Super 效率 DEA 模型：

$$\beta_k^{super} = \max \frac{uq^A(k)}{vc^A(k)} \qquad (6-24)$$

$$s.t. \quad \frac{uq^A(t)}{vc^A(t)} \leq 1 \qquad t=1,2,\cdots,N, t \neq k$$

$$N = (m+1)^n$$

$$u \geq 0, v \geq 0$$

其中，$q^A(t)$ 和 $c^A(t)$ 分别表示第 t 种决策方案下的总服务能力和总成本。

式（6-24）所示的数学规划等价于如下整式规划：

$$\beta_k^{super} = \max u\, q^A(k) \qquad (6-25)$$

$$s.t. \quad uq^A(t) - vc^A \leq 0 \qquad t=1,2,\cdots,(m+1)^n, t \neq k$$

$$vc^A(k) = 1$$
$$u \geq 0, v \geq 0$$

记 0-1 变量 $Y_{ijt}(i=1,\cdots,m;j=1,\cdots,n;t=1,\cdots,N)$ 表示在 t 种决策方案中, 在区域 j 是否设立第 i 类充电站("1"表示设立,"0"表示不设立), $X_{ijt}(i=1,\cdots,m;j=1,\cdots,n, t=1,\cdots,N)$ 表示在 t 种决策方案中,设立于区域 i 的充电站同时可为区域 j 电动汽车充电的数量。

那么,式(6-25)可写为如下形式:

$$\beta_k^{super} = \max u\, q^A(k) \tag{6-26}$$

$$s.t. \quad uq^A(t) - v_1 c^c(t) - v_2 c^s(t) - v_3 c^R(t) \leq 0 \quad t = 1,2,\cdots,(m+1)^n, t \neq k$$
$$v_1 c^c(t) + v_2 c^s(t) + v_3 c^R(t) = 1$$
$$q^A(t) = \sum_{j=1}^{n} \sum_{i=1}^{m} Y_{ijt} q_i$$
$$TC(t) = \sum_{i=1}^{n} \sum_{j=1}^{n} c X_{ijt}^* D_{ij}/S_{ij} F_{ij}$$
$$c^S(t) = \sum_{j=1}^{n} \sum_{i=1}^{m} Y_{ijt} c_i^S$$
$$c^R(t) = \sum_{j=1}^{n} \sum_{i=1}^{m} Y_{ijt} c_i^R$$
$$\sum_{i=1}^{m} Y_{ijt} \leq 1$$
$$c^S(t) \leq c^T$$
$$\sum_{i=1}^{n} X_{ijt}^* \geq Q_j, \forall t$$
$$\sum_{j=1}^{n} X_{ijt}^* = \sum_{i=1}^{m} Y_{ijt} q_i$$
$$u \geq 0, v_1, v_2, v_3 \geq 0$$

其中, $Y_{ijt}, u, v_1, v_2, v_3$ 是决策变量。

式(6-26)中, X_{ijt}^* 是求解所有电动汽车充电成本总和最小优化问题的最优解(即系统最优):

$$\min c^c(t) = \sum_{i=1}^{n} \sum_{j=1}^{n} X_{ijt} c d_{ij}$$
$$s.t. \quad \sum_{i=1}^{n} X_{ijt} \geq Q_i, \forall t$$
$$\sum_{j=1}^{n} X_{ijt} = \sum_{i=1}^{m} Y_{ijt} q_i \tag{6-27}$$

X_{ijt} 为决策变量,且 d_{ijt} 已知。

在通过式(6-26)得到对所有决策方案的 Super 效率基础上,经过对 $\beta_t^{super}(t=1,2,\cdots,(m+1)^n)$ 排序,便可得到最佳充电站选址方案 t^* 。

第七章　交通系统优化

第一节　系统优化

一、系统优化的基本概念

在生产过程中,技术人员往往面临着一系列最优选择的问题,例如,在设计中应选择什么样的参数,才能达到既满足要求又降低成本的设计要求;在资源分配中,为了既能满足各方面的基本要求又能获得好的经济效益,应该选择什么样的分配方案;在生产计划中,应该选择什么样的计划方案才能提高产值和利润;在原料配比中,怎样确定各种成分的比例才能提高质量和降低成本;在城建规划中,为了促进各行各业的发展及方便广大群众,应该怎样安排每一家单位的布局。

这些实际问题的目标都是选择最优方案。在所有可能的备选方案中,按照既定的标准选出最合理的、最能满足既定目标的方案,这个方案就称之为最优方案,而寻找最优方案的方法就称之为最优化方法。

最优化以数学为基础,求解各种实际问题中最佳方案的应用技术。最优化的根本目的在于:在原有选择基础上进行改善,力求在备选可行的范围内找到最佳的结果。

系统最优化指系统在一系列约束条件下达到目标最大值或者最小值。而系统优化过程就是为了实现系统优化所经历的过程,其一般包括:从系统思想出发,对系统评价目标进行定性和定量分析;根据约束条件的定性和定量分析,对系统建立适当的模型;设计相应的求解方法,并对模型进行求解;分析求解结果及系统因素变化对求解结果的影响。在系统最优化的过程中,以定性分析为指导,把系统目标、约束条件及控制变量用数学形式描述,并建立数学模型及求解,这一套方法就称为最优化方法。相应地,为解决最优化问题所建立的模型便称为最优化模型。

二、最优化问题的分类

根据不同的分类指标,最优化问题可分为以下五类。

(1)按照是否有约束条件,可以分为无约束最优化问题和有约束最优化问题。没有约束条件限制的最优化问题为无约束最优化问题,而有约束条件的最优化问题则为有约束最优化问题。

(2) 按照决策变量的取值是否是确定的,可以分为确定性最优化问题和随机性最优化问题。如果最优化问题中的每个决策变量取值是确定的,则把这些最优化问题称为确定性最优化问题;在随机性最优化问题中,某些决策变量取值是不确定的,但决策变量服从一定的概率分布。

(3) 按照目标函数和约束条件函数是否是决策变量的线性函数,可以分为线性最优化问题和非线性最优化问题。如果目标函数和所有约束条件中的函数都是决策变量的线性函数,则为线性最优化问题;如果目标函数或约束条件中至少有一个不是决策变量的线性函数,则为非线性最优化问题。

(4) 按照最优化问题的解是否随时间而变化,可以分为静态最优化问题和动态最优化问题。如果最优化问题的解不随时间而变化,这种最优化问题为静态最优化问题;而那些解随时间而变化的最优化问题,则为动态最优化问题。

(5) 按照问题中目标函数的个数,可以分为单目标最优化问题和多目标最优化问题。如果问题中只含有一个数值目标函数,这种最优化问题就称为单目标最优化问题;若问题中的目标函数多于一个,则称这些最优化问题为多目标最优化问题。

三、最优化问题与常用方法

通常情况下,所谓的最优化问题主要是指函数优化和组合优化这两类问题。根据最优化问题类型的不同,应采用不同的最优化方法,即使同一类型的问题最优化方法也可能会有多种方法;反之,某些最优化方法也适用于不同类型的优化问题。常见的最优化求解方法有:解析法、直接法、数值计算法等。

1. 解析法

当目标函数和约束条件有明显的解析表达式时可以采用该方法。求解过程可分为:先求出最优的必要条件,即得到一组方程或不等式,再求解这组方程或不等式,一般是用求导数的方法或变分法求出必要条件,再通过必要条件将问题简化处理,因此该方法也称为间接法。

2. 直接法

当目标函数较为复杂或者不能用变量显函数描述时,无法用解析法求出其必要条件,可采用直接搜索的方法,通过若干次迭代逐步搜索到最优点。对于一维搜索(即单变量极值问题),主要的方法有消去法或多项式插值法;对于多维搜索问题(多变量极值问题)广泛采用的方法是爬山法。

3. 数值计算法

该方法是利用了解析与数值计算相结合的方式,以梯度法为基础的直接方法。

四、多目标优化

在实际生活中,我们常常会发现有些时候仅仅考虑单目标是远远不够的,通常需要同时兼顾考虑多个不相容的优化目标。根据单目标最优化问题的定义,将多目标规划问题进行扩展并定义为:在一组约束条件下,极大化(或极小化)多个不同的目标函数,一般形式如下:

$$\begin{cases} \max[f_1(x), f_2(x), \cdots, f_p(x)] \\ g_j(x) \leq 0 \quad (j=1,2,\cdots,m) \end{cases} \tag{7-1}$$

在多目标优化问题中,当目标函数处于冲突时,此时会发现在可行域内任何解都不能满足所有的目标函数,因此此时再利用单目标问题求解的方法来求解多目标问题显然是不合适的。

在解决多目标优化问题中的一个主要思路就是:首先,构造一个评价函数,这个评价函数的功能就是将多目标优化问题转化为单目标问题,再利用单目标优化问题的求解方法求出最优解,并把这种最优解当作多目标优化问题的最优解。其中,评价函数是利用多目标规划的目标函数 $f(x)$,构造一个复合函数 $\phi(f(x))$,然后在约束集 D 上极小化 $\phi(f(x))$。根据评价函数构造的不同,相应地也就产生了不同的方法,即理想点法、线性加权和法和极大极小法。

随着启发式算法的不断发展,这些智能算法在解决 NP – hard 等复杂优化问题时常常显示出一般算法所无法达到的求解效率,在下面的几节中将介绍几种较为成熟的启发式优化方法。

第二节 模拟退火法

模拟退火法通常用于求解大规模组合最优化问题,是一种非常有效的近似求解最优化问题的方法。模拟退火法是根据物理中固体物质退火机理形成的一种随机搜索算法。

一、模拟退火法概述

在固体退火降温的过程中,首先将固体温度升高到一定温度,再让其缓慢冷却。在加热过程中,固体中原子的热运动呈现不断增强的态势,因而内能不断增大,随着温度不断升高,固体的有序状态将被彻底破坏,固体内部粒子随温度的升高而转变为无序状态;在冷却的过程中,粒子的热运动不断减弱,内能逐渐减少,粒子也逐渐趋于有序,在每个温度下都达到平衡状态,最后在常温下达到基态,同时内能也将为最低。根据该物理现象,Metropolis 在 1953 年最早提出了模拟退火法,1983 年 Kirkpatrick 等人又将其引入组合优化领域,目前已在工程中得到了广泛的应用。从理论上来讲,模拟退火算法是一个全局最优算法,它是建立在局部搜索法基础之上的。

根据固体退火降温的物理过程,我们用目标函数值 f 模拟内能 E,用控制参数来模拟温度 T,然后从给定解开始,在其邻域中随机地产生一个新解,接受准则使得目标函数可在一定范围内接受使目标函数恶化的解,算法不断地进行着"产生新解——计算目标函数差——判断是否接受新解——接受或舍弃"的迭代过程,这个过程便对应着固体在某一恒定温度下趋于热平衡的物理过程。经过在一定范围解空间内搜索之后,可以求得给定控制参数 T 值的时优化问题的相对最优解。然后减小控制参数 T 的值,重复执行上述迭代过程。当控制参数逐渐减小并趋于稳定时,系统也越来越趋于平衡状态,最后系统状态对应于优化问题的全局近似最优解。整个退火过程是由一组称作冷却进度表(Cooling schedule)的参数控制,其中主要包括:控制参数的初始值 T、衰减因子 Δt、每个 T 值时的迭代次数 L 和终止条件 S 等。

模拟退火算法在理论上已被证明能够达到全局极小值,而且经过专家和学者对该算法的不懈钻研,该算法已经从经典的模拟退火算法发展到了现在多样性的模拟退火算法集,如速度和收敛性都有较大提高的快速模拟退火算法、如自适应的模拟退火算法。另外,现在经常提到的遗传模拟退火算法,将遗传算法和模拟退火算法二者的优越性结合起来。目前,研究者们正在努力将该算法一般化,使其具有更普遍的适用性。

二、模拟退火法原理

1. 物理退火过程

模拟退火算法的核心思想来源于物理退火的过程,就像液体的流动和结晶、金属的冷却和退火。液体处于高温时,其内部大多数粒子可以彼此之间自由移动。液体处于慢慢地冷却过程中,热能会逐渐消失,大量粒子一般会自动排列,形成一个各个方向上都被完全有序地排列的晶体。对于这个系统来说,晶体状态是能量处于最低状态,几乎所有缓慢冷却的系统都可以自然地达到这个能量最低的状态。但是如果液体金属被迅速冷却或被"猝熄",它就不会达到这一状态,而只能达到一种具有较高能量的多晶体状态或非结晶状态。因此,物理退火过程的关键就在于缓慢地冷却,以便能够有足够的时间,让大量原子在丧失彼此的自由移动性能之前进行重新分布,以便确保其能够到达最低能量状态。

物理退火有以下三个过程。

(1)加热过程。

加热的目的是增强粒子的自由运动,使其偏离原来的平衡位置。当温度升到足够高时,其原来固态形式将熔解转变为液态形式,从而消除系统原先可能存在的非均匀态,使随后进行的冷却过程起点为某一平衡态。熔解过程与系统的熵的增加过程是一致的,系统能量会随温度的升高而逐渐增大。

(2) 等温过程。

由物理规律可知,对于与周围环境交换热量而温度不变的封闭系统,系统状态的自发变化总是朝自由能减少的方向进行,当自由能减少最小时,系统便达到了所谓的平衡状态。

(3) 冷却过程。

冷却就是促使粒子的热运动减弱,使其逐渐趋于有序状态,随之系统能量逐渐下降,冷却的结果就是得到较低能量的晶体结构。

由于熔融金属中粒子的统计力学规律与复杂组合的最优化问题的求解过程具有较大的相似性,进而提出了模拟退火算法。根据统计力学的研究结果:在温度 T、粒子停留在状态 r 时,满足波尔兹曼(Boltzmann)概率分布,即:

$$P_r(E(r)) = \frac{1}{Z(T)} \exp\left[-\frac{E(r)}{k_b T}\right] \tag{7-2}$$

式中:$E(r)$——r 状态的能量;

$k_b(>0)$——Boltzmann 常数;

T——为绝对温度;

$Z(T)$——概率分布的标准化因子,可表示为:

$$Z(T) = \sum_{s \in D} \exp\left[-\frac{E(s)}{k_b T}\right] \tag{7-3}$$

Metropolis 提出了描述在温度 T 时金属内部粒子的状态选择规律的方法:令当前状态为初始状态 i,此时状态的能量为 E_i,然后对该状态作一个随机微扰,从而得到了一个新状态 j 以及新状态的能量 E_j。如果 $E_i > E_j$,j 就记为重要状态;如果 $E_i < E_j$,同时考虑到热运动的影响,j 是否为重要状态则要根据固体处于该状态的概率来进行判断。固体处于状态 i 和 j 的概率的比值等于相应 Boltzmann 因子的比值,即:

$$r = \exp\left[\frac{(E_i - E_j)}{k_b T}\right], r < 1 \tag{7-4}$$

用随机数据发生器产生一个[0,1]区间的随机数 ξ,若 $r > \xi$,则新状态 j 为重要状态,就以 j 取代 i 成为当前状态,否则仍以 i 为当前状态,再重复以上新状态的产生过程。在大量固体状态变换后,系统趋于能量较低的平衡状态,固体状态的概率分布趋于 Boltzmann 概率分布。

接受新状态的准则称为 Metropolis 准则,相应的算法则被称为 Metropolis 算法。模拟退火法引入了 Metropolis 准则,因此又可以称为全局寻优算法。

2. 模拟退火法步骤

模拟退火算法实际上就是模拟固体退火的过程:优化问题的一个解 i 及其目标函数 $f(i)$ 分别对应于固体的一个微观状态 i 及其能量 E_i,算法在控制参数 T 逐渐降温并趋于零过程中,最终求得组合优化问题的近似全局最优解,这以冷却进度表来控制算法的进程。其中,随着进程递减的控制参数 T 就类似于固体退火过程中的温度,对于 T 的每一取值,算法采用了 Metropolis 接受准则,持续进行"产生新解—判断—接受或舍弃"的迭代过程,从而达到该温度下的平衡点。具体操作步骤如下。

(1)给定冷却进度表参数(即控制参数 T 的初值 T_0、衰减函数、终值以及 Mapkob 链长度 L_k),迭代初始解 x_0 以及 $f(x_0)$。

(2)参数 $T=T(k)$ 时,按照如下过程作 L_k 次试探搜索。

①根据当前解 X_k 的性质产生一个对于连续变量而言的随机向量 Z_k 或对于离散变量而言的随机偏移量 m,从而得到一个当前解邻域的新试探点 X'_k:

$$X'_k = \begin{cases} X_k + Z_k, \text{对于连续变量} X \\ X_{(k+m)}, \text{对于离散变量} X \end{cases} \qquad (7-5)$$

式中:k——当前解的离散位置。

②产生一个在(0,1)区间上均匀分布的随机数 θ,计算出在给定当前迭代点 X_k 和温度 T_k 下与 Metropolis 接受准则相对应的转移概率 P:

$$P = \begin{cases} 1, \text{当} f(X'_k) < f(X_k) \text{时} \\ \exp\left(\dfrac{f(X_k)-f(X'_k)}{T_k}\right), \text{其他} \end{cases} \qquad (7-6)$$

如果 $\theta < P$,则接受新解,$X_k = X'_k$,$f(X_k) = f(X'_k)$,否则当前解不变;

③如果试探搜索小于 L_k 次,则返回步骤1)继续重复,否则转到步骤(3)。

(3)如果迭代终止条件满足,则算法结束,当前解则作为为全局最优解的近似解,否则转入步骤(4)。

(4)根据给定的温度衰减函数产生新的温度控制参数 T_{k+1},以及 Mapkob 链长度 L_{k+1},进入步骤(2),进入下一温度点的平衡点寻优。

由上述过程可知,该算法包含一个内循环和一个外循环:内循环就是在同一温度下进行的多次微扰从而产生不同的模型状态,并按照 Metropolis 准则来判断是否接受新模型;外循环包括了温度下降时模拟退火算法的迭代次数递增,以及算法搜索的停止条件。

三、模拟退火法应用案例

1. 背景及模型建立

医疗物资配送问题不同于普通的物流配送问题,主要表现在医疗物资须在指定时间或之前送抵所需医院。否则将可能因延误错过最佳救助时间,甚至导致病人过世。医疗物资配送问题可以描述如下。

某医疗物资配送中心有 k 辆载重(单车最大载重量为 Q)相同的配送车,向 n 个医院进行医疗物资配送,第 i 个医院的需求量为 q_i,卸货时间为 T_i^w,最迟允许到达时间为 T_i^l,配送中心与医院、医院之间的广义运输费用为 c_{ij},运输时间为 $t_{ij}(i,j=0,1,2,\cdots,n$,配送中心编号为0,医院编号为1,2,$\cdots$,$n$)。车辆不能超载且必须在规定时间内把物资送到医院。问题是:确定每辆车运输路线,使得总运输成本最低。

为了简化问题的复杂度,便于模型建立,做出以下假设:

①配送中心与各医院,各医院之间的距离和运输时间均为已知;
②每个医院所需医疗物资必须在规定时间或之前送抵;
③各医院的医疗物资及运输时间均能满足,且各医院的需求量小于单车最大载重量;
④路网为完全网络(所有节点之间都有线路连通)。

把配送中心和医院统一看作是运输网络中的节点。设在同一线路上点 j 是点 i 前面的相邻点,车辆到达点 j 的时间为 T_j^a,到达点 i 的时间为 T_i^a;则有:$T_i^a = T_j^a + T_j^w + t_{ij}$。

为建立调度模型定义如下变量:

$$x_{ijk} = \begin{cases} 1, \text{车辆} k \text{从点} i \text{行驶到} j \text{点} \\ 0, \text{否则} \end{cases} \quad (7\text{-}7)$$

$$y_{ki} = \begin{cases} 1, \text{车辆} k \text{向医院} i \text{送货} \\ 0, \text{否则} \end{cases} \quad (7\text{-}8)$$

则该车辆调度模型为:

$$\min \sum_i \sum_j \sum_k c_{ij} x_{ijk}$$

约束条件:

$$\begin{aligned} & \sum_i q_i y_{ki} \leq Q, \forall k \\ & T_i^a \leq T_i^c, i = 1, 2, \ldots, n \\ & \sum_k y_{ki} = 1, i = 1, 2, \ldots, n \\ & \sum_i x_{ijk} = y_{ki}, i, j = 1, 2, \ldots, n; \forall k \\ & \sum_j x_{ijk} = y_{ki}, i, j = 1, 2, \ldots, n; \forall k \\ & X = (x_{ijk}) \in S \end{aligned} \quad (7\text{-}9)$$

模型中,c_{ij} 表示为从点 i 到点 j 的运输成本,定义为:$c_{ij} = c^h d_{ij} + c^r t_{ij}$,其中 c^h 和 c^r 分别为单位里程运输成本和单位时间人工成本,d_{ij} 和 t_{ij} 为从 i 点到 j 点的距离和运输时间。

在数学模型中,目标函数表示总运输成本最低;约束条件①表示任一台单车装载量不允许超过车辆容量约束;约束条件②表示医疗物资必须在规定时间内送抵所需医院;约束条件③表示任何一个医院节点只有一台车停靠卸货;约束条件④表示车辆 k 只驶入分配给其运输的医院;约束条件⑤表示车辆 k 只驶出分配给其运输任务的医院;约束条件⑥表示车辆 k 的线路必须是连通的。

2. 模拟退火算法

(1)解编码。

对于 9 个医院进行配送的问题(即 $n = 9$),其解可采用自然数编码。用 0 表示物资配送中心,用 $1, 2, \cdots, 9$ 表示各医院节点。例如,解为 1640598 0237,编码的表示可理解为:

车辆从配送中心 0 出发,经过:
　　子线路 1,物资储备中心 0→节点 1→节点 6→节点 4→物资储备中心 0;
　　子线路 2,物资储备中心 0→节点 5→节点 9→节点 8→物资储备中心 0;
　　子线路 3,物资储备中心 0→节点 2→节点 3→物资储备中心 0;
　　并且,在解空间中随机生成解。

(2)新解的生成方法。

这里采用点交叉法生成新解,在 1 至 9 之间随机生成两个数,将原始解这两个数进行交换,生成新解。例如原始解为 16405980237,随机生成的两个数为 4 和 9,则新解为 16905480237。

(3)目标函数。

因为模型中解要符合运量约束和时间窗约束,所以将目标函数改为:

$$f(v) = \sum_i \sum_j \sum_k c_{ij} x_{ijk} + M \sum_k \max(\sum_i q_i y_{ki} - Q, 0) + M \sum_i \max(T_i^a - T_i^s, 0) \quad (7\text{-}10)$$

式(7-10)的第二项和第三项中的 M 为一较大正数,旨在对违反车辆载重约束和时间约束的解给予处罚。

(4)降温函数。

采用的降温函数为 $T_{m+1} = T_m \times r$,其中 $r = 0.95$。

(5)模拟退火算法的步骤。

第一步:初始化,任选初始解 $i \in S$,给定初始温度 T_0 和终止温度 T_f,令迭代指标 $m = 0$, $T_m = T_0$;

第二步:随机产生一个邻域解 $j \in N(i)$ ($N(i)$ 表示 i 的邻域),计算目标值增量 $\Delta f = f(j) - f(i)$;

第三步:若 $\Delta f < 0$,令 $i = j$ 转第四步;否则产生 $\xi = U(0,1)$,若 $\exp\left(-\dfrac{\Delta f}{T_m}\right) > \xi$,则令 $i = j$;

第四步:若达到热平衡(即内循环次数大于某个设定值)转第五步,否则转第二步;

第五步:降低 T_m, $m = m + 1$,若 $T_m < T_f$,则算法停止,否则转第二步。

四、模拟退火法特点

模拟退火算法的主要思想来源于熔化状态下物体由逐渐冷却至最终达到结晶状态的物理过程,并利用优化问题的求解过程与熔化物体退火过程的相似性,采用随机模拟物体退火过程来完成优化问题的求解,也就是在控制参数(T)的作用下对参数的值进行调整,直到所选取的参数值最终使能量函数达到或逼近全局最优值。模拟退火算法与其他搜索方法相比,具有以下特点。

1. 可接受恶化解

传统的方法一般是从解空间的一个初始点开始进行迭代搜索。若一个细微的扰动能造成较大改变,则沿该方向前进,否则就取相反方向。然而复杂问题会使解空间中出现若干局部最优解,传统的方法很容易陷于局部最优解,很多传统的优化算法往往是确定性的,从一个搜索点到另一个搜索点的转移有确定的转移方法和转移关系,这种确定性往往可能使得搜索永远达不到全局的最优点,限制了算法的应用范围。模拟退火算法在搜索策略上与传统的随机搜索方法不同,它不仅引入了适当的随机因素,而且还引入了物理系统退火过程的自然机理。这种自然机理的引入使模拟退火算法在迭代过程中不仅接受使目标函数变"好"的试探点,而且还能以一定的概率接受目标函数值变得更"差"的试探点,迭代中出现的状态是随机产生的,并不强求后一状态一定优于前一状态,接受概率随着温度的下降而逐渐增大,从而协调了在搜索中的"探索"与"开发"两种不同形式。

2. 可控参数

在模拟退火算法中。引入了类似于退火温度的控制参数,可以将优化过程分成若干个阶段进行,并可在各个阶段下对随机状态的取舍标准进行控制。模拟退火算法的两个重要环节是:

(1)在每个控制参数下,由前迭代的状态出发,产生邻近的随机状态,由控制参数确定的接受准则来判断是否接受此新状态,从而形成一定长度的随机 Markov 链;

(2)通过缓慢调节控制参数,以便提高接收准则,直至控制参数趋于零,即状态链趋于稳定在优化问题的最优状态,从而实现了提高全局最优解的可靠性。

3. 使用对象函数值进行搜索

模拟退火算法不需要目标函数的导数值等其他一些辅助信息,就可确定进一步的搜索方向和搜索范围,仅使用由目标函数获得的适应度函数值即可。这里最重要的是,模拟退火算法的适应度函数不仅不受连续可微的约束限制,而且在定义域内可以任意设定。基于这个特性,很多无法或很难求导数的函数,或导数不存在的函数的优化问题,以及组合优化问题等便可利用模拟退火法得以解决。

4. 隐含并行性

目前,常见的并行算法有以下几种并行策略:操作并行策略,试演并行策略,区域分裂策略和混乱松弛策略等。模拟退火算法很容易改为并行计算,即模拟退火算法隐含并行性,这也是它优于其他求解过程的关键。另外,模拟退火算法的隐含并行性对于处理非线性问题也能起到一定的作用。

5. 复杂区域的搜索

模拟退火算法在求解简单问题上并不能体现出其高效的优点,但在搜索复杂地区时往往能够较之其他常规方法更能找出期望值高的区域。

第三节 遗 传 算 法

遗传算法(Genetic Algorithms)是根据生物学及进化论基础,借鉴自然选择和进化机制的一类随机化自适应搜索方法。遗传算法能够解决许多实际问题，比较适用于复杂的非线性和高维空间的寻优问题，尤其是最优解的解析法无法或很难获得的优化问题。因此，遗传算法广泛地应用于自动控制、计算科学、模式识别、故障诊断、资源管理和工程设计等诸多领域。

一、遗传算法概述

自20世纪中叶创立了仿生学之后，生物模拟就成为计算科学的一个重要组成部分。在20世纪60年代初，美国Michigan大学Holland教授开始研究自然和人工系统的自适应行为，并尝试借鉴生物进化机理用于创造通用程序和机器的理论。1967年，Bagley首次提出了遗传算法（Genetic Algorithm）一词，发表了遗传算法应用方面的第一篇论文，讨论了遗传算法在自动博弈中的应用。他提出了选择、交叉和变异等操作，敏锐地察觉到防止早熟收敛的机理，并发展了自组织遗传算法的概念。

1968年至1971年，Holland教授提出了模式理论，成为遗传算法的理论基础，并于1975年出版了遗传算法的经典专著《Adaptation in natural and artificial system》。同年，De Jong发表了他的博士论文《An analysis of behavior of a class of genetic adaptive system》。这两部作品被公认为是遗传算法发展史上的里程碑。

在进入20世纪80年代以后，遗传算法经历了快速发展，人们对于遗传算法的兴趣也越来越浓，在理论不断发展的同时出现了多种变形的遗传算法，此外在许多领域中得到了应用。随着Goldberg于1989年发表了著名的专著《Genetic algorithms in search, optimization and machine learning》，遗传算法的研究达到了高潮。

在20世纪90年代，人们对于遗传算法的研究热情依旧高涨，遗传算法逐渐在多目标优化领域中得到了应用。1991年，Davis出版了《Handbook of genetic algorithms》，在书中介绍了遗传算法在工程技术和科学计算等方面的大量应用实例，大大推动了遗传算法的应用。1992年，Koza教授将遗传算法应用计算机程序的优化设计及自动生成，创立了遗传编程。1993年，Fonseca和Fleming提出了多目标优化的遗传算法。1995年，Srinivas和Deb提出了非支配排序遗传算法，并于2000年进行了改进，以便降低了算法的计算复杂度。

进入21世纪以来，有关多目标大规模优化的遗传算法成为一个主要的研究方向。同时，有关遗传算法的研究焦点也逐渐向大规模高维度的复杂优化问题等方面转移。

二、遗传算法基础

1. 基本概念

遗传算法是借鉴进化论和遗传学中的一些基本概念，在生物进化和遗传机理的基础上发展而来的一种智能计算方法。

控制生物性状的遗传物质功能和结构的基本单位,称之为基因(遗传因子)。一定数量的基因组成染色体,它在细胞核中以一种微小的丝状化合物存在,染色体是生物遗传物质的主要载体。染色体中基因的位置称作基因座,同一基因可以是不同的值,而把基因所取的值称作为等位基因。基因和基因座决定了染色体的特征,而染色体又决定了生物个体的性状。生物个体所表现出来的性状通常称为表现型,而染色体还有一种表示模式,即基因型,它是指与表现型密切相关的基因组成。但即使是同一种基因型的生物个体,在不同的环境下也会表现出不同的性状,因此外在性状是基因型与外界环境条件共同作用的结果。

遗传算法在采取相关进化论和遗传学术语的同时,也为它们赋予了新的内涵。因此,下面介绍一下遗传算法中的基本概念与遗传学中基本概念的对应关系。

(1)染色体。在遗传算法中,染色体对应的是数据和数组,通常是由一维的串结构数据构成。

(2)群体(种群)。由一组个体所构成的群体,其中群体中个体的数量通常称为群体规模。

(3)编码。编码指从染色体的表现型到基因型的映射。在遗传算法中,染色体的表现型就是解数据形式。

(4)适应度。适应度用来衡量个体或解相对于适应度函数的优劣。

(5)选择。选择即根据个体适应度,以较大的概率选择适应度较高的个体进入下一步的遗传操作。

(6)交叉。交叉是指被选中的两个个体通过在随机选取的位置处交换基因的操作,产生新一代的个体。

(7)交叉概率。交叉概率就是按一定的概率来选取群体中的个体进行交叉操作。它控制着交叉操作的频率,因此较大的交叉概率将促进遗传算法探索新的区域。

(8)变异。变异是指以较小的概率选取群体中的个体,并随机地改变该个体的基因。变异在遗传算法中属于辅助性的搜索操作,通过变异能够保持群体的多样性。

(9)变异概率。变异概率是指选取群体中的个体参与变异的概率。通常该概率很小,因为高频度地进行变异操作将使得遗传算法趋于纯粹的随机搜索。

(10)解码。与编码操作相反,解码即将以串形式的解映射回其原始的解空间。

2. 标准遗传算法

遗传算法是一种开放式的智能算法,现在已经出现了很多遗传算法的变形,但它们基本上都是建立在标准遗传算法之上的。标准遗传算法选用了三种比较典型的基本遗传算子,即选择算子、交叉算子和变异算子,其进化操作过程简单,容易理解,而且能够给许多问题提供较为满意的解,因此它为其他各种遗传算法提供了一个基本的框架和雏形。图7-1为标准遗传算法的流程图。

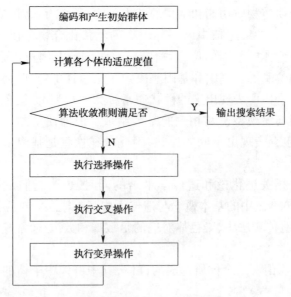

图 7-1 标准遗传算法的流程图

（1）编码。通常情况下，遗传算法不能直接处理解空间的数据，因此需要根据具体问题通过编码操作将解数据转换成一定长度的二进制符号串。其中，染色体的等位基因是由 $\{0,1\}$ 所组成。

（2）初始种群的生成。随机生成 N 个个体，每个个体的基因值可用均匀分布的随机数来生成。

（3）个体适应度评价。首先将个体由其基因型转换成表现型，再利用目标函数对个体或解进行评估，评估结果将作为后续遗传操作的主要依据之一。

（4）判断是否满足收敛要求。如果当前目标值满足预先给定的要求，例如最大迭代次数以达到或者是近几代的适应度没有显著提高（即种群已成熟）时，则可认为以满足终止条件，否则将继续下一步。

（5）选择操作。首先根据步骤（3）所得的个体适应度值 $f_i(i=1,2,3\cdots,N)$ 计算选择概率：

$$p_i = \frac{f_i}{\sum_{i=1}^{N} f_i}, i=1,2,3\ldots,N \tag{7-11}$$

再按照选择概率从当前一代群体中随机选择一些个体形成下一代新的种群。可以看出，适应度大的个体更有可能被遗传到下一代，相反，适应度越小的个体被遗传到下一代的概率则越小。

（6）交叉操作。交叉操作是遗传算法中最重要的操作之一。最常用和最基本的交叉算子是单点交叉，具体过程如下：

①对新生成的种群进行两两配对；

②对每对个体以交叉概率进行交叉操作,并随机选择交叉点;

③将两个体在交叉点后的部分进行交换,从而生成两个新个体。

(7)变异操作。个体的基因以较小的变异概率发生基因变异,从而生成新的个体。

三、遗传算法应用案例

根据某市电动自行车从 2005 年到 2010 年期间的统计结果,可知其呈现指数变化规律。采用指数模型进行电动自行车保留量预测时,其预测模型为:

$$Y(T) = AB^T \tag{7-12}$$

式中:T——年份;

A、B——待估计参数;

$Y(T)$——对应的交通量估计值。

根据遗传算法的计算步骤,在求解最佳 A、B 的值之前,要对它们进行适当编码。首先给 A、B 大致定一个范围,这里取 $10000 < A < 30000, 1 < B < 5$;然后分别用 15 位和 3 位二进制编码形成一个 18 位的二进制码的串,这就是前述的染色体的编码;另外,选取种群中染色体个数为 $N = 50$,交叉的概率为 $p_c = 0.25$,变异的概率为 $p_m = 0.01$;最后,根据遗传算法的步骤进行迭代运算,从而求解 A、B 的最佳值。

在这里,选取适应度函数 $f = \dfrac{1}{E}$,首先使用目前在最优估计中最常用的误差表达式:

$$E = \frac{1}{N}\sum_{k=1}^{N}\frac{|Y(k) - Y(\hat{k})|}{Y(k)} \tag{7-13}$$

这样适应度函数就为:

$$E = \frac{1}{E} = N\sum_{k=1}^{N}\frac{|Y(k) - Y(\hat{k})|}{Y(k)} \tag{7-14}$$

最优参数解应当使 $E \rightarrow 0$,即在遗传算法中适应度 f 越大的染色体复制到下一代的概率越大。在使用上式作为本遗传算法的适应度函数进行迭代计算时,当计算结果的误差 E 满足初始设定时,则可以退出搜索,从而得到 A、B 的最佳估计值。

四、遗传算法的特点

1. 优点

遗传算法自诞生以来,得到了快速的发展,已经被广泛地应用于各个领域中,这是因为遗传算法具有以下优点。

(1)群体搜索特性。遗传算法可以通过种群实现同时对多个个体的处理,即同时对多个解进行评价,这是许多传统搜索方法所不具有的。

(2)不需要辅助信息。遗传算法仅用适应度函数的数值来评估基因个体,并在此基础上完成其他遗传操作,不需要解空间的其他信息。

（3）染色体的表示形式广泛。对于同一个解数据，可以对应不同形式的基因型染色体，例如：二进制字符串、浮点数、字母等。

（4）内在启发式搜索。遗传算法不是采用确定性的规则，而是以某个概率进行遗传操作。遗传算法借助遗传操作及适应度评价来引导解的搜索。

（5）较强的通用性。遗传算法能够解决不可微、多峰值、甚至不连续的优化问题。标准遗传算法能够较为满意地解决多种问题，而且可根据具体问题，稍加改进即可解决比较复杂的问题。

（6）开放性。遗传算法为用户提供了良好的开放性，用户可以根据问题的具体分析，设计出具有专门用途的遗传算法。

（7）并行能力强。遗传算法因其固有的并行特性，使其易于实现并行计算。

（8）扩展能力强。遗传算法可以融入其他技术，同时也可被植入到其他算法中。

2. 缺点

遗传算法的不足之处有以下几点。

（1）遗传算法的编程实现比较复杂，首先需要对问题进行编码，找到最优解之后还需要对问题进行解码。

（2）三个算子的实现也有许多参数，如交叉率和变异率，并且这些参数的选择严重影响解的品质，而目前这些参数的选择大部分是依靠经验。

（3）没有能够及时利用网络的反馈信息，故算法的搜索速度比较慢，要得到较精确的解需要较多的训练时间。

（4）算法对初始种群的选择有一定的依赖性，能够结合一些启发算法进行改进。

（5）算法的并行机制的潜在能力没有得到充分的利用，这也是当前遗传算法的一个研究热点方向。

第四节 蚁群优化算法

虽然蚁群中的单个个体都很简单，但是整体上却会表现出高度自组织的社会性，通过每个个体之间的合作能够完成很多复杂的任务，甚至为了完成艰巨的任务一些个体勇于牺牲来换来群体的利益。蚁群优化算法（Ant Colony Optimization，ACO）就是根据蚂蚁群体觅食行为而逐渐形成的一类智能优化算法。由于蚁群优化算法在许多复杂的组合优化问题中常常超越了传统优化方法，因而受到了学术界的广泛关注，并在许多领域中得以应用。

一、蚁群优化算法概述

在20世纪50年代中期出现仿生学以后，学者们不断地从生物进化机理中得到了许多十分有益的启发,并相继地提出了一些模拟生物行为能够解决复杂优化问题的新方法。生物学家在对蚁群的群体行为研究中发现,蚁群个体的行为能力极为有限,且个体行为的随意性较大,但在群体的合作下整个群体却能表现出高度的自组织性。而简单生物构成的群体常常表现出非常令人惊奇的群体行为。

Dorigo 于 1992 年提出了蚁群优化算法,用来模拟蚁群觅食过程中沿最短路径行进行为。1996 年以后,蚁群优化算法被越来越多的学者们所接受,并在两年后召开的第一届蚁群优化国际研讨会。2000 年,Bonabeau 等在国际著名期刊《Nature》上发表了蚁群算法的研究综述,极大地推动了这一领域的科学研究。在稍后的几年里,《Nature》期刊曾多次对蚁群算法的研究成果进行报道。2004 年,Dorigo 和 Stutzle 联合出版了关于蚁群算法的第一部专著《Ant Colony Optimization》,极大地推动了蚁群优化算法的发展。

蚁群优化算法在提出后的二十年里,大多数学者的目光主要集中在对基本蚁群算法的改进方面,然而关于蚁群优化算法的理论研究则相对滞后,尤其是在参数的设置和收敛性的证明上还存有许多值得深入探讨的问题。

二、蚁群优化算法基础

1. 蚁群优化算法的生物基础

生物学家经过大量的观察和实验研究发现:单个蚂蚁能做出的行为不超过 50 个,且大部分行为是传递信息,但是这些简单的个体当它们形成一个群体即蚁群之后,却表现出一定的群体智能,在高度结构化的社会组织模式下能够完成个体无法完成的许多复杂任务。蚂蚁个体之间的沟通不仅可以借助触觉和视觉,在大规模的协调行动中还可以借助信息素(Pheromone)等生物信息介质。一条路径上遗留的信息素量越大,这条路径则对蚂蚁的吸引力就越大,蚂蚁选择该路径的概率就相应地越高,而这条路径又随着蚂蚁选择的数目增加,此路径的信息素浓度则得到进一步加强,表现出一种信息正反馈现象。蚁群的觅食过程就是通过这种通讯机制实现了沿着最短路径行进。蚁群除了能够找到蚁巢和食物源之间的最短路径外,还具有极强的适应环境变化的能力,主要表现在:当经过的路线上突然出现障碍物时,蚁群能够很快地重新找到新的最优路径。

2. 蚁群优化算法

本节利用旅行商问题(Travelling Salesman Problem,TSP)为例来解释蚁群优化算法。旅行商问题可以表述为:某旅行商要经过 n 个城市并回到原出发城市,其目标就是寻找所有城市之间一条最短的行程,那么约束条件是除起点外每个城市都必须且只允许途径一次。设 d_{rs} 表示城市 r 与 s 之间的距离,且当 $d_{rs}=d_{sr}$ 时称为对称旅行商问题,否则,称为非对称旅行商问题。

基本的蚁群优化算法可表示为:在具有 n 个节点的全连通图上随机放有 m 只蚂蚁,设 $\tau_{i,j}(t)$ 为 t 时刻在 i 与 j 连线上的信息素量, $\eta_{i,j}(t)=1/d_{i,j}$ 是与问题相关的启发式信息。

各条路径上的信息量在初始时刻是相等的,且设 $\tau_{i,j}(0)=C$(C 为常数)。根据蚂蚁个体按照各条路径上的信息量和问题的启发式信息进行路径选择,那么在 t 时刻蚂蚁 k 由位置 i 转移到位置 j 的概率 $p_{i,j}^k(t)$ 为:

$$p_{i,j}^k(t) = \begin{cases} \dfrac{[\tau_{i,j}(t)]^\alpha [\eta_{i,j}(t)]^\beta}{\sum\limits_{S \notin tabu_k}[\tau_{i,j}(t)]^\alpha [\eta_{i,j}(t)]^\beta}, & j \notin tabu_k \\ 0, & j \in tabu_k \end{cases} \quad (7-15)$$

其中,$tabu_k$ 记载了蚂蚁 k 已经遍历的城市,参数 α,β 表示了调节信息素强度 τ 和启发式信息 η 相对重要性。

经过 n 个时刻,蚂蚁完成一次周游,且各条路径上的信息量将更新为:

$$\tau_{i,j}(t+n) = (1-\rho)\tau_{i,j}(t) + \Delta\tau_{i,j}(t+n) \quad (7-16)$$

$$\Delta\tau_{i,j}(t+n) = \sum_{k=1}^m \Delta\tau_{i,j}^k(t+n) \quad (7-17)$$

其中,$\rho \subset (0,1)$ 表示信息素的挥发系数,$\Delta\tau_{i,j}^k$ 表示蚂蚁 k 在本次运动中在路径 (i,j) 上留下的信息量,且 $\Delta\tau_{i,j}$ 表示本次循环中所有蚂蚁在该路径 (i,j) 上的信息量总和。

基本蚁群算法模型一共有三种,分别为:Ant-Cycle System,Ant-Quantity System,Ant-Density System,它们的差别在于信息素的更新策略不同,即 $\Delta\tau_{i,j}^k$ 的求法不同。

(1)在 Ant-Cycle System 模型中:

$$\Delta\tau_{i,j}^k(t+n) = \begin{cases} \dfrac{Q}{L_k}, & \text{第 } k \text{ 只蚂蚁在本次循环中经过的路径}(i,j) \\ 0, & \text{否则} \end{cases} \quad (7-18)$$

(2)在 Ant-Quantity System 模型中:

$$\Delta\tau_{i,j}^k(t+1) = \begin{cases} Q, & \text{第 } k \text{ 只蚂蚁在 } t+1 \text{ 步经过路径}(i,j) \\ 0, & \text{否则} \end{cases} \quad (7-19)$$

(3)在 Ant-Density System 模型中:

$$\Delta\tau_{i,j}^k(t,t+1) = \begin{cases} \dfrac{Q}{d_{i,j}}, & \text{第 } k \text{ 只蚂蚁 } t+1 \text{ 步经过路径}(i,j) \\ 0, & \text{否则} \end{cases} \quad (7-20)$$

式中:Q——常数;

L_k——蚂蚁 k 所遍历的路径的长度。

三、蚁群优化算法应用案例

1. 路径规划问题

本节以公交路径优化问题为例,说明蚁群算法在交通中的应用。如果把公交线网中的换乘站点表示为节点,把线路表示为连接两节点的边,把行驶时间、满载率等属性表示为此边的权,那么公交线网就可以被抽象成为一个带权值的有向图。给定一个带权的有

向图 $G=(V,\{E\})$，其中 V 是包含 n 个节点的集合，E 是包含 h 条边的集合，$<i,j>$ 是 E 中从节点 i 至 j 的边，d_{ij} 是边 $<i,j>$ 的非负权值。设 s,t 分别为 V 中的起讫点，则所谓公交路径优化问题就是指在带权有向图中，寻找从指定起讫点间的一条具有最小权值总和的路径。

2. 蚁群算法模型

给定一个有 n 个节点的公交线网的路径优化问题，可以把指定的起始点 s 假设为人工蚁群的巢穴，把目标点 t 假设为要寻找的食物，则此路径优化问题就可以转化为人工蚁群寻找食物的路径寻优问题。假定人工蚂蚁（以下简称蚂蚁）的数量为 m 只，则每只蚂蚁的行为要符合下列的规则：

(1) 能够释放出食物信息素和巢穴信息素；
(2) 选择下一个节点的概率主要是依据其与当前节点连接路径上的信息素浓度和路径长度；
(3) 不走回头路，即不能选取已经走过的节点作为下一个节点；
(4) 在通过食物信息素寻找下一个节点，同时释放巢穴信息素；
(5) 在通过巢穴信息素寻找下一个节点，同时释放食物信息素；
(6) 所释放的信息素浓度主要取决于路径的长度会随着时间的推移而逐步减少。

用 $\tau_{ij}(t)$ 表示在 t 时刻路径 (i,j) 上信息素残留的浓度，则在 $t+1$ 时刻此路径上的信息素浓度可表示为：

$$\tau_{ij}(t+1) = \rho \times \tau_{ij}(t) + \sum_{k=1}^{m} \Delta \tau_{ij}^{k} \tag{7-21}$$

其中，$(\rho \in [0,1])$ 表示残留信息素的相对吸引程度，而 $(1-\rho)$ 则表示信息素的挥发。$\Delta \tau_{ij}^{k}$ 表示第 k 只蚂蚁在时刻 t 到 $t+1$ 之间，经过路径 (i,j) 时增加的信息素浓度。

这里采用的是 Ant—Density System 模型：

$$\Delta \tau_{ij}^{k} = \frac{Q}{d_{ij}} \tag{7-22}$$

其中，常数 Q 表示每只蚂蚁所释放的信息素总量，d_{ij} 表示节点 i 和 j 之间的路段长度，即增加的信息素浓度与所经过的路段的长度成反比。

利用式（7-22），即可得到在 t 时刻位于节点 i 的第 k 只蚂蚁选择节点 j 为下一个目标的概率 $P_{ij}^{k}(t)$。

3. 算法执行步骤

第一步：设最大迭代次数为 N，当前迭代次数 $n=0$，并设终止条件（如 m 只蚂蚁所选路径相同或非常相近）；

第二步：将 m 只蚂蚁置于起始点 s，设时间 $t=0$，信息素 $\tau_{ij}=0$ 及 $\Delta\tau_{ij}=0$，并初始化当前最短路径及禁忌表，迭代次数 $n=n+1$；

第三步：蚂蚁 k 计算所有未走过相邻节点的概率 $p_{i,j}^{k}(t)$，并按此概率随机选择下一

个节点 j，并更新禁忌表 $tabu_k$；

第四步：更新节点 i 和 j 之间路段的信息素浓度；

第五步：如果节点 j 是目标节点，则记录此路径及相应的效用值，判断此路径是否小于当前最短路径，并相应地更新当前最短路径；

第六步：如果 $k < m$ 则 $k = k + 1$ 并转至第三步执行；否则，若终止条件满足或是迭代次数达到最大迭代次数，则转至第七步，否则转至第二步；

第七步：输出最优路径。

四、蚁群优化算法特点

1. 优点

从大量的实验结果和分析来看，蚁群优化系统具有如下几个优点。

(1) 具有较强的鲁棒性。实验表明，对基本的蚁群优化算法模型稍加修改，便可以适用于其他问题，并且参数的选择也比较固定——随着问题的复杂性增强，不用修改系统参数也能够得到较好的实验结果。

(2) 分布式计算。蚁群算法是一种基于种群的演化计算的算法，具有本质上的分布行和并行性，易于分布和并行实现。

(3) 多解性。由于蚁群算法采用种群的方式进行演化计算，当种群完成一次求解后，都能提供多个近似解，这对多目标搜索或需要多个近似解作为参照的情况非常有用。

(4) 易于与其他方法结合。蚁群算法很容易与其他的启发式算法（例如，贪婪算法等）和局部搜索算法结合，以改善算法的性能。

(5) 实验结果优。选择较好的试验参数，往往能够得到好的实验结果。在大多数情况下，能够得到比遗传算法及其他算法要好的实验结果。

(6) 速度快。蚁群算法利用了正反馈原理，在一定程度上加快了种群的进化过程，另外它也是一种本质上的并行算法，不同个体(Agent)之间不断进行信息交流和传递，从而能够相互协作，有利于发现较好的解。该算法能够利用正反馈的特性很快地找到较好的实验结果。

2. 缺点

在蚁群算法取得成功的同时，也存在如下的缺点。

(1) 算法搜索时间较长。算法的计算复杂度主要在解构造过程，而且随着问题规模的增大，算法消耗的时间将以三次幂的速度增加。此外，信息素初期积累时间过长也是导致算法消耗时间较长的原因之一。

(2) 对复杂问题的描述能力还不够强大。解构造图模型在一定程度上扩展了蚁群算法的应用空间，但该模型本质上是一种序列决策模型，许多较复杂的实际问题较难描述为解构造图模型；而且要求由此模型产生的解的质量与蚁群算法的信息素模型之间具有很强的相关性。

(3) 容易出现搜索停滞现象。停滞现象是指当算法搜索到一定的程度后，所有蚂蚁收敛到某一局部最优解，不能对搜索空间做进一步进行探索的现象，尤其是基本蚁群算法。

(4) 蚁群算法的数学基础较薄弱。蚁群算法虽然在应用方面显示了其优越性，但其理论基础仍很薄弱，如算法的参数选择基本上都是基于经验的，算法的收敛性也是在众多假设条件下得到了一些初步证明。

第一个缺点是蚁群算法本身决定的，很难有本质上的改进，但可通过增加一些技巧减少迭代次数从而使总体的时间复杂度降低些，如 ACO 中增加的局部搜索技术，采用遗传算法生成信息素的初始分布等；第二个缺点的解决需要深厚的数学基础，目前还没有突破性进展的报道；针对第三个缺点的改进是最为显著的，提出了很多改进算法，针对第四个缺点的研究目前还相对匮乏。

第五节 粒子群算法

粒子群优化算法（Particle Swarm Optimization，PSO）是通过模拟鸟群和鱼群群体的相互协同寻优能力，建立的一种基于群体智能的新演化计算方法。目前粒子群优化算法的理论基础还不够完善，但由于其简单容易实现，因此特别适合工程应用。

一、粒子群算法概述

在自然界中，鸟群运动的主体是离散的，排列看起来是随机的，但在整体上运动形态非常流畅同步。类似的许多生物体在觅食或迁徙等活动中表现出特有的群体行为。粒子群算法充分借鉴了人工生命研究的成果，建立在仿真生物群体社会活动的基础上，在计算机上构建其群体模型就形成了粒子群算法。

在对鸟群飞行的研究过程中，人们发现鸟群群体行动中蕴涵的美学，即数目庞大的个体组成的鸟群在飞行中可以改变方向、散开，或者队形的重组等，然而这对于当个体智能简单的鸟类来说，必然具有潜在的能力或规律，以便实现群体上同步智能的行为。这种群体智能是在进化过程中竞争与合作的共同产物，即个体通过合作所受到的利益将超过个体之间的竞争所带来的利益消耗。

生物学家 Craig Reynolds 提出了一个描述鸟群群集行为的模型，并将鸟群的个体行为概括为三条简单的规则：

(1) 避免与相邻的个体发生碰撞冲突；
(2) 尽量与自己周围的个体在速度上保持匹配；
(3) 努力向自己感知的群体中心靠近。

这三条简单的规则，较好地解释了鸟群在空中飞行时所表现出的典型群集行为。鸟群在觅食时，也表现出很高的群智能。假设一群鸟在某个区域随机地觅食，而该区域内只存在一块食物，它们会采取一种简单而有效的策略，就是围绕目前离食物最近的那只鸟的周围进行搜索。粒子群算法正是从这个简单的模型中获得启发，形成了一种简单有效的优化方法。同时，粒子群算法的基本思想中也反映出，人们在决策时会同时参照自身的经验和他人的经验。

粒子群算法的理论研究主要集中在算法性能的分析、参数设置和优化的方法、粒子群拓扑结构的改进以及与其他算法进行混合等几个方面。在应用方面，粒子群不仅在优化方面得到了广泛应用，而且还推广到动态目标检测、生物信号检测识别、数据挖掘、聚类分析及系统辨识等诸多领域。

二、粒子群算法基础

1. 基本原理

在粒子群算法中，首先随机地生成初始种群，即在可行解空间中随机地得到一群粒子。而"粒子"被定义为某个优化问题的一个可行解，即 d 维可行解空间上的一个点，并由目标函数为之确定一个适应值。粒子在搜索空间中以一定的速度进行搜索，而这个速度（大小与方向）则根据它本身的飞行经验和同伴的飞行经验来动态调整。所有的粒子知道自己到迄今发现的最好位置（记为 pbest）和当前的位置。粒子的最好位置可以看作是粒子自己的飞行经验。此外，每个粒子还知道迄今整个群体中所有粒子发现的最好位置（记为 gbest），可看作是同伴的经验。每个粒子在改变自己的当前位置时，将考虑自己迄今的最优解（即 pbest）和群体迄今的最优解（即 gbest）。这种行为通过迭代不断进行，直到满足给定的终止条件，即获得一个足够好的适应值或达到一个预设的最大迭代数目。

2. 粒子群算法模型

假设在一个 n 维的可行解空间中，由 m 个粒子组成的种群可表示为 $X = \{x_1, \cdots x_i, \cdots, x_m\}$，其中第 i 个粒子的位置和速度分别为 $X_i = (x_{i1}, x_{i2}, \cdots, x_{in})^T$ 和 $V_i = (v_{i1}, v_{i2}, \cdots, v_{in})^T$。同时，记个体迄今的最优值为 $P_i = (p_{i1}, p_{i2}, \cdots, p_{in})^T$，且种群迄今的最优值为 $P_g = (p_{g1}, p_{g2}, \cdots, p_{gn})^T$。

在第 t 代时，粒子 x_i 将根据自己的经验（即迄今的最优解）和种群的经验（即迄今的最优解）修正它当前速度和位置，即：

$$v_{id}^{(t+1)} = v_{id}^{(t)} + c_1 r_1 (p_{id}^{(t)} - x_{id}^{(t)}) + c_2 r_2 (p_{gd}^{(t)} - x_{id}^{(t)}) \tag{7-23}$$

$$x_{id}^{(t+1)} = x_{id}^{(t)} + v_{id}^{(t+1)} \tag{7-24}$$

式中，$d = 1, 2, \cdots n, i = 1, 2, \cdots m$，$m$ 为种群规模，r_1 和 r_2 为 $[0, 1]$ 之间的随机数，c_1 和 c_2 为加速常数（或者学习因子）。

式(7-23)中的第二项可理解为粒子通过自身的经验所进行的"个体认知",而第三项则表现出粒子在与"社会"交往中根据"群体认知"来修正自己的行为。

3. 全局模型与局部模型

如果粒子在改变自身位置和速度时,同时考虑自身的认知和群体的认知,则称为全局版本的粒子群算法。全局版本的粒子群算法,虽然其收敛速度较快,但易陷入局部最优解。而局部版本的粒子群算法中粒子只是基于自身的经验和其周围相邻几个个体的经验改变其行为。局部版本的粒子群算法在收敛速度上低于全局版本的粒子群算法,但其对于陷入局部最优具有较好的免疫性。

4. 同步模式和异步模式

在同步模式中,每代所有粒子在完后移动后,再更新种群的最优解。而在异步模式中,对于种群最优解的更新,则是在每个粒子完成自身移动后便与最优粒子进行比较,实现最优粒子的修正。

5. 惯性权重

惯性权重的引入,主要是为了控制全局和局部的搜索能力,以期实现探索与开发的均衡。探索是指粒子在迄今尚未或较少涉及的区域进行搜索,而开发则是指沿着原先的路径在局域内进行深入挖掘。引入惯性权重 w 之后,式(7-23)变为:

$$v_{id}^{(t+1)} = w^{(t)} v_{id}^{(t)} + c_1 r_1 (p_{id}^{(t)} - x_{id}^{(t)}) + c_2 r_2 (p_{gd}^{(t)} - x_{id}^{(t)}) \tag{7-25}$$

可以看出,惯性权重实质上描述了粒子当前速度对下一代速度的影响。

6. 收缩因子

当粒子群算法引入收缩因子时,式(7-25)则变为:

$$v_{id}^{(t+1)} = \chi [v_{id}^{(t)} + c_1 r_1 (p_{id}^{(t)} - x_{id}^{(t)}) + c_2 r_2 (p_{gd}^{(t)} - x_{id}^{(t)})] \tag{7-26}$$

其中收缩因子为:

$$\chi = \frac{2\kappa}{|2 - \varphi - \sqrt{\varphi^2 - 4\varphi}|}, \text{其中} \kappa \in [0,1], \varphi = c_1 + c_2, \varphi > 4 \tag{7-27}$$

在大多数情况下,参数 φ 可设为4.1,且 $k=1$,此时得出的收缩因子 $\chi \approx 0.729$。然而从数学上分析,惯性权重 w 和收缩因子 φ 这两个参数是等价的。

三、粒子群算法的应用案例

本节以某物流企业为了减少运输成本而进行的优化调度为例,说明粒子群算法在交通问题中的应用。假设某物流企业具有 M 辆相同型号的电动配送车,且每辆车的载重量均为 Q,配送任务可描述为:

企业需要用 M 辆电动配送车,从其仓库(配送车停车场到仓库的距离忽略不计)出发向 N 个客户进行配送,假设各客户的需求量 $q_i(i=1,2,\cdots N)$ 及位置已知,并设仓库及客户为运输网络节点,r^m 为配送车 m 经过的路段 r,用 R^m 表示 m 车所经过的路段集合(包含从仓库出发及返回仓库的路段），用 $d_{r^m}^m$ 表示 m 车所经过路段 r^m 的距离，用 c 表示单位里程运输成本，用 u^m 指代车 m 所配送的客户，用 U^m 表示车 m 配送的客户集合，用 n^m 表示配送的所有客户数，此外由于电动配送车的续航里程有限，故每辆车一次出行的距离均不能超过 D，物流企业试图优化配送路线，使得总的运输成本最小。因此，可建立如下优化模型：

$$\min Z = \sum_{m \in M} \sum_{r^m \in R^m} c\, d_{r^m}^m$$
$$s.t. \sum_{u^m \in U^m} q_{u^m} \leqslant Q$$
$$\sum_{r^m \in R^m} d_{r^m}^m < D$$
$$0 \leqslant n^m \leqslant N \tag{7-28}$$
$$\sum_{m \in M} n^m = N$$
$$\bigcap_{m \in M} R^m$$

有关式(7-28)所示优化模型的说明如下：目标函数旨在最小化所有配送车辆的总体运输成本；第一条约束条件为配送车的载重约束；第二条约束条件为电动配送车的最大行驶里程；第三条约束条件为配送车一次配送的客户数限制；第四条约束条件表明所有客户都被配送了；最后一条约束条件表明每个客户仅被配送一次。

针对上述优化问题，利用粒子群算法进行求解的过程如下。

(1) 解的编码。用 $M+N$ 位整数序列进行编码，首先使用从 1 到 N 的整数随机产生 N 位整数序列，且没有重复整数，再将 M 个 0 随机插入该序列中，以表示 M 辆车对 N 个客户进行配送，以此类推随机生成初始种群；这种编码方式不仅简单清晰，也易于解码。

(2) 适应度计算及可行解判断。按照式(7-28)计算粒子的目标函数值（即粒子的适应度）；根据式(7-28)中的约束条件判断解的可行性。

(3) 初始化局部最优 p_{best} 和全局最优 g_{best}。设初始局部最优值为当前各粒子的适应度，而全局最优值为所有粒子适应度值中的最优适应度值，且对应的粒子为最优解。

(4) 位置及速度更新。按照式(7-23)及式(7-24)对粒子的位置及速度进行更新。

(5) 停止迭代并输出。当迭代到最大迭代次数时，或是全局最优值无法继续优化时，停止迭代并输出最优路径和适应度值。否则，转至第四步更新位置和速度并进入下一次迭代。

四、粒子群算法的特点

1. 优点

粒子群算法的优点主要有：

(1) 算法简单易行；

(2) 算法的收敛速度快；

（3）所需调整的参数较少、效率高；

（4）对优化问题定义的连续性无特殊要求；

（5）具有较好的适用性，已被应用到许多工程领域中；

（6）具有较好的鲁棒性，不会因个体质量而影响整个问题的求解；

（7）具有较好的开放性，用户可根据具体问题设计相应的特定粒子群算法。

2. 缺点

粒子群算法的缺点主要是：

（1）其基础理论还不够完善，目前对粒子群的工作机理还没比较令人满意的解释；有关粒子群算法的收敛性、收敛速度等方面的研究还需进一步深入；

（2）对于粒子群算法参数的设置还没有统一有效的方法；

（3）由于粒子群算法属于一种随机的近似优化算法，主要应用于连续区域，故存在早熟收敛和对离散性的问题较难应用的困境。

第八章 交通系统仿真

第一节 系统仿真概述

一、系统仿真概念及在交通领域中的发展

系统仿真就是按照系统分析的目的,在分析系统各要素性质及其相互关系的基础上,建立能够描述系统结构或者行为过程的且具有一定逻辑关系的仿真模型,继而可以利用该仿真模型进行实验,达到进行定量分析的目的,从而为正确决策及仿真验证奠定基础。

系统仿真在很多领域中得到了广泛的应用,对复杂的交通问题也提供了一种新的分析和解决思路,逐渐发展成为交通研究领域的一个重要组成部分。

1955 年美国加州大学洛杉矶分校 D. L. Gerlough 在其博士论文《Simulation of freeway traffic on a general-purpose discrete variable computer》中最早将计算机仿真引入交通系统分析中。在此后的 40 多年中,计算机仿真已逐渐发展成为一种通用的分析技术。其中,对于交通仿真具有重要推动作用的关键技术主要有:交通流理论的发展、计算机硬件技术的更新、编程工具的不断升级、信息结构理论的不断完善和交通规划和措施效果分析技术的提高。

进入 20 世纪 90 年代后,随着交通需求分析的发展,利用仿真进行需求分析逐渐成为一个新的应用领域。新的编程技术和环境、一体化的集成仿真环境、并行计算和全球定位系统(Global Positioning System,简称 GPS)数据库、大数据处理、超级计算等,成为交通系统仿真发展的主要趋势。诸如元胞自动机和带有离散变量的基于规则的仿真,也逐渐成为一种广受关注的交通仿真技术。

(1)在理论研究方面,跟车行为分析是交通流理论和仿真的基本问题之一,因此多年来一直都是研究和发展的热点及基础。

(2)在道路和街道交通分析中,大多数传统的仿真研究往往淡化了交叉口的延误和步长等,而过多地专注于交通流与交通设施之间的关系。

(3)在交通信号控制领域,传统的仿真均以固定时长信号为基础,而现在,控制器作用分析和交通自身分析同样重要。新近出现的硬件在环仿真技术则将实际控制器与仿真系统融合在一起,大大增强了仿真分析的真实性。

（4）在网络交通中，必须把不同种类的交叉口（包括有信号灯的和无信号的）和不同等级道路（包括干线、高速路和城市街道）结合在一起分析。然而，与离散交叉口和区段的仿真工具相比，用于网络分析的综合仿真工具还相对较少。

（5）在交通流分析中，以往研究中对于高速路的仿真较普通的双车道双向通行道路的仿真更为普遍。目前的仿真更多地关注于，在多车道的道路环境中，以各车道行驶车辆之间的相互作用及其对交通流的影响机理上。

（6）大多数交通系统仿真应用是基于局部相邻车辆之间（主要是前后车）的相互作用，在本质上可归为微观交通仿真。然而，大多数著名的宏观仿真应用源于20世纪60年代末或70年代初。其中，英国的TRANSYT仿真项目就是城市干线信号协调控制的一个典型例子。

（7）相关研究的另一个重点是，在开发开放式环境下集成协调多个分析工具，这种具有融合效果的仿真系统能够更好地发挥各个仿真工具的特长。

（8）在交通仿真中，有关交通安全的仿真问题一直以来都是一个主要难点。传统的交通仿真中，往往假设车辆不会发生碰撞，从而省去了或淡化了交通安全问题。显然，这种简化无法反映出实际的交通情况，尤其是无法反映出驾驶员及交通参与者的主观失误等重要因素。而在亚微观仿真中，在一定程度上描述了某些反应不太敏锐的驾驶员操作，从而有别于传统的微观交通仿真。另外，长期以来，驾驶仿真系统作为交通安全仿真的主要手段，随着虚拟现实（Virtual Reality，简称VR）技术的发展，模拟的驾驶环境也愈加逼真。

（9）交通需求仿真是一个相对重要的领域。而且，仿真模型也从过去简单的重力模型转化到基于个人行为的离散选择模型。

二、系统仿真的作用

系统仿真是当系统无法建立数学模型求解时，利用类似于物理实验、化学实验等的人为试验手段对系统进行模拟，进而求解的计算技术。系统仿真主要有如下作用：

（1）仿真是系统地收集和积累信息的过程，更是实验分析的过程，只是其实验建立在"人造"模拟的系统上。尤其是对一些复杂的不确定性问题，应用仿真实验提供所需信息及分析，往往是唯一一种可行的方法；

（2）通过仿真模型可以对一些难以建立数学模型的对象系统进行模拟，不但能够进行分析，而且还能进行预测和评价；

（3）在仿真的基础上，易于将一个复杂系统分割成若干个相对独立的子系统，从而简化了分析的难度。

三、交通仿真的分类

交通仿真可以按照不同的方式进行划分，且可以有多种分类。分类之间可能因划分方式的不同而又有重叠。

一种是根据交通仿真模型对交通系统描述程度是否详细来划分,可为微观交通仿真、中观交通仿真和宏观交通仿真;另一种简便的划分方式是基于时间的连续性,可分为连续时间仿真和离散时间仿真。另外,根据研究对象的不同,还可以分为交叉口仿真、区段仿真和网络仿真。

第二节 交通仿真模型

随着计算机技术的发展,交通仿真利用数字计算机使得模型建立更加便利,从而更好地反映并分析交通现象,其实质就是计算机仿真技术在交通工程领域中的应用。仿真的一般步骤如图8-1所示。

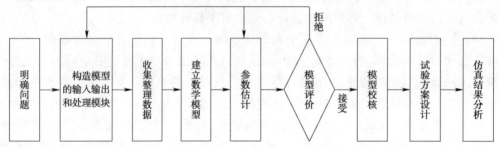

图8-1 微观交通仿真一般步骤

交通流是交通系统中的重要元素,也是交通领域中的一个重要研究方向,因此交通仿真就需要同时在时间和空间两个维度上再现交通流的变化。

一、宏观交通仿真模型

在交通系统仿真中,宏观(Macroscopic)模型因其研究的对象是车辆的整体流动规律,故一般以集聚性的宏观模型(如速度、密度和流量等)为基本单元来描述交通流的演变,因此这种模型一般为连续(Continuous)时间仿真。此类模型不考虑一些交通行为的细节,考察的重点是系统演变的整体行为。虽然,该类模型在计算机存储空间、计算负荷等方面的利用具有较大的优势,但是其无法或不能很好地刻画交通状态变化的动态过程以及单个要素(如人、车)的随机特性。因此,宏观模型主要限制在道路网交通状态的应用研究,尤其是在城市交通规划、交通基础设施的规划等方面应用较广泛。

宏观交通仿真中,交通流分配是一个典型的问题。最早在交通规划领域中,利用交通分配(Traffic Assignment)理论将调查或者预测得到的出行分布(OD矩阵)按照现有道路网分配到每条道路上,从而估算交通路网各路段的交通量。

交通流分配问题可根据出行OD是否随时间发生变化分为静态和动态两类。描述动态交通流分配的原则有动态系统最优(Dynamic System Optimal,简称DSO)和动态用户最优(Dynamic User Optimal,简称 DUO)。虽然动态系统最优和动态用户最优都是在所研究时段内将交通需求分配到道路网络中,但是交通流分配的原则及考虑的角度却有不同,因而导致了不同的分配结果。动态系统最优是从交通管理部门的角度进行分配,以期达到系统总行驶时间最短、总费用最少或者总延误最小的目标。而动态用户最优却是从每个用户自身的角度出发,来使得自身的出行时间最短、出行费用最少或者出行延误最小为目标。

宏观交通仿真模型的典型应用主要由有下几种。

1. 出行时间模型

虽然出行时间是一个从总体上反映路网运行状况的重要指标,但是,仅仅通过该变量无法很好地全面反映路网的运行状态。

2. 一般路网模型

在构建一般路网时,Zahavi 引入三个基本变量,即交通强度 I(单位区域的出行距离)、道路密度 R(单位区域道路长度或道路面积)和空间平均速度 V。根据调查发现,I、R、V 在城市的不同区域有不同的值,而这三个值对于不同的城市来说也是不同的。但是,相关研究表明,三者之间存在下述关系:

$$I = a\left(\frac{V}{R}\right)^m \tag{8-1}$$

式(8-1)中,a、m 为参数,而且大量的调查都表明,几乎在所有城市中参数 m 都趋近于 -1,于是可将上式简化为:

$$I = \frac{aR}{V} \tag{8-2}$$

a 是一个反映路网特性和交通性能综合效果的参数,它可反映路网的服务水平以及受到路网物理特性的影响,如道路宽度、交叉口密度等。

3. 两相交通流理论

交通流动力学理论将交通流划分为两种类型,即个体流和集合流,且二者都是车流密度的函数。当交通流为集合流且密度增加时,交通流模式将很大程度上不受单个驾驶员的行为所控制。两相流理论模型为评价路网的服务水平提供了一种有效的宏观方法。该模型主要基于如下两个基本假设:

(1)路网中车辆的平均行驶速度与路网上处于运动状态的车辆数目成比例;

(2)被试车辆在路网中的停车时间与行驶时间之比等于同一时段路网上所有车辆的平均停车时间与行驶时间之比。

两相流理论的第一个假设建立了车辆的平均运行速度与行驶车辆数目的比例关系。而第二个假设则建立了路网上被试车辆的停车时间比例与同一段时间所有车辆平均停车时间比例之间的关系。两相交通流模型的正确性,已经通过大量的观测数据得以证实。

二、中观交通仿真模型

中观(Mesoscopic)模型是以若干个车辆的集合(如车辆构成的队列单元)为基本单元,对不同车辆集合的速度、位置等其他交通属性进行分析并建立相应的模型。该类模型只在一定程度上对车辆之间的相互作用进行了描述,虽然其相对于宏观模型来说模型能够更加细致地反映交通系统要素(诸如人、车、路、环境等)及其相互之间的作用,但比起微观模型则显得较为粗放。因此,中观模型可以说是一种能够兼顾宏观交通仿真与微观交通仿真优点来描述交通流动态运行的仿真技术,因此其具有独特的优势。

虽然不同的中观交通仿真系统各具特色,但基本上都未考虑混合交通模式相互影响问题,如人流、自行车流和机动车流的相互影响。

三、微观交通仿真模型

相对于宏观、中观模型而言,微观(Microscopic)模型对交通系统的要素及行为(如跟车、超车及车道变换等)的细节描述和真实程度都是最高,是模拟单个车辆在不同道路条件下的运行,实质上是对不同情况下的驾驶行为进行刻画和模拟。显然,这类仿真模型的运算负荷很大,且需要较大的内存作为支持,尤其是在模拟的车辆数目较多的情况下。因此,微观仿真一般较为适用于中小规模的路网或者是路网的局部区域。

微观交通仿真模型的基本要素主要包括:车辆动力性能(与车辆的最大速度和加减速能力有关);期望车速(一般假设与交通量无关);车辆之间的相互作用;车辆到达(每一辆车在时间上进入系统的概率分布);道路条件(可能不断变化);车道转换和超车等。

微观交通仿真模型主要包括以下功能。

(1)信息获取。在实际中,驾驶员的驾驶行为受到周围道路系统交通状况的影响,其获取的信息可按照其不同感官分为两大类:一是可视类信息,属于这类的信息有交通信号灯、交通标识标线、其他车辆的运行情况、道路几何情况等;二是非可视类信息,例如交通广播、城市交通指挥调度中心等发来的语音信息。

(2)决策支持。在获取实际道路交通情况相关信息的基础上,通过仿真实验来分析拥堵的形成和消散,并进行控制策略的仿真及分析,如调正信号等的配时、更新限速值等。

(3)实施评价。将分析和决策的结果付诸实施,将会影响路网中每辆车的状态,并对实施进行仿真评价。

目前,常用的微观交通仿真模型有以下几种。

1. 车辆生成模型

作为整个仿真过程的起始点,车辆生成模型是微观交通仿真中的一个基本模型。车辆的产生是根据该路网中实际OD需求情况,而且按照一定的车头时距的随机分布规律来确定的。一般情况下,常常采用车头时距服从负指数分布规律来确定:

$$t_{n+1} = t_n - \frac{\ln(r_n)}{\lambda}, \lambda > 0, 0 < r_n \leq 1 \qquad (8\text{-}3)$$

式中:t_{n+1}——第 $n+1$ 辆车进入路网的时刻;

t_n——第 n 辆车进入路网的时刻;

λ——某车辆的到达率;

r_n——区间$(0,1)$上服从均匀分布的随机数。

2. 路网描述模型

路网的拓扑关系是路网描述模型首要描述的基本任务,但除此之外还要描述各种道路的几何条件,因此需定义节点、路段、车道三个结构体,具体含义如下:

(1)节点就是指路网中车辆的出入口或交叉口;

(2)在路网描述模型中,路段是连接各节点的有向道路,且每条路段可以包含一条或多条车道;

(3)车道包含类型、限速、转向限制、车道号等数据。

3. 交通规则描述模型

目前,城市交通规则主要包括车道限速、车辆转向限制、车辆类型限制等。在车道结构体中,通过增加描述交通规则的数据来实现对这些规则的描述。

4. 信号灯控制模型

在信号灯控制模型中,主要是定义信号灯和相位灯两个结构体。一个信号灯包含多个相位灯,而相位灯结构体又可描述单个相位的相位差及红灯、绿灯、黄灯时长。

5. 车辆行为模型

描述目标车辆与其周围交通环境的相互作用是微观模型的核心功能之一。其中,交通环境包括目标车周围相邻的车辆,目标车所在的道路设施和交通规则模型中对车辆的描述,如物理参数(车长,车宽,最大速度,最大加速度和最大减速度),属性参数(OD,当前车速,位置)等。目前,常见的车辆行为模型主要有以下几种。

(1)跟驰模型。在行驶过程中,车辆的运动将受到前车的影响,此时驾驶员需在保证与前车具有一定安全距离的前提下,以期望的速度行驶。由此,可以得出在不同交通状态下同一车道的前后两车可能处于的自由驾驶、跟驰或减速状态。

(2)换道模型。在多车道路段上,驾驶员往往因为所在车道达不到其期望的速度,倾向于选择超车或换道。然而,驾驶员能否实现超车或换道主要取决于相邻车道上相近车辆的运行状态,只有确保换道时相邻车辆不发生碰撞的前提下才能采取超车或换道,而描述这种能否换道的模型则称为换道模型。

(3)间距接受模型。间距接受模型可以描述为:如果当前时刻的前(后)车距小于最小前(后)车间距,则拒绝此间距;如果此时前(后)车距大于最小前(后)车间距,则接受此间距;如果前后间距都被接受,则执行换道操作。最小前后车间距受到交通状况的影响,一般是交通流速度、密度等因素的函数。

6. 路径选择模型

根据车辆 OD 选择旅行总时间最短的路线,可在出行前确定,也可在行驶过程中实时选择。二者的区别在于:动态路径选择模型节省内存,但是计算负荷较大。静态路径选择模型将路网的详细路线表预存数据库中,无须进行实时计算,但占用的内存较大。然而,在城市微观仿真模型中多采用动态路径选择。

四、基于 Multi-agent 的交通仿真模型

1. Multi-agent 系统

Multi-agent 系统(MAS)是由多个 Agent 构成,在资源有限的情况下,Agent 之间、Agent 与环境之间可以相互交互与协商,从而合作一同完成单个 Agent 无法完成的任务。然而,每个 Agent 就是要实现具有智能的能够代替人类来处理事务的"代理"(也称为"智能体"),而且每个 Agent 具有以下基本特性:

(1)自治能力,是指在没有其他 Agent 的干预下,其具有能控制其行为及内部状态的能力;

(2)社交能力,是指其能与其他 Agent 或者环境进行交互;

(3)反应能力,是指其能根据自己感知的信息做出及时恰当的反应;

(4)主动性,是指不仅能够应对环境的变化,而且还能采取面向目标的主动行为。

由于在同一个 MAS 中各 Agent 可以是异构的,而且 Multi-agent 技术具有自主性、分布性、和协调性,并具有自组织、学习和推理等能力,且对于复杂系统具有无可比拟的表达力,因而可完成大规模复杂系统的作业任务。目前,Multi-agent 已经应用于智能机器人、网络自动化与智能化、交通控制和分布式智能决策等多个领域中。

2. 特点

Multi-agent 系统具有如下特点。

(1)Multi-agent 系统中的每个 Agent 相对独立且具有自主性,能够自行完成给定的任务,能够自主地推理和决策,并能够以特定的方式相应环境的变化。

(2)Multi-agent 系统具有良好的模块性,易于扩展,设计简单,而且支持分布式应用,能有效降低系统构造成本。

(3)Multi-agent 系统并不一味追求单个、庞大及复杂的体系,而是通过构建多层次、多元化的 Agent 来降低了系统的复杂性,从而实现解决复杂问题的目标。

(4)Multi-agent 系统注重各 Agent 之间相互协调合作,这也是其可以解决大规模复杂问题的关键,同时其也是一个集成系统,它采用信息集成技术,将各子系统信息融合在一起,从而实现复杂系统的集成。

(5)在 Multi-agent 系统中,由于各 Agent 可以并行地完成各自任务,因此具有更高的求解效率。

（6）在同一个 Multi-agent 系统中，各个智能体可以是异构的，这样使得其对于复杂系统具有强大的表达力，也为各种实际系统提供了一种统一的模型。

（7）Multi-agent 系统技术打破了当前知识工程领域中仅限于一个专家系统的局限，在 Multi-agent 架构的系统中，允许不同领域或是同一领域不同的专家系统可以协作解决复杂棘手且需要多方面知识的问题。

交通系统为典型的高度复杂系统，基于 Multi-agent 的仿真方法要比传统的仿真方法更能表征交通系统的复杂性及适应性。而且，由于基于 Multi-agent 的仿真方法采用自下而上的建模思路，并且注重对系统中个体行为及个体之间和个体与环境之间的交互和协商的模拟，所以更加接近现实，同时也打破了传统的微观、中观及宏观仿真方法具有较为鲜明的界限。因此，Multi-agent 技术作为一种新兴的仿真技术，近年来在交通领域中的应用逐渐增长。

3. 应用

目前，基于 Multi-agent 的仿真方法在交通系统中的应用，主要集中在以下两方面。

（1）借鉴 MAS 的思想，将交通系统进行任务分解，以期分而治之，并组建多个 Agent 组成的系统，再由这些 Agent 交互与协商，共同完成复杂任务，从而达到系统最优的目标。属于这方面的仿真研究主要是用于区域控制、诱导系统等。

（2）注重个体行为的建模，通常以信念、愿望、意图（Belief、Desire、Intention，BDI）模型为代表。引入 Multi-agent 技术后，可以有效地提高仿真系统的真实性和可靠性，从而提供参考价值更大的分析结果。

4. 研究方向

基于 Multi-agent 的仿真方法，主要研究的是：

（1）为了满足适应性、自治性的要求，应采用什么样的 Agent 模型和结构；

（2）为了满足对 Agent 智能型的要求，应如何设计 Agent 的学习和演化规则；

（3）为了体现 Agent 的适应性，确定多 Agent 之间以及 Agent 与环境之间采用什么样的交互与协商规则；

（4）确定合适的仿真平台，以便实施仿真分析研究。

第三节　系统动力学仿真方法

一、系统动力学概述

系统动力学（System Dynamics，简称 SD）最早出现于 1956 年，创始人为美国麻省理工学院的 Forrester 教授，他以传统的管理程序为背景，通过引入信息反馈理论和系统力学理论，使得社会问题流程化，获得描述社会系统构造的一般方法，并能够在计算机上进行仿真运算,从而获得对真实系统的模拟,实现社会系统的战略与策略仿真实验。而系统动力学的主要思想基础是系统的因果关系和系统的结构,认为系统内的一切事物普遍存在着因果关系,任何系统都具有一定的结构并表现出一定的功能。自从系统动力学出现以后,系统动力学的应用范围日趋广泛,几乎遍及了各个专业领域,逐渐形成了一门比较成熟的新学科。

1. 系统动力学的基本概念

(1) 因果反馈。

在建立系统动力学模型时,首先要分析系统整体与局部的关系,再分析变量与变量之间的关系。如果事件 A(原因)诱发事件 B(结果),则 AB 便形成了因果关系。而且,如果 A 的增加能够使得 B 也增加,则称 AB 构成正因果关系;反之,如果 A 的增加却带来了 B 的减少,则称 AB 为负因果关系。将因果关系链首尾相连便构成了一个反馈回路。

(2) 积累。

如果把交通状态变化看作是由许多参变量组成的一种流,那么通过对流的研究就能掌握交通系统的性质和运动规律。那么,流的规程量便是积累,用以描述系统状态,系统输入输出流量之差则称为积累增量。而用流率来表述流的活动状态,那么积累则是流的结果。任何决策过程均可通过流的反馈回路来描述。

(3) 系统流图。

为了揭示系统变量的区别,分别用不同的符号代表不同的变量(如积累、流率、物质流、信息流等),并把有关的代表不同变量的各类符号用带箭头的线联结起来,便形成了反映系统结构的流图。系统流图能够直观形象地反映系统结构和动态特征。

(4) 延迟。

任何决策实施及其作用效果均需要经过一段的时间才能建立或是显现起来,而这种现象即为延迟。

(5) 仿真语言。

为使用方便,设计了专用的仿真语言,并配有 20 多种函数,因此用户只需输入系统动力学方程和必要参数即可实现仿真。

2. 系统的基本结构

(1) 系统的结构与功能。

从系统动力学观点的角度来看,系统的结构涵盖两方面:一是指组成部分的子结构及其相互制约影响关系;二是指系统内部的反馈回路结构及其相互作用。系统的结构与功能分别表示了系统的构成与行为的特征。由此可以看出,系统是结构与功能是一个统一的整体,在一定条件下结构与功能具有对立统一的关系,但也可以相互转化。分析研究一个系统时,必须同时考虑系统的结构与功能,通过反复交叉地考察系统的结构与功能,才可能建立起能较好地反映实际系统结构与功能两方面兼顾的模型。从系统的微观结构入手进行建模的过程实质,就是剖析系统的结构与功能的对立统一关系的过程。

(2)系统结构的描述。

系统动力学主要是以反馈回路来描述系统的复杂结构,一个复杂系统是由基本结构,依据子系统、层次等组织起来的,进而形成整体的反馈结构。这些反馈回路可以通过交叉、相互作用,从而产生系统的各种功能和行为,并能够响应外界环境的变化。

3. 系统动力学的特点

系统动力学的本质是一阶微分方程组,而系统动力学模型就是由向量方程确定的一阶微分方程组。在对问题定性分析的基础上,即在系统框图、因果关系图、流程图和有关的数据、参数的基础上,编制出相应的微分方程,再加进选择的变量,便可进行仿真实验。

系统动力学包含了结构与功能、物质与信息、科学与经验,并将它们融为一体,沟通了自然科学和社会科学的横向联系,是一门交叉综合性很强的学科,其主要优点在于:

(1)系统动力学能够容纳大量的变量,一般可以达数千个以上,因此是适用于交通系统这类的复杂大系统。

(2)系统动力学的研究对象主要是开放系统,而交通系统正具有开放的鲜明特性。

(3)系统动力学研究问题注重从因果机制出发,而因果关系是存在于各种现象的普遍关系。从因果关系出发,分析各因素之间构成的因果反馈环,才能从纷乱的表象中提炼出表象背后的内在原因和形成机制。

(4)系统动力学是一种兼顾定性与定量分析的仿真技术,应用系统动力学所建立的模型既能描述系统各要素之间的因果关系,又有专门形式的数学模型,便于仿真和分析。

(5)应用系统动力学模型进行仿真计算外,还能应用其对未来一定时期内各种变量进行预测,这主要是因为系统动力学能处理复杂多变、高阶次、非线性、多重反馈的系统问题。

二、系统动力学建模的基本思想

1. 系统的观念

城市交通运输系统具有很强的动态性,其复杂程度的高低主要取决于系统内外、组成部分之间非线性关系的性质及复杂程度。因此,为了确定系统中的关键因素,首先必须从系统的整体行为上把握主要的互动关系和变化形态。

2. 变量与数据的选择

在选择有重要影响变量时,要根据其变量能否收集到可靠数据来区分对待。对那些尚未收集到可靠数据的变量,可根据系统的实际情况做出合理的估计。模型中的变量,不只限于那些已被人们确认的变量,在建模前未考虑的变量也可以成为模型中的重要变量。

3. 系统的连续性与相对稳定性

系统动力学并不强调偶发事件对系统的影响,而是旨在说明系统的演变趋势与系统结构的内在关系,因此它不是一种预测系统在未来某个特定的时刻发生某个特定事件的方法。由于所要研究的交通系统是复杂的非线性系统,只具有小范围稳定的性质,因此在建立模型时可预先假设系统在一定程度上是相对稳定的。

4. 模型的有效性

建模时必须仔细提炼出系统的主导结构,以便反映出真实系统的本质和某些方面,从而使得所建立的模型有效。在检验模型有效性时,最终的标准显然是客观实践,而且人们对客观事物的认识是一个螺旋上升的过程。因此,没有一个长期有效且完美的模型,只有阶段性达到预定目标和满足预定要求的,具有相对有效的模型。

三、系统动力学建模步骤

1. 应用系统动力学方法建模的主要步骤

(1) 首先应用系统动力学的理论及方法,对研究对象进行系统分析并明确建模目的,对系统的基本问题与关键问题及系统边界等进行划分,并确定主要变量等。

(2) 在对系统进行结构分析的基础上,建立相应的数学模型并确定相应的参数,最后对所建立的模型进行验证。

(3) 借助仿真平台(这里主要指计算机)对模型进行实验与分析。

2. 应用系统动力学建立交通系统模型的主要步骤

(1) 系统分析。

①首先对城市交通系统进行详细的调查,并收集和整理相关资料和数据。

②明确研究目的,并确定所要解决的问题。

③分析城市交通系统中的主要问题,并探求与问题直接相关的主要变量。

④基于建模目的初步界定城市交通系统边界,并确定内生变量、外生变量及输入量等。

⑤根据领域知识及收集的数据资料确定城市交通系统行为的参考模式。

(2) 系统结构辨析。

①分析城市交通系统结构之间的反馈机制。

②确定城市交通系统的层次与模块。

③分析城市交通系统的变量及变量间关系,并确定相应的变量。

④确定回路及回路间的反馈耦合关系,并在此基础上,画出城市交通系统因果关系流图。

(3) 系统动力学模型的建立。

系统动力学建模就是将因果关系流图表示的模型转换成数学方程式,以便能够用计算机模拟,并研究模型假设中隐含的动力学特性。

(4) 实施仿真。

①将仿真程序输入计算机进行模拟,并运用系统动力学理论对模拟结果进行分析。如果发现运行结果与假设存在矛盾,则修正假设或模型之后再运行,直到结果与实际相符为止。

②根据研究目标确定参数,利用系统模型对不同的方案进行模拟。对不同政策方案的仿真结果进行分析比较,通过多指标的综合评判后确定优选方案。

③系统动力学建模是一个不断循环和修改的过程,因此可根据模型运行结果对模型不断修改和优化模型结构及参数。

(5)模型的检验与评估。

模型的检验与评估包括模型的真实性、有效性和可信度的测试。可信度是指对模型的结构、模型的行为和产生的策略可以信赖的程度有多大。系统动力学模型的有效性检验问题尚没有完全解决,主要是由于尚没有统一确切的量化指标。模型的一致性检验包括模型结构适应性检验和模型行为适应性检验。其中,模型结构适合性检验包括量纲的一致性检验、方程式极端条件检验和模型界限检验,而模型行为适合性检验包括参数灵敏度检验、结构灵敏度检验。同样的,模型一致性检验也包括模型结构与模型行为两方面:模型结构的一致性检验包括外观检验、参数含义及参数值检验;模型行为的一致性检验包括模型行为是否能重现参考模式、认真对待模型的奇特行为、极端条件下的模拟和统计学方法的检验。

四、系统动力学仿真

1. 系统动力学仿真软件概述

系统动力学仿真方法和技术的发展总是和建模手段、工具的演进有着密切关系。由于系统动力学创建之初主要采用大型计算机进行建模,因此当时建模的软件有 DYNAMO 与 HF,它们具备自定义宏指令的功能;DYNAMO 还具备阵列式描述功能。自 20 世纪 80 年代中后期以来,随着微型机的仿真语言陆续问世,DYSMAP 等系列也得到了进一步的完善,此外还有具有辅助思考、图形辅助建模功能的 SLLA、Tihikn 系列和 Vensim、Powersim 系列。其中,Vensim 是被普遍认为功能最优、应用广泛的系统动力学仿真软件。

2. 因果关系图

因果关系图是反映变量与变量之间因果关系的示意图。在因果关系图中,变量之间相互影响作用的性质用因果关系键来表示。因果关系键中的正、负极性分别表示了正、负两种不同的影响作用(即前述的正、负因果关系)。而且,在系统动力学因果关系图中正负关系分别用带 +、- 号的箭头表示,如图 8-2 所示。

图 8-2 正、负因果关系键示意图

(1)反馈回路。

因果关系键把若干个变量串联后又接回原变量,这样构成了一个反馈回路。而且,反馈回路也有正、负极性的区别:如果沿着某一反馈回路绕行一周后,各因果关系键的累计效应为正,则该回路为正反馈回路,反之则为负反馈回路。自我强化的作用机制是正反馈的主要特点,而负反馈的特点则是能够产生自我抑制的作用机制。正、负反馈回路的交叉作用机制决定着系统的复杂行为。反馈环的极性为反馈回路内因果链极性的乘积,即在同一反馈回路中,如果极性为负的因果关系为奇数个,则整个反馈回路的极性为负;否则,该反馈回路的极性为正。

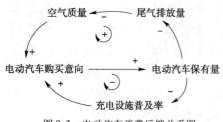

图 8-3 电动汽车消费反馈关系图

现以某市电动汽车消费为例说明正、负反馈回路,如图 8-3 所示。

回路Ⅰ:电动汽车保有量的增加,将有助于尾气排放的减少,从而改善了空气质量,空气质量的改善又将促进消费者对电动汽车的购买意向,随之而来的是电动汽车保有量的上升。由于该回路具有两个负因果关系,故为正反馈回路。

回路Ⅱ:电动汽车保有量的增加,使得现有充电设施相对匮乏(假设充电设施在一段时期内基本不变)充电难的问题将遏制消费者购买电动汽车的意向,既而影响电动汽车的保有量。显然,该回路只具有一个负因果关系,故为负反馈回路。

(2)画因果关系图时需注意的问题。

①把因果关系图中的变量设想为能升降和增减的量,暂时不必考虑变量的实际单位。

②因果关系图中的变量尽量采用名词或名词短语,避免使用动词。

③尽可能确定变量的单位。确定量纲有助于突出因果关系图中文字叙述的含义。

④如果某个因果链需要扩充,以便更详尽地反映系统反馈结构的机制,则要将其扩充为一组因果关系。

⑤开环的回路无法模拟出实际系统中出现的动态性复杂,因此反馈结构应能形成闭合回路。

3. 系统动力学模型变量类型

系统中物质、能量和信息都是时间 t 的函数,而且它们在系统中随着时间的推进在不断演变,从而构成了系统特有的功能。目前,现实系统中存在的变量大体上可以归纳为以下几种类型。

(1)状态变量。状态变量是指系统中存在着具有积累效应的变量,也就是说现时值等于原有值加上改变量,且存在着量的变化速度。状态变量是物质、能量与信息的储存环节。

(2)速率变量。速率变量又称为流率变量或决策变量,表示某一种流的流动速率,即在单位时间内的流量。它是直接影响状态变量的控制阀,表示决策行动的起点,通过信息的收集与处理形成对某一特定流中某一流位变量的控制政策,流率变量也可以连接属于同一种流但不同的状态变量。此外,由于流率变量是起控制作用,当控制作用不存在时,流率变量的值便为零。

(3)辅助变量。辅助变量是指从信源到流率变量之间的中间变量,是为了格式化流率而引入的。在模型中辅助变量的主要有三种含义:表示信息处理的过程;代表某些特定的环境参数(通常为一常数);表示系统的输入测试函数或数值。此外,还有一种称为表函数的特殊辅助变量,它的引入有助于表示变量之间的非线性关系。

(4)常量。显然在某一计算过程中还有一些不随时间而变的量,即常量。

4. 系统动力学方程

由于系统动力学中量可以表示有流位、流率、表函数和常量,那么相应地就有流位方程、流率方程、辅助方程及赋初值方程。想要编制这些方程,不仅需要掌握其相应的数学原理,还需要一定的技巧。系统动力学方程采用了通用的运算符号,即加法:+;减法:-;乘法:*;除法:/。

系统动力学方程中所涉及的量可大致分为两大类:常数,其值在一次模拟的全过程中恒定不变;反之为变量。在方程中,凡是带有时间下标的量均为变量,而常数均不带时间下标。

在系统动力学模型中,主要有六种方程,其标志符号分别为:

L 状态变量方程;

R 速率方程;

A 辅助方程;

C 赋值于常数;

T 赋值于表函数中 Y 坐标;

N 计算初始值。

参 考 文 献

[1] 钱学森,许国志,王寿云. 组织管理的技术——系统工程[J]. 上海理工大学学报,2011,06:520-525.
[2] 钱学森等.《论系统工程》(新世纪版)[M]. 上海:上海交通大学出版社,2007.
[3] 高小山. 我国系统科学和系统工程的开拓者[N]. 科技日报,2009-11-15(2).
[4] 高小山,张纪峰. 钱学森先生与中国科学院系统科学研究所[J]. 上海理工大学学报,2011,06:598-607.
[5] 叶立国. 国外系统科学内涵与理论体系综述[J]. 系统科学学报,2014,01:26-30.
[6] 叶立国. 系统科学研究对象、任务与学科性质探究[J]. 系统科学学报,2014,03:16-19.
[7] 叶立国. 国内系统科学内涵与理论体系综述[J]. 系统科学学报,2013,04:28-33.
[8] 乌杰. 关于《系统哲学之数学原理》[J]. 系统科学学报,2014,04:1-3+25.
[9] 乌杰. 关于自组(织)涌现哲学[J]. 系统科学学报,2012,03:1-6.
[10] 张世良. 采用系统科学方法优化交通信号灯的控制策略[J]. 系统科学学报,2012,04:72-75.
[11] 齐磊磊. 系统科学、复杂性科学与复杂系统科学哲学[J]. 系统科学学报,2012,03:7-11.
[12] 顾基发,唐锡晋,朱正祥. 物理-事理-人理系统方法论综述[J]. 交通运输系统工程与信息,2007,06:51-60.
[13] 顾基发. 物理事理人理系统方法论的实践[J]. 管理学报,2011,03:317-322+355.
[14] 顾基发. 意见综合——怎样达成共识[J]. 系统工程学报,2001,05:340-348.
[15] 顾基发. 物理事理人理系统方法论的实践[J]. 管理学报,2011,03:317-322+355.
[16] 顾基发,唐锡晋,朱正祥. 物理—事理—人理系统方法论综述[J]. 交通运输系统工程与信息,2007,06:51-60.
[17] 马昌谱,萧泽新. 价值工程的物理—事理—人理系统模式分析[J]. 价值工程,2006,08:82-84.
[18] 管梅谷. 中国投递员问题综述[J]. 数学研究与评论,1984,01:113-119.
[19] Yeung R. Moving Millions:The Commercial Success and Political Controversies of Hong Kong's Railway [M]. Hong Kong:Hong Kong University Press, 2008.
[20] 黄良会. 香港公交都市剖析[M]. 北京:中国建筑工业出版社,2014.
[21] 李妍,序光辉,王哲人. 我国轨道交通建设现状及发展对策研究[J]. 城市交通,

2007,29(10):81.

[22] 张杰,郭丽杰,周硕,等.运筹学模型及其应用[M].北京:清华大学出版社,2012.

[23] 胡运权.运筹学教程[M].北京:清华大学出版社,2012.

[24] 高随祥.图论与网络流理论[M].北京:高等教育出版社,2009. Frederick S. Hillier, Gerald J. Lieberman 著,胡运权等译.运筹学导论第9版[M].北京:清华大学出版社,2010.

[25] 郭瑞军.交通运输系统工程第2版[M].北京:国防工业出版社,2015.

[26] 邓红星.交通运输系统工程[M].长沙:中南大学出版社,2014.

[27] 刘广萍,郑英力.交通系统工程[M].北京:中国人民公安大学出版社,2013.

[28] 郭学书.交通优化工程[M].北京:中国物资出版社,1995.

[29] 周晶.城市交通系统分析与优化[M].南京:东南大学出版社,2001.

[30] 杨兆升,朱中.基于卡尔曼滤波理论的交通流量实时预测模型[J].中国公路学报,1999,12(3):63-67.

[31] 郭海锋,方良君,俞立.基于模糊卡尔曼滤波的短时交通流量预测方法[J].浙江工业大学学报,2013,41(2):218-221.

[32] 刘淑环.北京市道路交通事故致死率的分析与预测[J].数学的实践与认知,2010,40(18):148-152.

[33] 林得刚,郑长江,陈淑燕.基于神经网络的信号交叉口进口车道交通延误预测[J].大连交通大学学报,2013,34(4):53-56.

[34] 张卫华,孙浩,董瑞娟.基于最小二乘支持向量机的交通安全预测模型[J].系统管理学报,2009,18(6):706-710.

[35] 金菊良,魏一鸣,丁晶.基于组合权重的系统评价模型[J].数学的实践与认识,2003,11:51-59.

[36] 杨保安,张科静编著.多目标决策方法与应用[M].上海:东华大学出版社,2008.

[37] 孙连菊.基于博弈论的城市公共交通系统建模与算法研究[D].北京:北京交通大学,2009.

[38] 杨锋,梁樑,毕功兵,等.考虑道路特性的多个应急设施选址问题:基于DEA的研究[J].交通运输,2008,20(12):41-44.

[39] 王海军,杨丽娟,万钰然.模拟退火算法在应急物流车辆调度中的应用[J].物流工程与管理,2009,31(6):8-10.

[40] 徐磊.基于遗传算法的多目标优化问题的研究与应用[D].长沙:中南大学,2007.

[41] 尹宏宾,徐建闽,周其节.遗传算法在交通量预测中的应用[J].中国公路学报,1998,11(2):69-73.

[42] 王旭,崔平远,陈阳舟.基于蚁群算法求路径规划问题的新方法和仿真[J].计算机

仿真,2005,22(7):60-62.
[43] 杨玮,李国栋,张倩.基于粒子群算法的农产品冷链物流配送路径优化研究[J].陕西科技大学学报,2013,31(3):150-153.
[44] 刘丽,周亚平.基于北京私车消费系统动力学模型的城市交通发展研究[J].城市交通,2008,6:24-28.